Homogeneidad
dentro de la heterogeneidad

LATIN AMERICA
Interdisciplinary Studies

Gladys M. Varona-Lacey
General Editor

Vol. 16

PETER LANG
New York • Washington, D.C./Baltimore • Bern
Frankfurt am Main • Berlin • Brussels • Vienna • Oxford

Rigoberto Guevara

Homogeneidad
dentro de la heterogeneidad

Un estudio temático del Modernismo
poético latinoamericano

PETER LANG
New York • Washington, D.C./Baltimore • Bern
Frankfurt am Main • Berlin • Brussels • Vienna • Oxford

Library of Congress Cataloging-in-Publication Data

Guevara, Rigoberto.
Homogeneidad dentro de la heterogeneidad: un estudio temático
del Modernismo poético latinoamericano / Rigoberto Guevara.
p. cm. — (Latin America: interdisciplinary studies; v. 16)
Includes bibliographical references.
1. Spanish American poetry—19th century—History and criticism.
2. Spanish American poetry—20th century—History and criticism.
3. Modernism (Literature)—Latin America. I. Title.
PQ7082.P7G76   861'.60998—dc22   2008043789
ISBN 978-1-4331-0353-7
ISSN 1524-7805

Bibliographic information published by **Die Deutsche Bibliothek**.
Die Deutsche Bibliothek lists this publication in the "Deutsche
Nationalbibliografie"; detailed bibliographic data is available
on the Internet at http://dnb.ddb.de/.

The paper in this book meets the guidelines for permanence and durability
of the Committee on Production Guidelines for Book Longevity
of the Council of Library Resources.

© 2009 Peter Lang Publishing, Inc., New York
29 Broadway, 18th floor, New York, NY 10006
www.peterlang.com

Printed in the United States of America

Tabla de contenido

CAPÍTULO I: **Introducción**

El Modernismo hispanoamericano, cuya extensión temporal entre 1880 y 1920 aún es debatible, se ha venido estudiando como un movimiento artístico enfocado en la belleza a partir de los conocidos símbolos de las princesas, cisnes, centauros y una amplia utilización de mitología pagana y emblemas cristianos. En lo formal, el Modernismo se ha visto exclusivamente ubicado a partir de una serie de innovaciones formales que incluyen lo léxico, lo fónico y lo gramatical. Estos acercamientos críticos al Modernismo, carentes en la mayoría de las ocasiones de un contexto social e histórico, se encuentran muy bien resumidos en el libro de Keith Ellis, *Critical Approaches to Rubén Darío* (1974), que cubre los modos de aproximación crítica al Modernismo realizados hasta 1970, década desde la cual se inicia una revaluación y revalorización del Modernismo.

Estos estudios tradicionalistas, afirmó Gullón ya en 1971, calificaban el arte modernista como monolítico, exótico y evasionista; compuesto de música de cisnes, libélulas, princesas y nenúfares. Pero en realidad son calificaciones que no describen al Modernismo, ni mucho menos lo que predomina en éste. De acuerdo con Iván A. Schulman, siguiendo las ideas de Gullón, "la crítica moderna, superando un distorsionado concepto unidimensional y esteticista ha aprendido a leer los códigos y discursos retóricos de los textos modernistas de un modo más abierto y creador" ("El modernismo de Rubén Darío" 40). Desafortunadamente, la generalizada lectura homogénea del Modernismo ha obstruido el estudio de otros elementos modernistas que en realidad son los que hacen que éste siga teniendo gran importancia en la historiografía literaria hispanoamericana y también española. Lo que ocurre es que estos elementos sólo se pueden ver cuando se deja a un lado el erróneo enfoque exclusivamente esteticista, superficial y monolítico, y se profundiza en los textos, como se ha demostrado progresivamente en las últimas dos décadas con la relectura y revalorización crítica del Modernismo. Estos nuevos acercamientos, apoyados en las tesis de Federico de Onís, Juan R. Jiménez, Octavio Paz, José O. Jiménez e Iván A. Schulman, entre otros, revelan un contenido más profundo donde el autor modernista está en realidad muy ligado a su entorno social. Así pues, en todas estas instancias se observa al artista que presenta una vasta politemática encaramada a poetizar un grito existencial que define de manera inequívoca la poética del Modernismo. Además, estas nuevas relecturas del Modernismo cambian totalmente la forma de percibir un arte que anteriormente se entendía como poesía banal, al ser ésta leída como una práctica carente de transcendencia y limitada a la belleza exterior y al exotismo; enfocada en el arte como fin último y como mera aspiración y culto a la belleza, atributos que la definían como un constante intento de escapar de la realidad.

Meta del estudio

En los autores modernistas a uno y otro lado del Atlántico hay una constante insatisfacción existencial que se define como una angustia derivada de las múltiples contradicciones y variantes de un arte heterogéneo que cuaja en los albores de la modernidad. En el complejo proceso de la modernización de los países hispánicos, los artistas y poetas del fin de siglo sufren un rechazo social por defender un arte que la sociedad a su vez margina y considera inútil, mientras el burgués se refugia en el materialismo y el academicismo. Esta condición es la que quizá hace que los poetas presenten una homogeneidad dentro de la heterogeneidad en el tratamiento de algunos temas, pero que no componen al Modernismo en su totalidad, como probará este estudio. Después de todo, el Modernismo es una actitud vital y artística que favorece y da protagonismo al arte, pero eso no implica una carencia de contenido, sino que encierra en sí una innegable modernidad y transcendencia. Antes bien, la poética del Modernismo está totalmente cargada de elementos pluritemáticos cuyo estudio, delimitación y sistematización en el ámbito poético son el objeto del presente libro, que se desarrollará siguiendo los enfoques de estos últimos estudios. Estos evidencian que el Modernismo hispanoamericano manifiesta un énfasis en temas universales que, a pesar de ser contradictorios y variantes en muchos casos, presentan una profunda inquietud por las preocupaciones humanas, específicamente en temas universales como el arte y el poeta, la existencia, el erotismo, la religión y lo divino, y, finalmente, la sociedad. Por lo tanto, este trabajo pretende estudiar sistemáticamente la poesía modernista partiendo de la cosmovisión de algunos de sus poetas ante estos cinco temas universales del ser humano, cuyos textos pluritemáticos, culturales y estéticos se rigen por una visión existencial del mundo y por una tragicidad metafísica que resulta plenamente enmarcada en la modernidad

Con esta investigación buscamos llenar un hueco bibliográfico de necesario estudio para permitir un acercamiento más enfocado, abarcador y profundo que nos revele las diversas inquietudes presentes en la poesía de los artistas de entresiglos, desde los primeros brotes de José Martí y Manuel Gutiérrez Nájera a las expresiones de Julio Herrera y Reissig o Enrique González Martínez. En esta singular época histórica nos proponemos asimismo ver las manifestaciones que tales textos y temas tienen en el ámbito concreto de la modernidad, entendida ésta en su doble dimensión social y estética. También, nuestro estudio busca valorar una época desde su globalidad, como sistema de vectores temáticos integrados, opuestos, contradictorios, variantes, pero igualmente resultantes de unas formas de vida de acuerdo con la modernidad. Al mismo tiempo, mediante una metodología cuyo objetivo central será la comprensión del sentido y contenido final del texto, combatiremos la ya hoy amplia cantidad de estudios que sufren de ahogamientos teorizadores, reduccionistas y/o exclusivistas. Nuestra metodología, apoyada siempre en el texto poético como ente de sentido universal, sirve para consolidar la intención principal de lo que debe ser, a nuestro juicio, el estudio de la literatura: analizar el texto como centro protagonista y objeto último de estudio y después acudir a todo aquello que pueda iluminar la comprensión de éste en su contexto. Como ya escribió Bajtín, "los objetivos de estudio pueden ser muchos, pero el punto de partida solo puede ser el texto" (295). No se trata aquí de innovar, sino de ampliar los materiales de estudio, y para ello resulta necesario implementar varios mecanismos, analíticos y de escritura, para lograr lo que aquí se intenta hacer: entrar al texto y bajo el contexto cultural e histórico (social, económico y político, si es necesario) valorarlo e interpretarlo; y comparar y contrastar las visiones modernistas ante estos temas de forma que el producto final ofrezca resultados rigurosos para visualizar la poética modernista en lo que constituyen sus proyecciones y vetas temáticas principales.

A nuestro ver, el problema que se encuentra inmediatamente cuando se entra en el estudio del Modernismo es que la tendencia reduccionista busca ponerle las bridas a la producción artística (la poesía en principal) de esta época mediante la búsqueda de una o dos frases que definan dicha producción. Esto resulta siendo poco beneficioso para la comprensión y aprecio del Modernismo para los que tratan de estudiarlo, mientras que satisface a un pequeño grupo de críticos y teoristas. Que quede dicho ya, el Modernismo no puede reducirse; para entenderlo y apreciarlo hay que cotejar los textos en sí. Hay que leer los poemas, analizarlos y sentirlos para presenciar el momento, ya sea en meditación existencial, erotismo, fatalismo, o simplemente ser movido por la musicalidad. En realidad un enfoque más productivo resultaría de un estudio de temas, tendencias, etapas y venas poéticas que iluminen lo que es la poesía modernista, fomenten su aprecio y revelen su valor, tan particular a cada autor. Es precisamente esta la intención de este libro, que una vez concluido, va a contrarrestar la tendencia de la crítica a catalogar estudios de esta índole como un extremo más del péndulo, que en vez de reducir simplemente menudea el estudio y dice tanto que no dice nada específico, tal como atribuirle culpa a todos sin culpar a nadie. Como ya indicamos, el Modernismo no se puede estudiar limitándose, sino mediante un acercamiento detallado y abarcador.

Breve historial del Modernismo

Comenzando por la definición del Modernismo se puede ver un conflicto en las interpretaciones de lo que consisten estos años entre el final del siglo XIX y el principio del XX. Al entrar en el estudio de los textos y de la historia de esta época queda claro que el Modernismo no era ni una escuela de pensamiento, de ahí que no sea monolítico, como se indicaba hasta los años sesenta, ni un estilo único de hacer arte, según indicó Ricardo Gullón ya en 1964 al afirmar que sería errónea "la propensión a simplificar, a encuadrar lo por naturaleza complejo y vario" (*Antología* 8). También, de acuerdo con José Olivio Jiménez el Modernismo "no puede entenderse, y ni siquiera en cuanto a estilo, como un cuerpo verbal fijo, cerrado e idéntico siempre a unos inflexibles principios rectores" (*Antología* 33). Pero antes de éstos Federico de Onís en 1934 había acuñado la ahora famosa definición al indicar que el Modernismo

> es la forma hispánica de la crisis universal de las letras que inicia hacia 1885 la disolución del siglo XIX y que se había de manifestar en el arte, la ciencia, la religión, la política y gradualmente en los demás aspectos de la vida entera, con todos los caracteres, por lo tanto, de un hondo cambio histórico cuyo proceso continúa hoy. (*Antología* 273)

La idea de Onís llevó a Juan Ramón Jiménez a entablar una revisión del

Modernismo que alteró en gran manera la crítica después de la publicación de *El Modernismo. Notas de un curso* (1953), compilado póstumamente por Ricardo Gullón y Eugenio Méndez (1962) y reeditado en 1999 por Jorge Urrutia. En esta misma línea, una de las definiciones y explicaciones del Modernismo la presenta muy bien el libro de Schulman y Garfield (1986), al afirmar que:

> El modernismo poético [. . .] no representa un solo estilo, sino un enfrentamiento con un mundo de carácter fallido y la tentativa por parte de los escritores de buscar alternativas —lingüísticas, estilísticas o sociopolíticas— sabiendo muy bien que serán defraudados o frustrados en su busca. La angustia que caracteriza la sensibilidad y los estilos modernista produce la impresión de una literatura inestable, cansada, y, en ciertos momentos, de signo negativo, y hasta pesimista. Quizá sea un error hablar de estilo(s)

modernista(s) cuando el modernismo, en el fondo, no se define por un solo estilo, sino por la búsqueda de una expresión. (27)

Esta búsqueda de expresión cuaja en la actitud de ver la vida que el artista adquiere con la llegada de la modernidad. Los elementos comunes que los modernistas comparten y la manera de presentarlos, entonces, no se deben a un estilo común que hayan adoptado sino a una reacción ante las condiciones de su entorno, aspecto al que ya hemos aludido cuando indicamos la homogeneidad entre la heterogeneidad, donde la última es la que mejor define la producción modernista. Podemos concluir, entonces, que el Modernismo fue más bien una actitud de ver la vida, moldeada por la modernidad, entendida ésta como los cambios creados por los avances técnicos que alteran el mundo económico, social y político donde vive el autor. Gran parte de la poesía modernista, entonces, emana de la condición en la que llega Hispanoamérica a este fin e inicio de siglo, como indicado por estudios como el de José Miguel Oviedo, quien declara que:

el modernismo nace de una conciencia crítica de esas carencias del positivismo, y de impulso por modernizar las ideas, el pensamiento y la sensibilidad de los americanos que enfrentaban ya el siglo XX ; es decir, representa un vasto esfuerzo por recuperar la armonía perdida entre la realidad social y sus formas artísticas, impulsando ambos a vivir, por primera vez, la auténtica experiencia de la modernidad. (*Antología* 22).

Lo mismo concluyen Garfield y Schulman en 1984 al aceptar que el concepto de Modernismo hispánico es la expresión de una de las etapas de la modernidad de Occidente (*Las entrañas* 30). A algo similar alude la conclusión de Jozef Bella quien indica que "con el Modernismo empieza a surgir lo nuevo como ley de creación artística y la abolición de convencionalismos, lo que hace de la poesía una experiencia total. La modernidad, que va a distinguir específicamente la vanguardia, nace con el Modernismo" (65). Como es evidente, estamos ante una situación histórica muy complicada para estudiar al Modernismo bajo unas pocas vías y en cantidades limitadas. Por eso, en este trabajo se intenta abarcar un gran número de textos poéticos para presentar tanto la marcada homogeneidad de la producción, como la heterogeneidad, que como ya hemos explicado, la primera surge en muchos casos por situaciones, temperamentos o actitudes comunes entre los artistas. La experiencia vital de varios artistas es muy negativa y por eso buscan refugio en y por diferentes medios, según afirma Gala Blasco: "el hastío, la crisis espiritual, la insatisfacción con el medio, la necesidad de ensanchar los horizontes fueron los acicates que llevaron a muchos escritores modernistas a viajar por otros países, pero también al cultivo de actitudes extremadas, como las experiencias con las drogas o con el alcohol" (22). Esto apunta a lo que la crítica hasta hacía treinta años había llamado escapismo, del cual hablaremos más adelante, pero que en realidad define muy bien la situación del poeta modernista: una constante y variada búsqueda de refugio para aliviar, entre otras cosas, su dolor existencial.

Sin importar si el Modernismo se describe como estilo, movimiento, o escuela de arte y/o pensamiento, a nadie escapa que el Modernismo ha sido objeto de muchos estudios, con diferentes enfoques en las últimas tres décadas y que siguen aportando material para la expansión del entendimiento de este período de producción literaria. Su densidad textual es aún desafiante y por ello ignorada en algunas áreas. Las acusaciones que ha sufrido esta etapa artística abundan y en muchos casos se deben a la renuencia de hacer un estudio del texto en sí tomando en cuenta nuevas teorías sociales, y en vez de ello optar por un estudio de lo que se ha dicho al respecto. De ahí que se haya prolongado por seis décadas la definición del Modernismo que por la mayor parte es totalmente opuesta a la de hoy. Esta tradición, denunciada por críticos como Ivan Schulman y Ricardo Gullón, entre otros, ha marcado este período de producción artística como monolítico, donde predominan unos tres fenómenos que no pasan de la belleza, el escapismo y la renovación del lenguaje. Ricardo Gullón afirma que "la tendencia simplista a reducir el modernismo a dos o tres de sus elementos más característicos, o que, sin serlo, pasan por tales, constituye uno de los males de nuestra historiografía literaria" ("De poetas" 14). Esto es evidente con tan solo leer la obra de los más conocidos y generalizados, como Rubén Darío del cual se ha tomado su constante uso de imágenes como el mármol o el cisne, pero no se ha tomado su constante uso del adjetivo 'argentino/a' que aparece con mucha frecuencia. Pero no sólo es eso lo que se puede notar con una lectura conciente. Hay también una gran cantidad de poemas que están muy lejos de los tradicionales temas, imágenes y símbolos atribuidos al nicaragüense. Podemos ver esto también en otros autores de contradictorias propuestas cuya obra es claramente pluritemática. Así pues, la variación modernista es lo que mejor define esta etapa de producción artística, y de la misma forma que surgió, en distintos países por diferentes autores que en muchos casos tenían la misma actitud de ver la vida, se desarrolla y desafía todo intento de imponer generalizaciones limitadas y reduccionistas. Schulman indica que:

> El legado del modernismo es evidente hoy, no sólo en la cultura "alta" o "seria", sino en la popular. Por otra parte, los debates sin resolver sobre sus dimensiones cronológicas, teleológicas, ideográficas, sociales y estilísticas indican que no sólo estamos frente a un concepto innovador e individualista de escribir, lleno de contradicciones y de aspectos polivalentes, sino de un núcleo de signos discursivos que conforman un sistema normativo social, cultural y literario. ("Hacia un discurso" 259–60)

Pero este núcleo también responde a la situación histórica que arrasa con el arte y el artista: la modernidad. Onís, por su parte, señaló que había un gran error en asumir que la modernidad y el modernismo eran cosa distinta, pues el modernismo consistía precisamente en la búsqueda de la modernidad. Esta búsqueda abarca todos los aspectos del arte, la belleza, los símbolos, la estructura, las palabras, etc. El autor modernista, entonces, está consciente de estos cambios y vive en ellos. De acuerdo con Schulman, "Con anterioridad en el proceso de la modernización socioeconómica y cultural, Martí, cuya perspicacia Darío admiró, perfiló la naturaleza de las transformaciones ideológicas representadas por el nuevo orden socioeconómico" ("Hacia un discurso" 262). El crítico también indica en el mismo artículo que esto se puede ver en Martí en su prólogo al "Poema del Niágara" de 1882, donde denuncia los males de la modernidad: la intranquilidad, la inseguridad, la vaga esperanza, la visión secreta. Estos demonios los calificó como airados y hambrientos que devorarían las entrañas del ser humano (262). La misma situación de inseguridad e incertidumbre es la que se puede calificar como la causa de los brotes de la actitud de ver el mundo, según concluye Schulman: "sus fronteras cronológicas son caóticas, sus códigos están sujetos a tensiones internas y amoldadas por la imaginación del escritor individual, por los diversos climas culturales de regiones, y naciones, y por heterogéneas etapas de desarrollo económico" ("Hacia un discurso" 268).

Si consideramos todas estas condiciones históricas, podemos ver que el preciosismo modernista emana en gran parte de la necesidad de alcanzar la belleza artística en la poesía pero no es, de ninguna manera, el contenido de ésta. El fondo y la forma, aunque en la gran mayoría de los casos ambos contribuyen al total sentido del poema, no excluyen la realidad del entorno del poeta, que mediante sus versos presenta temas humanos. Pero esto no quiere decir que la actitud modernista se manifieste en la poesía sólo por medio de la métrica, los símbolos y las imágenes. Ricardo Gullón ya advirtió que "no hay en la poesía modernista tantos cisnes y princesas como suele creerse, y junto a ellos siempre encontramos materiales tomados del mundo en torno" ("De poetas, actitudes y modalidades" 14). Y es más, en el momento en que estos símbolos de belleza se implementaron tenían un sentido particular, como concluyó Gullón: el cisne representa la belleza y al mismo tiempo la blancura, "y fue adoptado por los poetas para expresarla en una época dominada por las ideas de utilidad y beneficio" (40), sirviendo un doble propósito. El caso de la rosa y su utilidad más allá de la belleza, Gullón lo identificó con la batalla del poeta por mantener las sensibilidades del hombre en este mundo materialista. Según afirma el crítico español:

> La rosa y el cisne sirven para que el hombre viva humanamente, y a veces pueden alzarse como enseñas de rebeldía. En la edad de oro del capitalismo, cuando nada parecía tener sentido si no producía ventajas económicas, los rebeldes contra la ola materialista levantaron la bandera de la belleza pura. Se fue tanto más rebelde cuanto más capaz de sustraerse a las sutiles influencias predominantes. [. . .]. [Estos símbolos] son armas contra la vulgaridad y la chabacanería del ensoberbecido burgués; no imágenes de una evasión, sino instrumentos para combatir la imagen de la realidad que se les quería imponer. ("De poetas" 41)

Estos símbolos de belleza, entre ellos el cisne, e intención de protesta ante el materialismo imperante de la época se pueden ver claramente tanto en Rubén Darío como en Delmira Agustini, por mencionar un par de autores representativos. Sin embargo, el mismo cisne tiene una intención muy distinta en ellos, donde el primero en "Qué signo haces, oh cisne. . .", mediante la interrogación del ave de blanco plumaje denuncia la amenaza de destrucción de la cultura y la sociedad hispana a manos de los Estados Unidos; y la segunda en "El cisne" hace uso del exotismo que el ave representa para romper la censura impuesta por la sociedad a la mujer y hablar de sus candentes deseos sexuales y experiencias eróticas. El mismo Darío utiliza el cisne erótico tan ardiente que en uno de sus poemas el acto de dicho pájaro con Leda dejan hasta a Pan con los ojos desorbitados. Es, pues, evidente que la presencia del cisne no es exclusivamente banal ni escapista, sino uno de varios símbolos artísticos para manifestar con cierta belleza desde la situación social e histórica en que se vive hasta el ardor sexual, como también la belleza e inspiración artística, según se comprobará en este estudio.

El caso de la renovación de la métrica y el lenguaje, esa denunciada implementación de anglicismos e indigenismos, calificados como el rechazo al romanticismo, su lenguaje y estructura, es también otra evaluación de la poesía modernista que no se puede sostener como única razón o efecto después de una relectura seria. Como indica Gullón, el pensar que el legado de Rubén Darío está todo en la forma de su poesía y que el resto es secundario: "es un error: la reflexión moral y la preocupación política se dan de alta en su obra, como se dieron en sus precursores" (*Direcciones del modernismo* 43). Esta misma conclusión sobre la renovación del lenguaje como movimiento auténtico y lleno de propósito, también la presenta Juan Gala-Blasco al afirmar que "la renovación estética practicada por las generaciones del fin de siglo (tanto en la literatura como en el resto de las artes) va siempre acompañada de compromisos sociales y políticos revolucionarios" ("Aspectos generales" 76). Es la situación, entonces, la que da cabida al surgimiento de las características generales del Modernismo que lo convierten en una actitud de rebelión, ya sea mediante la forma o el fondo de la poesía, como confirma Gullón en su estudio "Direcciones del Modernismo" al aseverar que "la innovación modernista afectó en primer término al lenguaje, a la diversidad de formas métricas y a las técnicas; mas tales innovaciones respondían a un cambio en el modo de sentir la vida, y ese cambio les acercaba de nuevo al romanticismo eterno" (19). Lo mismo concluye José-Carlos Mainer indicando que "bajo la sofocante hiedra de imágenes y fantasías, bajo la superficie, hierven o laten a menudo las angustiosas preguntas sobre la autonomía del arte, la incertidumbre del yo, la tentación del abismo" (*Modernismo* 71). Asimismo, José Domínguez Caparrós ha comprobado que la métrica del Modernismo no existe como simple soporte técnico sino que contribuye a la semántica de todo el poema (*Estudios de métrica*).

No debemos olvidar tampoco que la invención de palabras y el uso de otras, ya sea indigenismos, anglicismos, etc., viene de la renovación del lenguaje de la que Darío habla como parte de la actitud artística de la época y, cuya idea de llevar a cabo el nicaragüense obtuvo del poeta y humanista salvadoreño Francisco Gavidia (1863-1955) en su primera visita a El Salvador. Como indica Darío en su autobiografía, esto se debió a la necesidad de expresar sentimientos que habían llegado con la modernidad y que para los cuales el lenguaje tradicional presentaba barreras, pues al cambiar el entorno en que vive el poeta, cambia su necesidad expresiva. Al mismo tiempo, los temas que se poetizan llegan a constituir nuevos horizontes que reflejan una actitud moderna. Piénsese, por ejemplo, en temas sociales, económicos y políticos que surgen en esta época que son poetizados. Asimismo, no podemos olvidar la libertad que se da el artista en afrontar temas más atrevidamente, como Darío quien sacraliza el semen ("Carne, celeste carne de la mujer") y Delmira Agustini y sus virtuales encuentros eróticos. Las limitaciones del lenguaje tradicional, entonces, son las primeras en ser derribadas por los modernistas, caso que desde el principio los presentó como rebeldes, aún entre los mismos poetas, pero que es un resultado natural de expresión que rompe las barreras de todos los medios expresivos tradicionales, muy presente hoy en día en casi todos los aspectos de la vida. Martí, por ejemplo, quien repudió el extranjerismo y principalmente el afrancesamiento tosco de sus contemporáneos, indicó: "el uso de una palabra extranjera entre las palabras castellanas, me haría el mismo efecto que un sombrero de copa sobre el Apolo de Belvedere" (Citado por Schulman en "Estudio preliminar" 25), evidenciando que hasta dentro de los modernistas habían conflictos entre la libertad del arte y la tradición conservadora del lenguaje. La llegada de la modernidad, entonces, con sus alteraciones tajantes de la vida crea un ambiente de cambio que el artista combate innovando la métrica y el lenguaje para acomodar los sentimientos generados por una nueva época nunca antes vista en América Latina; una nueva vida que requiere una nueva forma de expresarse. Resulta más fácil comprender esta actitud de innovación si la comparamos con el aspecto de lo industrial, que con sus innovaciones adelantan los cambios, en este caso de producir más y con más eficacia, logra transformar un continente, donde se acepta el tren en vez de la carreta, el automóvil en vez de los caballos, las máquinas en vez del brazo del hombre (en dosis relativas al progreso). Lo que hacen los poetas es precisamente esto, innovar para mejorar y colocar la literatura en lengua española a la altura de los nuevos tiempos, elemento que sigue en pie hoy en día con la explosión tecnológica, industrial, espacial, etc. Pero que quede dicho ya: comparado con los grandes cambios en la sociedad, la economía, el gobierno y los valores que ocurren en el crucero de los siglos, los modernistas fueron en realidad conservadores y muy tímidos en la innovación del lenguaje.

El escapismo atribuido a los modernistas, con la connotación de que éstos quieren alejarse del mundo en que viven para crear un mundo ideal de sueños, alejarse a París y rechazar lo hispanoamericano, pasa también por una generalización destructora que no representa verdaderamente de lo que en realidad muchos de ellos escapaban: su situación de "parias" a la que la sociedad los había reducido. Para esto buscan refugio en el arte y su belleza, como se demostrará en el capítulo dos de este estudio, entre otros medios que les permitía continuar practicando su oficio. Ya indicó Octavio Paz, por la mayor parte acertadamente, en *Cuadrivio*, que los poetas por primera vez en la historia llegan a no poder vivir de su producto y tienen que buscar otros medios para sobrevivir, pues la sociedad los ve como inútiles, pestilentes y nocivos porque ésta valora el materialismo y lo práctico, y que el hecho de que los modernistas se inspiren de los franceses no quiere decir que quieran ser ellos franceses, sino modernos. La verdad es que la poesía nunca ha sido una fuente de ingreso económico rentable y los poetas habían gozado en el pasado más de estima pública que de bonanza monetaria. Lo que ha cambiado con la modernidad es la actitud negativa y hostil que la sociedad abiertamente presenta hacia los poetas cuya situación es verdaderamente lamentable. La condición de mendigos y foráneos en la sociedad exige una forma de escapar, por lo menos mentalmente, y buscarle propósito a la existencia de penas y angustias que llevan. Este es el escapismo de los modernistas. No buscan en todos los casos un mundo ideal, sino un mundo que devuelva el aprecio a la poesía y el respeto del poeta a un nivel tolerable. La terquedad de ellos radica en luchar contra el capitalismo y tratar de vender algo que no está en demanda por el consumidor, y lo que es peor, se angustian ante el rechazo. Pero claro, eran artistas que creían en su producto y no vamos a culparlos por no obedecer las reglas del mercado. Ahora bien, el escape, entonces, es principalmente del dolor interior y muy poco de la realidad en que vive el hombre, la cual no puede ignorar. Como indica Gullón, "el escritor modernista es en primer término hombre moderno, y como tal tiene la conciencia de su deber como ciudadano, y cree en la posibilidad de la reforma política y social" (*Direcciones del modernismo* 48). Esta actitud se verá en gran número de los poemas aquí estudiados donde mediante la observación, la denuncia y el llamado al cambio, el artista espera, aunque en muchos casos sabiendo muy bien que no puede contra una sociedad determinada a ignorarlo, cambiar la situación social. Sería descabellado, pues, condenar los viajes, los escapes, el deseo de 'fugarse' de la situación conflictiva de los modernistas, sin tomar en cuenta la inclinación humana donde el individuo tiende a buscar lugares más propicios para desarrollar sus talentos, deseos y fantasías. Bien podemos poner al día dicha inclinación al escape, figurado o literal, con la llamada "fuga de cerebros" que define la emigración de las personas más capaces hacia lugares que les permitan realizar sus sueños, fenómeno que no era nada reciente entonces, pero que parece mitigarse sólo cuando son los poetas modernistas los que lo emplean.

No obstante, la recepción que la sociedad provee a ciertos

modernistas se deteriora con la reacción del artista frente al desdeño, pero pueden resistirlo por aferrarse a su oficio y sus creencias, como es evidenciado en referencias en varios poemas. Gullón afirma que "a fines del siglo XIX , los poetas malditos podían soportar condenación y aislamiento, porque se reconocían superiores, porque se identificaban —nada menos— con el héroe" (*Direcciones* 36). Pero no se puede decir que esta creencia perdurara durante todo el movimiento. Gradualmente los modernistas son vistos como una amenaza para la sociedad y así aumentan los ataques contra ellos y, como respuesta, aumenta el resentimiento del artista ante esta sociedad. Sin embargo, no se trata de una lucha enfocada únicamente en el arte y el artista, pues como este trabajo demostrará, en gran número de los poetas hay una lucha noble por la sociedad, el hombre y sus derechos. Gullón concluye también que de los modernistas "se puede afirmar que estuvieron y permanecieron dentro de la tradición liberal en cuanto ésta tiene de más significativo: oposición a todas las formas de explotación del hombre por el hombre, y a las represiones políticas" (*Direcciones* 48). No obstante, no se trata de una separación total entre artista y burgués, o pueblo; el poeta es parte del pueblo y anhela vivir como tal, pero es rechazado por su ocupación. Por su parte, señala Ivan A. Schulman que:

> en el ámbito hispánico el modernismo es la expresión de madurez de escritores enfrentados con un mundo descentrado y hostil. Asediado y marginado, el poeta modernista se aproxima al mundo burgués, sueña con sus ventajas materiales, pero sufre la desilusión del rechazo y el vacío consiguiente, el cual llena con un universo ensoñado de tiempo y espacio subjetivos. ("Estudio preliminar" 33)

La interrogante que queda es por qué se rechaza al poeta modernista hasta tal punto que se convierte en una lucha entre dos bandos, en una situación histórica donde el relativo progreso económico suple las faltas de tolerancia que normalmente se inflaman en tiempos de decadencia. La respuesta a esta pregunta llega por vía de la rebeldía que los modernistas representaban y sus visiones liberales, como antes quedó mencionado, que amenazaban con derribar los valores de la sociedad, pues "el modernismo era un enemigo del que se temía tanto la ideología perniciosa, como la que afectaba al estilo, a la gramática, a la pureza castiza del idioma" (Gala Blasco, "Aspectos generales 83-84). María Pilar Celma también afirma que "los modernistas forman parte de una actitud consciente de rechazo y de rebeldía social contra el racionalismo, contra el progreso, contra los valores de la sociedad burguesa" (170). También podemos recurrir al estudio de Howard Fraser donde identifica al poeta con el bohemio, el desequilibrado, el esteta decadente, el maldito, el marginado, y en último término, el ser improductivo. Una buena parte de la burguesía, siguiendo su actitud tradicionalista, ve al poeta como ser peligroso, capaz de atentar contra el orden social dictado por la burguesía, que se respalda en la religiosidad. Con esta actitud de "defensa" de los valores tradicionales, la burguesía rechaza, margina y hasta destruye al poeta, y con ello se convierte en un atentado más contra el arte y el artista. Ya el mexicano Manuel Gutiérrez Nájera en un artículo titulado "El arte y el materialismo" había proclamado su batalla al afirmar: "lo que nosotros combatimos y combatiremos siempre es esa 'materialización' del arte, ese asqueroso y repugnante positivismo que en mala hora pretende introducir en la poesía . . . Se pretende despojar a la poesía del idealismo y del sentimiento; se pretende arrebatar al arte todo aquello que de espiritual tiene, para sustituirlo, con el realismo pagano, por el terrible materialismo" (*El modernismo visto por los modernistas* 163).

Este rechazo del artista hace que muchos de ellos lleven a cabo más acciones de rebeldía en contra de la sociedad que los margina, con lo que se escala el conflicto al uno y el otro reaccionar de maneras más extremas. Tales condiciones empeoran el sufrimiento que muchos de los artistas ya sienten por razones de crisis existencial en una vida sin sentido, mientras la tragicidad eminente del hombre se vuelve más palpable con los golpes que la sociedad le propina. La cumbre de esta batalla de rechazo entre el poeta y la sociedad se puede ver en Pedro Antonio González, como se estudiará más a fondo en el capítulo seis de este trabajo, al plantear la situación en que se encuentra el poeta en el poema "Apoyo la cabeza", donde califica al mundo como traidor, cruel y repugnante ante el artista, concluyendo con el tajante verso dirigiéndose al mundo: "¡Justo es que yo lo escupa, y yo lo escupo!" (12)

En esta batalla mediante el arte contra la sociedad y los medios, los modernistas emplean varias mecánicas que son en gran parte coloridas y bellas, pero que a pesar de ello no yacen totalmente alejados del elemento humano, del hombre que sufre, siente, medita y llora por su condición vital. El modernista es consciente de la situación que se le presenta especialmente al artista del crucero de los siglos cuando la riqueza material ha tirado por el suelo los valores artísticos, especialmente el de la poesía por ser ésta una actividad de gran labor y placer para el artista, pero que al mismo tiempo requiere más esfuerzo intelectual no sólo para producir, sino también para entender y apreciar. Al mismo tiempo, carece de cuerpo; es decir, lo que decora lo hace en el interior del ser y no se deja ver muy fácilmente, que no es el caso en otras modalidades del arte, como la pintura o la escultura, que puede ser observado, aunque no apreciado en su totalidad, por cualquier persona. Entre el relativo progreso económico de entresiglos, en suma, el producto del arduo trabajo del poeta tiene muy poco valor y sus imágenes de belleza son solamente palabras hermosas, y, acompañadas con la vida bohemia de los poetas, es rechazado por amenazar las tradiciones de la burguesía, incluyendo los valores materiales hasta los códigos "morales".

Además, hay una marcada preocupación entre algunos modernistas por un gran sector de la humanidad que ha sido reducida a ser un peón más de la gran máquina económica. Ahora bien, que quede dicho ya de una vez: hasta los más grandes de los modernistas tienen varios poemas que no tratan ni temas profundos ni la condición humana y, algunos son básicamente un ramo de flores, coloridos y bellos, ¡pero qué se puede esperar, eran poetas, no militantes sociales con determinadas agendas altamente financiadas para un éxito determinado! El gran Rubén Darío presenta varios poemas que no llamaríamos "profundos y universales", pero no debemos nunca olvidar que los poetas comprometidos, es decir, ésos que solo escriben su verso con un fin político, no arriban sino hasta unas décadas más tarde. Así que cuando hacemos generalizaciones sobre el trabajo de los modernistas, estamos conscientes de que parece que caemos en las mismas técnicas generalizantes y reduccionistas que denunciamos, sin embargo, nuestro intento no es poner bridas al

Modernismo para poder entenderlo en una o dos oraciones, más bien es demostrar cómo es imposible hacer dichas afirmaciones pues estamos ante una etapa de producción literaria muy amplia, variada, y tremendamente bella, que es moldeada por muchos factores económicos, sociales, políticos y, no menores, las predisposiciones personales de los autores.

Además de los enfoques monolíticos que aquí hemos indicado se encuentran otras vías tomadas hacia el estudio del Modernismo que aumentan la cantidad de aspectos sobresalientes. José Olivio Jiménez asevera que "el modernismo no puede entenderse, y ni siquiera en cuanto a estilo, como un cuerpo verbal fijo, cerrado e idéntico siempre a unos inflexibles principios rectores" (*Antología* 33). El mismo crítico ha establecido algunas categorías internas del movimiento artístico que se pueden juntar en espiritualismo, esteticismo, culturismo, erotismo, exotismo, decadentismo, meditación existencial, reflexión autocrítica, experiencia de la ciudad e intensificación de la vida de los nervios ("Introducción general" 12). Este intento de ver los aspectos comunes entre los autores modernistas coincide con el enfoque de este estudio y muestra que entre los poemas seleccionados hay una clara unión no sólo de los temas tratados, sino también de la manera de tratarlos, elementos que engrandecen al Modernismo porque proporcionan una gran variedad y al mismo tiempo homogeneidad. Claro, la diferencia aquí es que no buscamos dar un inventario de los temas que los modernistas tratan sino presentar, analizar, apreciar, gozar, reír y llorar el Modernismo sin alejarnos demasiado del texto poético. Es nuestra firme convicción que el Modernismo no se puede reducir ni estudiar simplemente partiendo de la teoría literaria preferida; es un arte que siempre debe estar presente cuando se habla de él, y no vamos aquí ha servirnos del Modernismo para implementar teorías o enfoques "pioneros" identificados con lo que esta en boga solo para lucirnos y diferenciarnos de los demás. Transcontinental, transgender, decolonialista, etc. son enfoques que no rechazamos, sino que no los obligamos al texto modernista de forma exclusiva.

Ahora bien, han existido otras vías de estudio del Modernismo que resumiremos aquí con la única intención de ilustrar las más sobresalientes. En el resumen de los diferentes modos de acercamiento críticos, José Olivio Jiménez señala el poético existencial, el espiritualista y el socio económico (*Antología* 42-47), que se respaldan por las teorías de otros críticos como Federico de Onís, Juan R. Jiménez, Ricardo Gullón, Ivan Schulman, Rafael Gutiérrez Girardot, que también interpretan el Modernismo como una actitud y expresión ubicada en lo poético existencial. En la llamada vía espiritualista, según resume Acereda (2001) en un reciente volumen dedicado al Modernismo, podemos ver destacadas las aportaciones de Octavio Paz, Enrique Anderson-Imbert, Cathy L. Jrade y Raymond Skyrme, quienes se centran en las avenidas espirituales y sincréticas del Modernismo, que también incluyen teorías ocultistas y esotéricas. A esta lista también se puede añadir las visiones económicas y sociales presentadas por, entre otros, Ángel Rama, Françoise Perús e Iris Zavala, donde el primero presenta una interesante avenida de valoraciones sociales y económicas. Los estudios de Zavala (1991, 1992, 1997), por otro lado, han establecido una visión dialéctica de los procesos artísticos en sociedades colonizadas culturalmente y sometidas a estructuras de poder obsoletas. Se puede detectar en sus estudios un designio de explicar el caso de Modernismo en términos exclusivamente sociales y económicos a partir del materialismo histórico. El caso de Perús entra por la vía del marxismo donde interpreta el Modernismo siempre ligado a las transformaciones de la matriz económica, la estructura de las clases y las modificaciones del papel del intelectual en el marco de la lucha ideológica. Este último acercamiento ha denunciado el Modernismo como distante de los problemas sociales y que permanece en desinterés con la situación turbulenta de Hispanoamérica, algo con lo que no estamos de acuerdo. Junto con Ángel Rama (1970 y 1975), Noé Jitrik (1978) y Lily Litvak (1980 y 1990) han estudiado la poética modernista bajo los distintivos condicionamientos sociales, históricos, económicos y culturales que el poeta de fin de siglo afrontó.

Más recientemente ha surgido el planteamiento revisionista que, como ya hemos indicado, revaloriza el Modernismo como un sistema normativo bajo los códigos de la modernidad. Entre estos enfoques cabe mencionar los trabajos de Garfield y Schulman (1984 y 1986), los de

Schulman (1987, 1991 y 1997) y el citado de Acereda (2001), y otros muchos que estudian aspectos específicos en textos utilizando el contexto social e histórico. Estas vías de estudio presentan al Modernismo como el que abre las puertas de la modernidad poética que yacía aletargada en el siglo XIX, salvo con un par de poetas como Gustavo Adolfo Bécquer y Rosalía de Castro. También, como indica Ignacio M. Zuleta (1988), "con el auge, desarrollo y decadencia del Modernismo se forjó el destino de la expresión estética hispánica hasta nuestros días" (*La polémica modernista* 28). Además, como han demostrado Acereda y Guevara (2004), es Rubén Darío, el exponente más alto en la poesía modernista, quien plantó las semillas en la expresión poética que influirán toda la poesía futura escrita en español. Este movimiento moderno, entonces, es el que da inicio a los cambios que hasta estos días se ven en la literatura hispana, como ya indicó Octavio Paz, desde el momento que el Modernismo alcanza su cumbre, la ruta natural que su ruptura toma desemboca en la vanguardia.

Acercamiento histórico-social al Modernismo

La situación del poeta en la sociedad de entresiglos se convierte en una batalla por vivir y practicar el oficio poético que cada vez se ve más rechazado, condición que inflama más el dolor existencial del artista. Pero hay otros eventos que precipitan este sentimiento de angustia ante la vida. En gran parte, la etapa histórica de América Latina y también de España contribuye, quizá no al surgimiento del Modernismo, pero sí a las preocupaciones que éste presenta. La situación económica, social y cultural moldean los temas modernistas, como el caso de la amenaza de invasión del gran poder del norte, la Guerra de Cuba y los hechos del 98 español, la desigualdad de los seres humanos y la degeneración de la sociedad con el surgimiento de las grandes ciudades, temas que se manifestarán en la poesía aquí seleccionada en los capítulos correspondientes.

La amenaza latente de la pérdida de identidad hispanoamericana, presente en Darío, tiene sus raíces en la modernidad al ser el resultado directo del cambio de una economía de abastecimiento por una de comercio internacional, y de la agresión que los Estados Unidos mantenía hacia América Latina desde los primeros días de la Independencia latinoamericana. La transformación de las economías hispanoamericanas se llevó a cabo con gran cantidad de capital extranjero y sus influencias en los gobiernos latinoamericanos creció hasta un nivel alarmante, piénsese, por ejemplo, en el México de Porfirio Díaz. Aunque estas inversiones desarrollaron en gran parte los medios en Latinoamérica, como las líneas férreas, puertos y vías de comunicación, la sociedad llegó a depender del poder extranjero, del cual, invocando la doctrina agresora Monroe[1], Estados Unidos tomó el mando e impuso su control para velar por sus intereses. Este vecino del norte, con su gran garrote y muy pocas zanahorias, sirve de policía, juez y verdugo de las naciones latinoamericanas mediante la intervención directa para evitar que otros países extranjeros reclamaran sus inversiones y, para obligar "reformas". Mientras que Sudamérica se ve invadida por capital extranjero en los caminos y las minas, Centroamérica y el Caribe pierden sus tierras de cultivo a la United Fruit Company (más tarde cambia a Chiquita, Del Monte, y consolida varias otras competidoras) y otras compañías estadounidenses, que llevan el total respaldo del plomo yanqui. Ante estas condiciones (de las que hemos mencionado sólo algunas para ilustrar la situación) los intelectuales como Darío[2], Martí y Rodó denuncian esta invasión y explotación de su tierra por los imperialistas que intentan cambiar desde la economía hasta la tradición y cultura latinoamericana. Esta agresión e imposición de la cultura y sistema anglosajón está siendo implementada en Puerto Rico y en menor grado, Cuba durante este crucero de los siglos XIX y XX y es claramente una espina punzante en algunos modernistas. Lo mismo ocurre en el territorio de Colombia, Panamá que logra su independencia después que Estados Unidos hace una vuelta total en su política hacia la situación colombiana/panameña ante en evidente fracaso de los franceses en la construcción de Canal Una vez que Panamá se separa de Colombia es inmediatamente controlada por los Estados Unidos cuyo gobierno hace el traspaso de los intereses franceses del Canal de Panamá para los el gobierno de Roosevelt. Ningún panameño vota o tiene algo que decir ante esta transacción. Claro, la "Zona" del Canal de Panamá es inmediatamente militariza y la empresa de la construcción del canal que antes había sido un esfuerzo colectivo del pueblo francés, viene a ser una empresa del gobierno de los Estados Unidos el cual adquiere perpetuidad de esta zona. Para muchos modernistas esta flagrante agresión sirve como la llaga más ardiente del poder del Norte en el mundo hispánico.

Cabe mencionar aquí que aunque la organización de las naciones americanas (llevada a cabo a partir de mediados del siglo XIX) ilustra el triunfo del liberalismo y la derrota de los conservadores y la Iglesia católica, (Benito Juárez en México, sus reformas y la Constitución de 1857 y los decretos anticlericales; Argentina bajo Mitre, Avellaneda, Sarmiento y el General Roca) para la hora que se cumple el desarrollo industrial bajo la inspiración del positivismo, los liberales han perdido el poder. En México, por ejemplo, Porfirio Díaz ha olvidado las reformas de Juárez, es decir, ha ignorado la Constitución de 1857, ha devuelto los privilegios a las clases aristocráticas y ha protegido la Iglesia. La riqueza producida crea una división de clases, refortalece a los ricos que recuperan el control nacional a despecho de los indígenas y mestizos. Es más, el conflicto mayor de la distribución de las tierras que se había aliviado un poco (cuando Juárez nacionaliza las tierras de la Iglesia y ataca los latifundios) se incomoda más durante el porfiriato y será una de las espinas más punzantes de la Revolución Mexicana.

Así pues, la sociedad de entresiglos da muchos motivos a los intelectuales para preocuparse. La riqueza que la inversión extranjera genera no se dispersa más que entre la oligarquía urbana y la aristocracia terrateniente, que se componía de criollos o emigrantes de origen europeo de raza blanca, mientras que la mano de obra es llevada a cabo por el mestizo, el indio y en algunos casos, negros y orientales. Es decir, la desigualdad de los seres humanos es evidente y algunos poetas denuncian la situación, como veremos, ligándose así a la sociedad. Un buen resumen de las condiciones económicas, sociales y políticas de Latinoamérica durante los años del Modernismo lo presenta Gala Blasco (1998), donde se puede ver con más detalle el contexto socio-cultural de Latinoamérica. Esto también ha sido estudiado ya por Ángel Rama (1970 y 1975), quien presentó las condiciones de los poetas que luchan por legitimizar el arte en una sociedad burguesa deseosa de utilidad y materialismo, mediante un enfoque de contexto social y económico.

Otro aspecto que cabe mencionar, que es también resultado directo del cambio que sufre América Latina por la modernización, es la explosión de la población en las grandes ciudades. De acuerdo con Gala Blasco, la principales ciudades hispanoamericanas entre 1890 y 1920, México y Buenos Aires, en particular, triplicaron sus habitantes, pero sufrieron por la falta del crecimiento de los medios para servir este número de habitantes ("El contexto socio-cultural" 40–41). Esta situación, sin duda, precipita la deterioración de la vida y los valores, como veremos indicados en muchos de los poemas que aquí estudiaremos, pero que a la vez fomentan la explosión del Modernismo al permitir la consolidación de la prensa, especialmente en Santiago de Chile y en Buenos Aires, para luego llegar al resto de Latinoamérica. De ahí que haya brotes de revistas modernistas en diferentes lugares, pero en muchos caso con las mismas actitudes hacia la vida.

Este breve historial de la época en que reina el Modernismo lo hemos presentado para ilustrar la situación en que viven los modernistas de donde puede emanar el compromiso que algunos tienen con el pueblo, que claramente se presenta en los poemas que aquí hemos elegido. Los cinco temas que trata este trabajo, de una forma u otra son afectados por la llegada de la modernidad que crea las condiciones en que el artista vive. De ahí que muchos vean el arte como refugio; el progreso como destructivo de la sociedad y de los valores del hombre; Dios como adaptado a una vida de impureza que ya no representa al hombre espiritual sino al hombre materialista; el vivir como fuente de dolor por la marginalización social y por el paso agitado de la vida moderna. Esta "masa que atropella y aplasta" que denuncia Nájera en uno de sus textos, es el resultado directo del progreso que da cabida al surgimiento de la civilización industrial de Occidente. No vamos a entrar aquí en la situación política de América Latina, ni en las guerras y batallas por controlar el poder, al ser este otro tema particular en sí mismo. No obstante, la vida de los poetas modernistas no se salva de estas experiencias. Ya el joven Darío había presenciado las guerras en Centro

América, habiendo estado presente en la casa donde el Presidente de El Salvador sufriera un ataque al corazón al ser víctima de un golpe de estado por uno de sus más fieles oficiales. Este evento lo marcó para ser "silenciado" al ser el poeta nicaragüense quien divulgara la noticia del acto bélico del nuevo líder, según manifiesta el mismo Darío en su autobiografía. Estos hechos y situaciones muestran cómo el artista de entresiglos no existe en un vacío aislado de su entorno, sino que vive y sufre una situación de la cual no puede alejarse. Piénsese también, por ejemplo, en José Santos Chocano y su relación con Pancho Villa. La incertidumbre del orden público y seguridad que sin duda se respiraba en América Latina, encuentra su manifestación en el arte, según veremos, pero que, reiterando lo obvio, no elimina el hecho de que eran artistas con impresiones e inspiraciones personales y temporales como cualquier ser humano.

Cuerpo textual del estudio

Para dar una buena muestra y evaluación de los cinco temas universales que hemos elegido para este estudio, entraremos en el análisis de más de un centenar de poemas y más de una veintena de autores originarios de variadas regiones de América Latina y el Caribe. Con esta concentración en los textos primarios estamos poniendo en práctica un enfoque textual sin olvidar su dimensión estética ni contextual. Así pues, los poemas aquí seleccionados revelan por sí mismos los cinco temas que se han elegido para este estudio, y como ya hemos aludido, dichos temas son variados y contradictorios, pero se puede ver en ellos una preocupación común que es el resultado directo de la condición que acecha al poeta modernista. Esta selección, pues, servirá para comprobar las preocupaciones sociales, culturales y humanas de los poetas, como ya hemos indicado, e ilustrar las actitudes vitales de ellos. Tenemos que advertir que no se trata aquí de juntar toda la poesía modernista que incluya los cinco temas, sino que con un centenar de composiciones ilustrar las actitudes de los poetas ante éstos, para con ello fomentar el aprecio y comprensión de una etapa en la producción poética latinoamericana que ha sido ya muchas veces reducida a un par de oraciones con la intención de "definirla".

En el capítulo dos nos acercaremos al tema de la existencia, que incluye todas las inquietudes sobre lo que afecta el sentido de vivir y morir, y estudiaremos textos de los siguientes poetas: José Martí, Manuel Gutiérrez Nájera, Julián del Casal , Alfonsina Storni, Evaristo Carriego, José Asunción Silva, Rubén Darío, Amado Nervo, Julio Herrera y Reissig, Enrique González Martínez y Leopoldo Lugones. En el capítulo tres trataremos la poesía representante del tema de la sociedad en autores como: Manuel González Prada , José Martí, Manuel Gutiérrez Nájera, Leopoldo Díaz, Julián del Casal , Pedro Antonio González, Amado Nervo, Evaristo Carriego, José Asunción Silva, Rubén Darío , Amado Nervo, José Santos Chocano, Alfonsina Storni y Delmira Agustini. Consecutivamente, en el capítulo cuatro nos dedicaremos al tema del arte y el poeta, es decir, lo que éste ve, piensa, siente y saca de su ocupación. Estudiaremos a: José Martí, Manuel Gutiérrez Nájera, Leopoldo Díaz, Julián del Casal, Ismael Enrique Arciniegas, José Asunción Silva, Rubén Darío, Amado Nervo, Evaristo Carriego, Enrique González Martínez, José Santos Chocano y Alfonsina Storni.

En el capítulo cinco trataremos el erotismo modernista a partir de la poesía de José Martí, Manuel Gutiérrez Nájera, Julián del Casal, Luis Gonzaga Urbina, José Asunción Silva, Ismael Enrique Arciniegas, Rubén Darío, Amado Nervo, Leopoldo Lugones, Enrique González Martínez, Julio Herrera y Reissig, Evaristo Carriego, Alfonsina Storni y Delmira Agustini. En el capítulo seis analizaremos la religión y lo divino en la expresión modernista en los siguientes autores: Manuel Gutiérrez Nájera, Salvador Díaz Mirón, Julián del Casal, José Asunción Silva, Rubén Darío, Ricardo Jaimes Freyre, Amado Nervo y Delmira Agustini.

Estos cinco temas, aunque profundamente personales en todos los casos, perduran porque existen en cualquier época y representan las preocupaciones humanas que no borra el tiempo, y este es uno de los valores principales del Modernismo: la capacidad de mantener unos universales temáticos[3] pero hacerlo desde lo moderno existencial. Es más, hay una evidente vía común dentro de la heterogeneidad en la preocupación ante estos universales temáticos que nos permite juntar a un grupo similar de poetas partiendo de la angustia existencial presente en sus obras pluritemáticas. Bajo estos parámetros vamos a desarrollar esta trabajo, que una vez concluido ojalá amplíe los últimos avances de acercamiento crítico al Modernismo, como quedó indicado al principio, contribuyendo así en gran escala al estudio de una de las etapas más conflictivas de la historiografía literaria hispánica.

Es necesario poner claro ya desde aquí que hay muchos factores que complican un estudio de este movimiento porque la vasta producción poética modernista manifiesta gran variedad de temas que pueden ser estudiados bajo diversos criterios. Lo mismo cabe decir de otros géneros literarios del Modernismo, en especial la prosa narrativa, ensayística y de crónicas. Al mismo tiempo, en particular de la poesía hay poemas que caben perfectamente en más de uno de los cinco temas antes mencionados y donde, además, un mismo símbolo puede tener diversas lecturas justificables[4]. La selección temática de poemas se ha llevado a cabo por razones de obvia dispersión y cuya validez se apoyará la presentación panorámica de las distintas formas modernistas de percibir un tema, desde sus variantes, sus marginalidades y (des)acuerdos. En cuanto a la atención que se dedicará a cada poema tenemos que poner claro que hay una variación notable porque algunos meritan más atención, otros se concentran más en el tema que nos interesa, mientras que algunos son tan directos hacia dicho tema que pueden ser evaluados y analizados muy directamente. Así las cosas, estamos enterados de que algunos poemas podrían ser estudiados más a fondo, pero que para este trabajo cuando no se trate del tema que nos interesa más bastará un resumen.

CAPÍTULO 2: **La existencia y lo que es el vivir para los modernistas**

Como ha quedado indicado desde el principio, el Modernismo es antes que nada una etapa regida por una personal angustia existencial. Como afirma George Castellanos:

> Hay en la mayoría de las conceptualizaciones críticas un punto común, el de considerar el modernismo como la primera fase de la modernidad, modernidad entendida como la época de cambios y rupturas culturales, coincidentes con la aparición de la burguesía hispanoamericana del siglo XIX, que crea un estado de angustia y ansiedad existencial. (39–40)

Así lo demostrará el número de poemas que tratan de este tema con una profundidad extrema. Como se verá, el tema del arte y el poeta aparece muchas veces ligado a la existencia cuando el arte sirve como refugio de una vida de penumbras y sin sentido, especialmente en el caso de Casal y Darío, lo mismo sucede con el erotismo cuando el gozo de la carne sirve para tratar de olvidar las penas, enfoque que se tratará en los capítulos adecuados. Además, la religión estará ligada a los temas existenciales ya sea como refugio o como repudio al no poder ésta saciar la agonía vital de los poetas.

Aunque hay muchos poemas que tratan la existencia con gran profundidad, el que mejor la representa, el texto más conmovedor por antonomasia, es "Lo fatal", incluido en *Cantos de vida y esperanza* (1905), de Rubén Darío. Pero hay otros poemas de Darío y de otros autores que presentan esta preocupación con la vida de una manera muy intensa y artística como "Responso" y "Nocturno" del mismo Darío. Lo mismo ocurre con Julián del Casal en "Día de fiesta", "Paisaje espiritual", "Nostalgias" y "Nihilismo". Entre los poemas seleccionados para este capítulo, que cubre igualmente distintas áreas geográficas de América Latina, se presenta la existencia humana desde muchas perspectivas, incluyendo la vida y sus pormenores diarios, la meditación de la existencia, el dolor vital agravado por la muerte, la búsqueda por una verdadera existencia para explicar las inconsistencias de lo que se percibe en la vida, hasta el cuestionamiento del propósito del vivir. No obstante, se puede observar también una veta de poesía donde hay cierto optimismo existencial, que, dependiendo de cada autor, se mezcla con el pesimismo general de la obra. Ahora bien, siendo el nicaragüense Rubén Darío el exponente más grande de la poética modernista y, siendo él mismo el estereotipado poeta que representa el Modernismo bajo las imágines y símbolos ya mencionados, en este estudio vamos a presentar una gran cantidad de la obra poética de Darío que trata los cinco temas aquí elegidos. Con ello intentamos ilustrar con harta evidencia que el Modernismo no se puede reducir a una o dos frases, siendo esta etapa artística una de variaciones, contradicciones, similitudes que, especialmente en Darío, culminan en la expresión de América mediante la renovación del verso que llegará a su ruptura natural con las vanguardias

La conciencia y el fatalismo existencial

Según los poemas aquí seleccionados, podemos notar en Darío una visión de la existencia desde varios puntos de vista, incluyendo la manifestación de la vida como absurda y cruel pues termina en la muerte, y la muerte aterradora es paradójicamente la única salvación. Para el ser humano, esta conciencia vital supone el dolor más grande de la existencia. "Lo fatal" es uno de los poemas más logrados en lengua española por su forma de incluir una personal filosofía de la existencia en palabras de uso diario cargadas con tanto significado. Por lo tanto, consideramos la selección de este conocido poema el más apto para iniciar el estudio de este tema. El poema es también un buen modelo de lo existencial sobre un gran número de otros grandes poemas. Darío presenta la existencia como una tortura por lo que el hombre sabe y por lo que ignora de la existencia misma. Así pues, describe toda su angustia hacia una existencia que se acongoja por la conciencia humana, iniciando la primera estrofa con sus deseos de ser árbol para sentir menos, o aun piedra para no sentir nada, pues la conciencia del hombre equivale a dolor en la existencia, y así afirma:

> Dichoso el árbol que es apenas sensitivo,
> y más la piedra dura porque ésa ya no siente,
> pues no hay dolor más grande que el dolor de ser vivo,
> ni mayor pesadumbre que la vida consciente. (v.v 1–4)

La vida, entonces, es un dolor que sólo se intensifica con el conocimiento. Siendo el hombre quien posee el mayor grado de conciencia, el dolor por tanto es más grande en el ser humano. Esta existencia es ya dolorosa, pero poder pensar sobre estos dolores, estar consciente de lo que significa vivir, es para Darío el colmo y se angustia por la vida porque sabe muy bien las penas que le ha traído y no duda que traerá, mientras ignora toda benevolencia que ésta prometa.

Esto se presenta con más detalle en la segunda estrofa donde Darío señala en un paralelismo sintáctico que la conciencia de estar vivo, poder meditar, la incertidumbre de la vida, lo mismo que de la muerte, aterran al ser humano. Esta existencia viene a ser para Darío un lamento:

> Ser, y no saber nada, y ser sin rumbo cierto,
> y el temor de haber sido y un futuro terror...
> Y el espanto seguro de estar mañana muerto. (5–7)

Contemplar si se ha existido antes y no saberlo, o si se existirá después de la muerte, vienen a ser una pesadilla tremenda que acompaña una vida ya angustiosa que implica otros varios problemas. De ahí que sea dichoso el árbol porque apenas siente, pero más dichosa la piedra porque es inerte y no siente absolutamente nada el sufrimiento que causa el pensamiento, indicado en la primera estrofa. Lo que aterroriza al poeta es la absurdidad de que la única garantía es que la salida de la agonía vital es la muerte, a la que teme. Entonces, la dureza de la vida es el estar destinado a la muerte, presente desde el momento de la concepción. Pero, ¿para qué tolerar esta vida?, es la pregunta que sigue en el poema al presentar la experiencia de ésta:

y sufrir por la vida y por la sombra y por

lo que no conocemos y apenas sospechamos,
y la carne que tienta con sus frescos racimos,
y la tumba que aguarda con sus fúnebres ramos,
¡y no saber a dónde vamos,
ni de dónde venimos! (8–13)

La última estrofa concluye en la gran incertidumbre de la vida, el sufrimiento que hay que tolerar, la tortura mental al contemplar la existencia, para ser recompensado con la muerte, otra pena del vivir. El mayor dolor es que el terror de la muerte y la conciencia de ser no se pueden mermar con lo mundano, "la carne que tienta con sus frescos racimos", es decir el placer carnal, el cuerpo femenino, sólo recuerda la tumba. Para Darío la muerte en el horizonte chantajea al ser porque no puede olvidar que es mortal y su final aterrador es lo único que percibe, mientras que ignora su origen, el final después de dar el paso de la muerte y el propósito de existir[5]. Como es evidente, este poema es clave para entender la meditación existencial de la poética modernista por ser el que mejor expresa el dolor humano en el ámbito de existir y conocer como tortura, y es el que mejor define la angustia existencial del Modernismo. Así pues, cabe indicar que el propio Darío representa este sentimiento en su vida y en cuanto a este poema escribió: "en 'Lo fatal' contra mi arraigada religiosidad, y a pesar mío, se levanta como una sombra temerosa un fantasma de desolación y de duda (*OC*, I: 222-23). La ansiedad y el miedo de la vida causan un rechace de la realidad y presenta la conciencia humana como el origen del dolor. Así confesó Darío que "Ciertamente, en mí existe, desde los comienzos de mi vida, la profunda preocupación del fin de la existencia, el terror de lo ignorado, el pavor de la tumba, o, más bien, del instante en que cesa el corazón su ininterrumpida tarea y la vida desaparece de nuestro cuerpo" (*OC*, I: 223). En "Lo fatal" Darío claramente ve a los humanos, y con particular atención a ese humano que medita, castigados precisamente por tener conciencia de su existencia y con determinación presenta todo el problema existencial del hombre mediante unas incógnitas sobre la existencia humana que aún siguen vigentes en la actualidad, caso que nos conecta con esa eternidad del arte de la que hablamos en el respectivo capítulo[6].

En "Nocturno", poema incluido en *Cantos de vida y esperanza* (1905), Darío presenta una biografía de angustia existencial que abarca desde las actividades triviales diarias hasta las más profundas meditaciones religiosas que hacen más grande el dolor de vivir. Aquí toma también la vía de la consciencia de la vida como un tormento del ser que piensa. Este poema ahonda en el grito de angustia por una vida que no parece satisfacer al poeta, anunciando ya desde el principio el propósito de los versos:

> Quiero expresar mi angustia en versos que abolida
> dirán mi juventud de rosas y de ensueños;
> y la desfloración amarga de mi vida
> por un vasto dolor y cuidados pequeños. (1-4)

La angustia vital viene de una vida que no satisface y junto con los cuidados pequeños se convierte en un dolor incesante del cual el poeta trata de escapar con todo lo posible en la vida. Ya los primeros dos versos advierten que la narración angustiosa de su vida pintará una juventud sin placer, alegría o esperanza. Así pues, indica que sus viajes, los versos, la vida bohemia, el sexo y el arte, "el divino veneno", son intentos de escapar de la angustia de la vida, pero que evidentemente no logran calmar el dolor existencial y el pesar de vivir del poeta. Esto es evidente en las descripciones que hace de la vida, a la que se refiere como: "azucena tronchada por un fatal destino" (v. 15); donde se ha visto colmado de miedo por la naturaleza misma de la vida, que no puede escapar:

> Y el horror de sentirse pasajero, el horror
> de ir a tientas, en intermitentes espantos,
> hacia lo inevitable desconocido y la
> pesadilla brutal de este dormir de llantos. (19–22)

Evidentemente, el destino fatal destruye toda posibilidad de vivir tranquilamente, pero más el saber que la vida es pasajera y va hacia la temida muerte que da paso a lo desconocido, haciendo de la existencia una tortura existencial sin alivio. La vida es, para Darío, una pesadilla, pero que para despertar de ella hay que sufrir otro golpe, como lamenta en el último verso: "de la cual no hay más que Ella que nos despertará". La muerte, que sin duda vendrá a interrumpir la pesadilla, no es consuelo para el dolor de la vida sino otro cruel castigo del vivir.

La queja principal de Darío es que el dolor de la vida y el terror de la muerte se vuelven agobiantes porque ambos son dolor y sin salida: la muerte, aterradora y cruel, es el único escape de esta pesadilla existencial. Como es evidente, la conciencia también juega en este poema un papel importante en determinar el grado de sufrimiento del ser que piensa y sufre por no poder olvidar su angustia vital de ninguna forma; ese "fatal destino". Es decir, no olvidarse de que el ser desde el momento de la concepción ha iniciado un viaje hacia la muerte y es la única garantía que le aporta la vida incierta. Esta actitud es también una clara contradicción del Darío que ha buscado refugio en el arte, pero que a fin de cuentas no ha sido suficiente: su vida, con el arte, el sexo y el alcohol es una pesadilla[7].

Ahora bien, podemos ver que estos muy conocidos profundos poemas existenciales representan muy bien esa etapa del Modernismo que la crítica reduccionista ha nombrado el "mal de siglo", "esplín" (del inglés 'spleen'), entre otros términos. Esta tendencia a agrupar todo tema existencial de dolor, desilusión, incertidumbre y desesperación bajo etiquetas absurdas aún existe en un grupo de críticos y debe de una vez por todas relegarse a la mayormente errónea lectura previa del Modernismo. El esplín, es decir, el bazo, junto con la bilis, claramente son elementos internos corporales que representan el dolor y la amargura que emana desde el interior humano y al final del siglo era muy común expresar el dolor vital, ya sea por los cambios históricos presentes o por los temperamentos personales de los poetas, pero que como podemos ver, dichos términos no aportan nada para el aprecio y comprensión del Modernismo. En verdad, denunciar toda queja existencial de los modernistas al 'esplín' es negarles la legitimidad de expresar sus inquietudes existenciales y limitarles a algo muy personal, cuando en verdad tenían mucho de la experiencia humana de entresiglos . Cuando Darío llora la traición femenina y denuncia la sociedad caótica en que vive, o Nájera lamenta la sociedad mezquina, materialista que rechaza el arte, no podemos simplemente resumir dichas quejas al 'esplín'. Tampoco podemos igualar la angustia vital casaliana, muy personal, con esa de Pedro Antonio González, y aquí 'esplín' sería mucho menos apropiado. Ahora bien, el mismo Darío sólo menciona el dolor del esplín unas cinco veces en su obra poética: en el extenso poema dedicado al salvadoreño Francisco Gavidia titulado "Ecce homo" incluido en *Epístolas y poemas* (1885), en el poema XI de *Rimas* (1887), en "La canción de carnaval" de *Prosas profanas y otros poemas* (1886), y en "Pequeño poema de carnaval" de *Canto a la Argentina y otros poemas* (1914).

En la parte de "Ecce homo" que comienza "¡Humanidad! camina / con tu vieja doctrina", Darío declara "yo me muero de *spleen...*", para luego afirmar en paréntesis "¡Oh poesía! .../ ¡Tuya es el alma mía!" Este dolor, aliviado aquí de cierta forma por la poesía, existe ante la monotonía de los ciclos naturales: el sol puntual de cada día que ilumina los árboles y las montañas, seguido por el ocaso donde "duerme" el sol para luego volver a levantarse el siguiente día. Así la sociedad sigue su monótono ciclo con las mismas tradiciones, mientras que el poeta sufre aún más el dolor interno de una existencia de penas. El poema XI de *Rimas* consiste una declaración a una amada de una preocupación vital del poeta, del secreto que más lo martiriza. Así indica que este secreto es el por qué "... a las veces mi ceño / tiene en un punto mismo / de cólera y esplín los fruncimientos." El resto del poema es una descripción de su comportamiento a causa del secreto y se describe así mismo como mudo, necio, medio loco, medio sonámbulo, medio cuerdo. Además, añade lo que ocurre con sus versos, indicando: "¡Cómo bailan en ronda y remolino, / por las cuatro paredes del cerebro / repicando a compás sus consonantes, / mil endiablados versos / que imitan, en sus cláusulas y ritmos, / las músicas macabras de los muertos". Volcando sus sentimientos y emociones artísticas añade que sus ideas, llenas de tristeza, pesar, confusión y desaliento luchan por salir todas al mismo tiempo es sus verso de "vocablo sangrientos, / que me suele enseñar la musa pálida , / la triste musa de los días negros!" Afirmando su manera de ser y lo que hace: "boberías / de soñador neurótico y enfermo!", Darío concluye el poema divulgando la razón por la cual se encuentra en este estado de dolor, desesperación y locura, así indica: "Una estatua de carne / me envenenó la vida con sus besos." Ahora bien, en "La canción de carnaval" podemos ver unos versos dedicados a una musa para que goce la fiesta del carnaval, indicando que hay muchos beneficios en divertirse. Entre todos los beneficios que aporta la alegría, la música y los bailes del carnaval de la musa, Darío incluye la siguiente estrofa: "Da al aire la serenata, / toca el áureo bandolín, / lleva un látigo de plata / para el *spleen*"; es decir, la diversión aleja la amargura existencial. En "Pequeño poema de carnaval" tenemos a un Darío que dedica un poema a Madame Leopoldo Lugones, la esposa del poeta modernista Leopoldo Lugones, donde se propone explicar que la impresión que ha dado al poeta peruano no es correcta. Así indica que Leopoldo lo ha visto como lleno de penas, disgustado que no canta ninguna canción. Añadiendo que "Juzga este ser titánico / con buen humor tiránico / que estoy lleno de pánico / desengaño o esplín, / porque ha tiempo no mana / ni una rima galana / ni una prosa profana / de mi viejo violín". Declarando, pues, que este no es el caso y que ahora viene "lleno de poesía, / pues llega el carnaval, / a hacer sonar, en grata / hora, lira de plata, / flauta que olvidos mata, / y sistro de cristal". El poema continúa con una celebración del carnaval de París que alivia y hecha al olvido algunas penas vitales que haya mencionado anteriormente en su verso y prosa. Es decir, el carnaval parisiense ha aliviado el esplín dariano del que Lugones le acusa y ahora puede cantar con alegría.

Como podemos ver, estos versos darianos presentan el esplín como causado por la sociedad terca que sigue su rumbo monótono sin cambiar en nada, desesperando al poeta que se ampara al arte para aliviar su desesperación; una mujer que lo dejó herido de amor; sus constantes manifestaciones artísticas que carecen de alegría, pero que pueden aliviarse con el arte, mayor inspiración artística o el gozo y alegría de un carnaval. Pero como hemos de ver, las preocupaciones existenciales darianas se manifiestan desde diferentes ángulos y el dolor vital constante es palpable hasta en los casos donde el poeta busca presentar una actitud más positiva.

Una de las avenidas existenciales se puede ubicar en la vida sin sentido, es decir, sin rumbo cierto, que se manifiesta ya desde los primeros versos darianos. En el poema XIV de *Epístolas y poemas* (1885) Darío declara el contenido de su poemario indicando: "Aquí en este libro tengo / dichas que me satisfacen, / dolores que me deshacen, / ilusiones que mantengo", claramente divulgando que en su obra están sus placeres y dolores, pero concluye la estrofa con una marcada incertidumbre existencial que resulta ser en verdad un grito de dolor por desconocer el pasado y el futuro de la existencia humana que cuajará más tarde el "Lo fatal", como hemos indicado: "Ignoro de dónde vengo / ni a dónde voy a parar; / he empezado a navegar / ignota playa buscando, / y voy bogando, bogando / sobre las aguas del mar", afirma.

En "La dulzura del Ángelus" (*Cantos de vida y esperanza, Los cisnes y otros poemas* 1905) presenciamos también el disgusto vital y la incertidumbre existencial cuando Darío vierte su dolor indicando: "Y esta atroz amargura de no gustar de nada, / de no saber adónde dirigir nuestra prora / mientras el pobre esquife en la noche cerrada / va en las hostiles olas huérfano de la aurora ..." En el poema "Eheu" (*El canto errante* 1907) vemos también la incertidumbre existencial sobre un pasado y un porvenir que angustian al poeta, así lamenta: "¡Oh, qué anciano soy, Dios santo, / oh, qué anciano soy!... /¿De dónde viene mi canto? / Y yo, ¿adónde voy?" Sin embargo, indagar en estos asuntos le causa aún más desesperación, como afirma la siguiente estrofa: "El conocerme a mí mismo / ya me va costando / muchos momentos de abismo / y el cómo y el cuándo." Este lamento de indagar sobre lo que es la existencia sólo lo ha llevado a incomodar su dolor existencial por la propia incertidumbre de la vida misma, así afirma: "Unas vagas confidencias / del ser y el no ser, / y fragmentos de conciencias / de ahora y ayer." Como ya hemos indicado, en "Lo fatal" cuaja con más resonancia dicha incertidumbre de "no saber adónde vamos ni de dónde venimos".

En la vertiente modernista de ver la vida desde la perspectiva fatalista Darío es uno de los más prolíficos. Por ejemplo, en "A Phocas el campesino" (*Cantos de vida y esperanza, El cisne y Otros poemas* 1905) el poeta nicaragüense anticipa que su hijo sin duda contemplará la vida y llegará a verla con el mismo fatalismo que él la percibe, así indica: "[...] hijo mío, que tienes, / en apenas escasos meses de vida, tantos / dolores en tus ojos que esperan tantos llantos / por el fatal pensar que revelan tus sienes..." Ya que observa que su hijo posee un fatalismo vital inevitable, le pide que goce el tiempo cuando su conciencia aún le permite ignorar la dura realidad futura y le suplica que tome mucho tiempo en perder esa inocencia infantil, en tomar conciencia[8] existencial, pues ya muy pronto la vida le mostrará el sufrimiento. Así suplica: "Tarda en venir a este dolor adonde vienes, / a este mundo terrible en duelos y en espantos; / duerme bajo los Ángeles, sueña bajo los santos, / que ya tendrás la vida para que te envenenes". Entonces, sintiéndose culpable por traer a un ser querido a un mundo cruel, suplica al hijo que le perdone cuando su conciencia le revele el fatalismo de la existencia a la cual él lo ha traído: "Sueña, hijo mío, todavía, y cuando crezcas, / perdóname el fatal don de darte la vida". Este deseo de evadir la conciencia para no caer en el dolor vital de una existencia de angustias y penas concuerda muy bien con una vertiente modernista, y especialmente dariana, donde la conciencia humana resulta cómplice del sufrimiento, según ha demostrado Guevara (2004), y como se puede apreciar en el poema capital de Darío, "Lo fatal".

Pero hay también otros poemas que ilustran el fatalismo existencial y el beneficio que la inocencia infantil proporciona ante éste. El poema XV del mismo libro, el que comienza "¡Oh, miseria de la lucha por lo infinito!" afirma: "Nuestra infancia vale la rosa, / el relámpago nuestro mirar". Indicando, además, que en la infancia toda cosa, actividad o acción atrae la atención del niño y curiosidad: el palpitar del corazón, el ritmo del mar, cuando cae la nieve, el cantar de las aves, las flores. Y mientras esta atención se mantiene en estas cosas, no se sufre: "El alma que se advierte sencilla y mira clara- / mente la gracia pura de la luz cara a cara, / como el botón de rosa, como la coccinela, / esa alma es la que al fondo del infinito vuela". Sin embargo, agrega Darío, "El alma que ha olvidado la admiración, que sufre / en la melancolía agria, olorosa a azufre, / de envidiar malamente y duramente, anida / en un nido de topos, es manca, está tullida. / ¡Oh, miseria de toda lucha por lo infinito!" En otras palabras, la vida eventualmente se torna negativa y una vez perdida la inocencia párvula, y una vez que se va más allá de lo cotidiano y se entra en la vida y la meditación de ésta, todo se vuelve agrio, pues, la vida termina cegada por los vicios mundanos . El sufrimiento vital, entonces, incrementa con los conocimientos, como también ilustra la epístola XVI de *Epístolas y poemas* (1885) donde indica que "La idea bulle y hiere / dentro del cerebro loco / del fraile que medita / en las noches de insomnio". Sin embargo, podemos detectar en este poema cierto crecimiento en la contemplación de la vida, es decir, llevar a cabo dicha meditación en términos más profundos y racionales, confirmado en los dos siguientes versos: "En medio de una lúgubre existencia / se agranda el pensador, surge el filósofo". Claro, lo que aquí se presagia es el mayor sufrimiento que llega con dicho acercamiento, ilustrado ya en los poemas antes mencionados que el poeta escribiera unos años más tarde.

Como hemos indicado, las preocupaciones existenciales darianas son acompañadas por otros modernistas en diferentes geografías.   En el caso del cubano Julián del Casal, otro gran angustiado por la existencia, hallamos el poema "Paisaje espiritual", publicado en Nieve (1892), donde es perceptible una congoja descomunal del yo interior que existe en un ambiente de dureza y fealdad. El refugio que el arte le provee no es suficiente para tolerar tanto dolor de la vida:

> Y aunque no endulcen mi infernal tormento
> ni la Pasión, ni el Arte, ni la Ciencia,
> soporto los ultrajes de la suerte. (9–11)

Similarmente a Darío, Casal también contradice lo que ha dicho en otros poemas donde ha indicado que el refugio que el arte y la belleza artística le presentan es lo que le permite seguir viviendo, como se indicará en el capítulo cuatro de este estudio. Pero en realidad estas contradicciones son características del Modernismo por la situación histórica, por los humores personales, inspiraciones, etc., y se pueden ver en muchos de sus integrantes. Como ya indicó Saúl Yurkievich, "la poesía modernista es la caja de resonancia de las contradicciones y conflictos de la época. Refleja una crisis de conciencia que generará la visión contemporánea del mundo" (*Celebración del modernismo* 18). Entonces, para Casal en "Paisaje espiritual" esta incrementación de angustia existencial ha llegado al punto de preguntarse por qué no terminar con la vida de dolor. En la primera estrofa se puede ver ya el desconsuelo con la vida que se origina desde mucho tiempo atrás:

> Perdió mi corazón el entusiasmo
> al penetrar en la mundana liza,
> cual la chispa al caer en la ceniza
> pierde el ardor en fugitivo espasmo. (1-4)

Consciente ahora de lo que la vida le ha ofrecido, le ofrece y probablemente le ofrecerá, se muestra ya desilusionado desde ese principio cuando llegó al mundo. El optimismo de vivir ha sido como un relámpago que se apaga en el instante que se enciende. Esta total desesperanza vital y absurdidad de la existencia se sigue manifestando en el segundo cuarteto donde se revela ese dolor del vivir, equivalente a una cárcel inescapable:

> Sumergido en estúpido marasmo
> mi pensamiento atónito agoniza
> o, al revivir mis fuerzas paraliza
> mostrándome en la acción un vil sarcasmo. (5–8)

Metido, pues, en una maraña sin sentido aun el pensar sufre y casi muere al no poder aportar ninguna palabra de consuelo. Sin embargo, cuando el pensamiento logra alguna función resulta en un sarcasmo cruel sobre la vida. En el último terceto se deja ver cuan profundo es el dolor vital, así concluye:

> Porque en mi alma desolada siento
> el hastío glacial de la existencia
> y el horror infinito de la muerte. (9–11)

Revelando aquí por qué se tolera una existencia fría que claramente se asemeja a una vida que es ya muerte: el descomunal miedo ante la muerte. Evidentemente esto conecta con el miedo de la muerte y el dolor de la vida también presente en Darío, donde el suicidio no es una opción porque trae la mayor injusticia que la vida misma tiene que ofrecer: la muerte. Además, este miedo y dolor existencial emana del pensamiento/meditación existencial. Ahora, tenemos que indicar que personalmente, y hasta cierto punto artísticamente, Casal dejó ver más la opción del suicidio que Darío, y que el dolor y pesimismo vital en sus versos en muchos casos son más personales que universales.

En "Nihilismo", poema incluido en *Nieve* (1892), título con muchas implicaciones existenciales, Casal profundiza más en la interpretación de la existencia como falsa, vana, absurda y llena de dolor. Claramente es una experiencia totalmente negativa, sin embargo, sigue vivo por algo que lo hace prolongar su sufrimiento que no puede explicar, como confiesa en la primera estrofa:

> Voz inefable que a mi estancia llega
> en medio de las sombras de la noche,
> por arrastrame hacia la vida, brega
> con las dulces cadencias del reproche. (1–4)

El instinto de vivir, pues, lucha contra la oscuridad en que se ha tornado la vida. Agrega, no obstante, que para seguir con la vida tiene que haber esperanza de algo bueno, caso que no es el de Casal en este poema. Incluso hay un agotamiento artístico que agobia aún más su situación, manifestado en al tercera estrofa: "¿A qué llamarme al campo de combate / con la promesa de terrenos bienes, / si ya mi corazón por nada late / ni oigo la idea martillar mis sienes?" lamenta, aceptando que nada le emociona ni nada le inspira, ya sea en el arte o en la existencia. La vida, entonces, es en verdad una pesadilla. El momento de decadencia es tal que ya no puede continuar batallando porque su corazón y su mente no se lo permiten, y señala su experiencia como "yo, cual fruto caído de la rama, / aguardo los famélicos gusanos", "vida atormentada de rigores"; "cielo que nunca tuvo estrellas / , árbol que nunca tuvo flores"; "tedio profundo"; "sombra densa". Los consuelos de la familia, sociedad y patria los presenta como "sueños de calurosa fantasía", donde ya nada puede reanimarlo: "para todo gemido estoy ya sordo, para toda sonrisa estoy ya muerto". Y esto no parece poder cambiar, según declara:

Nada en el porvenir a mi alma asombra
y nada en el presente juzgo bueno;
si miro al horizonte, todo es sombra,
si me inclino a la tierra, todo es cieno. (17–20)

Este total desasosiego existencial le aterra porque no encuentra nada en la vida que justifique el sufrimiento de ser consciente, de poder pensar y meditar los acontecimientos injustos que ha sufrido, sufre y sufrirá, pero por haber visto todo lo que es la vida, nada en el futuro venidero le puede asombrar: el futuro es sombra, el presente es pudrición. Esta desesperación le acerca cada vez más a tratar de solucionar el problema de la existencia, como concluye la última estrofa:

ansias de aniquilarme sólo siento,
o de vivir en mi eternal pobreza,
con mi fiel compañero, el descontento,
y mi pálida novia, la tristeza. (21–24)

El deseo de suicidarse, por tanto, se ve comparado con la alternativa de vivir en la tristeza "pálida" que en realidad se asemeja a una muerte en vida, como el hastío glacial de la existencia mencionado antes.

Esta actitud vital de Casal pinta la vida como un castigo eterno del cual no se puede escapar sin pasar por el último sufrimiento. Al igual que Darío, presenta a un ser castigado por meditar el propósito de vivir, aunque para el cubano sea una meditación más desesperada por la angustia que siente en su propia vida, mientras que el nicaragüense hable más en términos universales del hombre, como indica el uso amplio de infinitivos en el poema "Lo fatal". Pero no nos equivoquemos, Darío era un hombre desesperado en la vida, es la forma de tratar el tema que se diferencia[9]. La existencia, entonces, es una maldición que presenta un igual dolor de vivir y morir, de los cuales los dos son intolerables. Aunque mucho de este sentimiento hacia la vida se origina por la conciencia de lo que ésta tiene que ofrecer, la época en que le toca vivir tiene mucho que ver con ello, como hemos indicado en el primer capítulo.

En el poema "Día de fiesta", también de *Nieve* (1892), Casal presenta una descripción que aunque seca, resalta algunas cosas asociadas con la felicidad, pero que al juntarlas con símbolos de dolor, termina siendo otra actividad más en la vida que deja vacía el alma. El cielo lo pinta de color gris, para luego introducir los elementos como altas campanas, palmas verdes, banderas, figuras femeninas, y "gentes que lucran por diversa artes" (8), donde claramente se puede ver un ambiente de fiesta y de trabajo, aunque no sea bajo un cielo azul o claro. Este detalle se clarifica en el final del poema:

Mas ¡ay! mientras la turba se divierte,
y se agita en ruidoso movimiento
como una mar de embravecidas olas,

circula por mi ser frío de muerte,
y en el interior del alma sólo siento
ansia infinita de llorar a solas. (9–14)

La actividad de alegría y de tranquilidad de la que los demás disfrutan sólo sirve para incrementar la angustia existencial que sufre el yo poético y, mientras es normal para la gente, para él es sólo un recordatorio de lo absurdo de la vida y el dolor de existir. Claramente el desarraigo con la sociedad lo hace aún más miserable al no ser parte de la turba, ni entenderla, ya que en sus meditaciones vitales van más allá que los pormenores de la vida y ambos le causan angustia. Este caso es similar al de Darío con su angustia de la vida por "un vasto dolor y cuidados pequeños". De ahí que el deseo de llorar de Casal sea "a solas", lejos de todos los que no sienten su dolor. Pero esta desilusión total, incluso con el arte, como ya se ha mencionado, es exasperada por todo. Como ha señalado Priscilla Pearsall sobre le caso de Casal: "In its failure to transcend the world of imgery it generates, art only becomes reaffirmed as a mirror of the poet's suffering" (50), ilustrado muy bien en el poema "Tardes de lluvia" (*Poesías*) donde después de presentar algunas percepciones místicas, concluye: "siento, sumido en mortal calma, / vagos dolores en los músculos, / hondas tristezas en el alma" (10-12). Además de lo que ya se ha indicado aquí sobre el dolor existencial presente en la obra modernista, no podemos escapar de concluir que en el caso de Casal estamos presenciando una depresión descomunal que se junta con el sufrimiento del poeta modernista del crucero de los siglos.

Ahora bien, alejarse de las condiciones presentes podría presentar alternativas viables para una persona tan angustiada con la vida y su entorno, caso que Casal presenta en "Nostalgias", poema incluido en *Nieve* (1892), donde con un intento de acercarse a otro pueblo, quiere evadir el sufrimiento. El poema presenta un deseo, mediante un viaje hipotético, de salir de la realidad angustiosa que lo rodea e ir por el mundo y conocer a otra gente para olvidar el peso existencial, viaje que no se realiza: "mas no parto. Si partiera / al instante yo quisiera / regresar" (90-92), confiesa a manera de masoquista. Esta renuencia a alejarse muestra que su hastío vital siempre lo acompaña y la única salida es el último viaje: la muerte, de la cual no se puede olvidar. Los últimos tres versos concluyen: "¡Ay! ¿Cuándo querrá el Destino / que yo pueda en mi camino / reposar?" (93-95). Esta conclusión muestra la confusión y al mismo tiempo la búsqueda de terminar con el sufrimiento vital, pues se pregunta cuándo la vida terminará y la muerte le permitirá descansar de una existencia de penas, pero como ya hemos indicado, es una muerte que no es realmente atractiva y que también teme, pero que a la hora de los punzantes toques del dolor existencial se ve más atractiva que la vida.

Además, se puede ver en "Nostalgias" que la conciencia del hombre es la que causa el sufrimiento y la angustia vital. Así pues, hipotéticamente se trata de minimizar la racionalización humana para con ello encontrar alivio a las penas de la existencia, como señalan las siguientes afirmaciones de lo que traería el viaje: "sin pensar en el ignoto / porvenir" (23-24); es decir, evitar el elemento que causa la angustia: el pensamiento. O también por otros medios mermar la profundidad de éste "para ir / hasta el Imperio florido / en que el opio da el olvido / de vivir (51-54). Al mismo tiempo Casal ve la posibilidad de recurrir a otras alternativas que puedan ayudar, como: "la embriagadora fragancia / que da el té " (59-60); que en su viaje encontraría para aliviar su angustia. De esta forma, continúa con el viaje hipotético, puede llegar hasta la posibilidad de apaciguar su terror último:

Así errabundo viviera
sintiendo toda quimera
rauda huir,
y hasta olvidando la hora
incierta y aterradora
de morir. (84–89)

Este viaje para escapar del entorno es también un esfuerzo de buscar algo que merme la condición de ser y saber que acongoja al ser humano. Al mismo tiempo se reafirma la necesidad de recurrir a la inconciencia en el momento que incrementa el dolor de existir, indicando la hora en que quiere tomar estos calmantes: "Cuando tornara el hastío / en el espíritu mío / a reinar" (72-74), declara.

Al igual que Darío, Casal también presenta la inocencia párvula como una manera de esquivar, temporalmente, el dolor existencial. "El poema sensaciones" (*Poesías*), cuya dedicatoria reza "para el niño de Aróstegui y González de Mendoza", se inicia describiendo a un niño cuyos ojos "guarda el fulgor de cosas celestiales". Luego continúa con descripciones más internas que demuestran la paz de la inocencia y la instintiva felicidad infantil, indicándole que "soñar debiste dichas inmortales, / del cielo en los jardines siderales / o de la Virgen en la amante falda". Las dos penúltimas estrofas descienden en las actividades que hacen feliz al niño: el gozo porque es amado por su padre y la alegría al escuchar su propio nombre, para con ello instigar en la voz poética sentimientos de envidia y de tristeza: "cada vez que tu espíritu escudriño, / siente mi alma, aunque de ti se asombre, / con el vago deseo de ser niño, / la tristeza profunda de ser hombre". Así pues, la envidia hacia el niño emana por la inocencia y simple manera de ser feliz, mientras que la tristeza resulta del saber que la vida, una vez que se haga hombre, será dolor. Lo mismo es palpable en el poema "Recuerdo de la infancia" (*Poesías*) donde a manera de un recuerdo de lo que le decía su padre, se nos revela la misma situación de inocencia infantil que se tornará sufrimiento una vez desarrollada la conciencia. No obstante, y consistentemente con la actitud casaliana, el sufrimiento ya está presente desde la infancia; es el padre quien a manera de consolar "la pena que me consumía, / con las frases que sólo dicta el cariño, /

lanzó de mi destino la profecía", confiesa. Las palabras de consuelo no son más que una manera de apaciguar el sufrimiento presente del niño indicándole que la pena que siente hoy no será nada en comparación con el pesar que le traerá el futuro. Entre este 'consuelo' paternal presenciamos versos como "Sumergida en profunda melancolía / como estrella en las brumas de la alborada, /gemirá para siempre [. . .] / por todos los senderos tu alma cansada". En cuanto a las ambiciones artísticas y/ o vitales, el padre le advierte: "te encontrará cada año la primavera / enfermo y solitario, doliente y triste". Para luego aseverar la inutilidad de todo, indicándole al niño: "Para ti la existencia no tendrá un goce / ni habrá para tus penas ningún remedio / y, unas veces sintiendo del mal el roce, / otras veces henchido de amargo tedio". Este futuro fatal que le pinta al niño, pues, habrá de hacerle sentir mejor sus penas infantiles del presente. La penúltima estrofa resume la gran adversidad que es la vida, así sentencia: "Como planta llena de estéril jugo \ que ahoga de sus ramas la florescencia, / de tu propia alegría serás verdugo / y morirás ahogado por la impotencia". Esta impotencia que ahoga es la inhabilidad de poder cambiar el destino fatal, el sufrimiento interno, la angustia existencial que agobia. La última estrofa rebela el arrepentimiento del padre por haber tenido parte en el sufrimiento existencial del niño, así observa el consolado: "Como pájaros negros por azul lago / nublaron sus pupilas mil pensamientos, / y, al morir en la sombra su acento vago, / vi pasar por su mente remordimientos / como pájaros negros por azul lago". De la misma manera que Rubén Darío hace en "A Phocas el campesino", donde le pide perdón a su hijo por haberle traído a un mundo de angustia y sufrimiento (la vida), como ya hemos indicado, Casal concluye este poema con el padre que se da cuenta que todo lo que ha presagiado sobre el futuro cuando su hijo sea adulto es básicamente su culpa como progenitor. La segunda estrofa deja claro que este 'consuelo' y profecía ha resultado, ya como adulto, fatalmente sincero, así indica: "Lo que tomé yo entonces por un reproche / y, extendiendo mi cuello sobre mi hombro / me hizo pasar llorando toda la noche, / hoy inspira en mi alma terror y asombro". Terror porque nunca existió la oportunidad de no sufrir, asombro porque su padre sabía muy bien la fatalidad de la vida y la impotencia humana ante la angustia existencial. Tales son los recuerdos de la infancia que Casal presenta, claro, irónicamente no se trata de la felicidad párvula cuyos gratos recuerdos amelioran normalmente el sufrimiento y las dificultades de los adultos, sino de que esos días de sufrimiento infantil eran mucho mejor que los días de sufrimiento en la madurez.

Otro poema de Casal que presenta la alternativa al sufrimiento conciente mediante el escape es "La canción de la morfina" donde de la boca de la morfina personificada escuchamos lo que ésta es capaz de hacer para quieien la consume, especialmente ese amante de quimeras (el artista modernista) donde desde la primera estrofa la morfina se presenta como la dicha artificial, "que es la dicha verdadera". Con esta afirmación que lo dichoso solo puede resultar de lo artificial, mermando la conciencia, aparece una lista de los beneficios de la morfina, como "bálsamo que cicatriza / los labios de abierta llaga"; la guía de los perdidos en el desierto: "roja columna de fuego / que guía al mortal perdido, / hasta el país prometido / del que no retorna luego"; y en último término, fuente verdadera de placer físico y de libertad espiritual, inalcanzable en la realidad según afirma: "doy al cuerpo sensaciones; presto al espíritu alas". Otro beneficios que se presentan son la melificación de la amargura existencial, la inspiración artística mediante la imaginación bajo los efectos estupefacientes: "Ante los bardos sensuales / de loca imaginación, / abro la regia mansión, / de los goces orientales", asevera la morfina. La adicción, entonces, viene por vía de alivio y placer, pues es lo mejor que se le puede presentar al ser humano angustiado y torturado por la vida. Finalmente la morfina declara su gran poder y afirma: "Yo venzo la realidad, / ilumino el negro arcano / y hago del dolor humano / dulce voluptuosidad". Aun más, se declara digna de estima por su habilidad de proveer nada más que felicidad: "Yo soy el único bien /que nunca engendró el hastío. / ¡Nada iguala el poder mío! ¡Dentro de mí hay un Edén!" Así pues, Casal presenta la morfina como la única fuente de felicidad capaz de aliviar los pesares vitales mediante el entumecimiento de los sentidos.

Antes de ceder a otros poetas hay que ver el poema de Julián del Casal "Páginas de vida" (*Poesías*), donde presenta indirectamente la falta de consciencia humana como alivio a las penas. En este poema presenciamos la conversación entre un viajero y un barco personificado. Mientras que la nave mira todo positivo, literalmente, el hombre no puede prescindir del sufrimiento existencial porque ve todo de forma negativa. La nave se describe como "cual si ansiosa estuviera de emprender rumbo / hacia remotas aguas nunca surcadas"; es decir, salir en busca de algo nuevo y desconocido con gran entusiasmo. Y es aquí cuando la nave habla al viajero sobre los secretos de la vida de ambos. La nave describe su propia vida como sin rumbo, como una semilla que alguien desconocido ha tirado en el surco para germinar, vivir y morir. Es empujada hacia diferentes rumbos por el viento, difíciles, fáciles, misteriosos, interesantes y no puede mantener un lugar fijo. Confiesa la nave que "Mas como nada espero lograr del hombre, / y en la verdad divina mi ser confía, / aunque llevo en el alma penas sin nombre / no siento la nostalgia de la alegría". Esta confianza que el poder divino es la única salvación en un mundo donde el hombre no es capaz de parar el sufrimiento hace que se torne positivo el ajetreo de los viajes, así declara el barco: "Yo sé que tras las olas me aguarda el puerto. / Yo sé que tras la noche surgirá el alba". La nave, pues, logra ver una resolución ante su existencia aparentemente fuera de su control y al final de todo viaje llegará a un puerto, después de toda noche vendrá un amanecer, y ésta se resigna a los ciclos de su existencia. Sin embargo, este no es el caso del viajero. La nave le indica la gran diferencia entre los dos: mientras que ella no lleva dentro de sí nostalgias, tristezas o añoranza por alguna felicidad perdida, tú, indica "sólo el hastío llevas dentro del alma: / juzgándote vencido por nada luchas / y de ti se desprende siniestra calma". La falta de ánimo y el aburrimiento existencial del hombre son claramente diferente al de la máquina que logra cierta paz en su resignación. El viajero, no obstante, tiene problemas de percepción y expectativas vitales, observa la nave: "Sé que ves en el mundo cosas pequeñas / y que por algo grande siempre suspiras," para luego corregirlo: "mas no hay nada tan bello como lo sueñas, / ni es la vida tan triste como la miras". Sucesivamente la nave pone el dedo en la llaga y le reprocha: "¡Tú cultivas tus males, yo el mío olvido! / ¡Tú lo ves todo en negro, yo todo en rosa!" Después de escuchar a la nave el viajero concluye que ésta simplemente sigue un espejismo y que a pesar de su actitud positiva siempre lleva en sí "el vértigo que da el abismo". No obstante, la conversación ha dado algo en qué pensar y el viajero confiesa: "Doblegado en la tierra luego de hinojos, / miro cuánto a mi lado gozo existe", para después de ver la alegría en los demás sin él poder compartir en ella, llorando pregunta: "¿Por qué has hecho, ¡oh, Dios mío!, mi alma tan triste?"

Para José Asunción Silva, el ser y saber también complica la existencia, como indica en "Midnight Dreams", poema publicado en *Poesías* (1908), donde como Casal, se aleja de la conciencia para escapar de la dureza de la vida. Para esto recurre a dos medios: olvidándose del tiempo y, escapando de la realidad mediante el sueño. Al indicar que "[. . .] en el reloj la péndula detúvose un momento" (8), para luego entrar en el relato de sus sueños nocturnos donde manifiesta su aburrimiento existencial, se está alejando de ese constante recordatorio del pasar de la vida. Al mismo tiempo el sueño le sirve para evadir el sufrimiento de vida llena de dolor y penas:

> Anoche, estando solo y ya medio dormido,
> mis sueños de otras épocas se me han aparecido.
> Los sueños de esperanzas, de glorias, de alegrías
> y de felicidades, que nunca han sido mías. (1–4)

Ahora que parcialmente ha eliminado la conciencia puede soñar con una faceta de su pasado donde tenía esperanzas, triunfos y alegría. Dicho optimismo de antaño se desmiente en los últimos dos versos cuando informa que tal actitud y sentimiento (los deseos de esperanza, gloria y felicidad) nunca fueron realidad. Usando la misma técnica de Casal de entumecer los sentidos, Silva intenta refugiarse de la realidad para mermar el dolor y las desilusiones de la vida, y en este poema el sueño permite algunos ventalles de placer enredado en una falsa memoria que en verdad subraya cuan grande es el abismo de su infelicidad. Más tarde en el poema presenta el hecho de que hasta este breve instante de sueño es interrumpido y negado al entrar en sueño profundo donde pierde hasta la ilusión de ver en sus sueños los imágenes gratas del pasado:

Los sueños se acercaron y me vieron dormido;
se fueron alejando sin hacerme ruido
y sin pisar los hilos sedosos de la alfombra,
fueron desasiéndose y hundiéndose en la sombra. (13–16)

Así pues, personificando el acto de soñar e individualizando cada
memoria soñada indica cómo todo se desvanece en la oscuridad cuando
duerme ya profundamente.

Esta avenida de la conciencia y la existencia dolorosa son para
Amado Nervo en "El castaño no sabe", presentado en *Elevación* (1917),
parte de la explicación de la vida. Pero a diferencia de los tres antes
mencionados, éste aborda el tema partiendo de la inconciencia, avenida
que no le resulta en algo atormentador, sino como algo que aunque no
se entienda aparece ordenado y tiene su lugar, un poco de la misma
manera que la barca de Casal de la que hablamos antes. La idea
principal del poema es que todo lo que existe tiene un propósito, aunque
no sea consciente de ello o aunque otros no lo entiendan. Es interesante
observar el orden que hace de la conciencia de la vida, pues en la
primera estrofa presenta la función del castaño y el canopo que aunque
ellos no lo sepan, dan su fruto a la hora de costumbre. En la segunda
estrofa presenta la rosa y la espiga, que a pesar de carecer de conciencia
de sus acciones o que los demás no noten tales acciones, llenan un
papel un su existencia. El caso de la espiga viene a ser más importante
de lo que ésta puede entender pues aunque nadie la sembró, ni nadie
recogerá su fruto, alimentará al hambriento gorrión, afirma el poema.
Después de presentar estos seres animales y vegetales entra en lo
humano, indicando que la existencia del artista es, en esencia, lo mismo,
según reza la estrofa final:

¡Cuántos versos, oh cuántos, pensé, que nunca he escrito,
llenos de ansias celestes y amor infinito,
que carecen de nombre, que ninguno leerá;
pero que, como el árbol, la espiga, el sol, la rosa,
cumplieron ya, prestando su expresión armoniosa
a la Inefable Esencia, que es, ha sido y será! (13–18)

Esta conformidad con la vida emana de la conclusión de que hay un propósito en la vida y en la creación artística aunque nadie lo sepa, lo entienda o le importe. Con esta actitud Nervo presenta otra avenida de la existencia por la vía de la conciencia humana, sin angustia ni horror ante la inutilidad de vivir y el inexplicable final, donde el hombre es parte de un orden natural cuyo propósito en la vida está ya dictado por la "Inefable Esencia", es decir, la inexplicable invariabilidad que existe por siempre. Nervo plantea que no hay que angustiarse por ello, simplemente aceptarlo; es decir, eliminar la conciencia humana y aceptar un lugar entre lo mineral, lo vegetal y lo animal y todo lo que el ser humano hace, se logre proyectar o no, tiene una función en los cosmos. A la misma vez, esta resignación no puede venir sin tener un nivel de conciencia sobre la existencia superior a los otros seres y, de ahí deducir el papel del hombre. El ser y saber, entonces, es un problema para el ser humano, pero, entrar en esta meditación solo causa angustia, situación que Nervo soluciona concluyendo que la armonía natural tiene que asignar un propósito al hombre, así como lo hace para los otros seres, animados e inanimados. Con este acercamiento Nervo no está tan distante de lo que presenta Darío, Casal y Silva al tratar de entumecer los sentidos y con ello aliviar el peso vital de una vida llena de incógnitas. Pero a diferencia de los demás Nervo encuentra cierta conformidad con la incertidumbre de la vida que en su caso adquiere tintes de religiosidad.

Pero vemos también en Amado Nervo la misma preocupación y conclusión rubendariana de "Lo fatal", aunque menos filosófica, en el poema "Sin recorrer. . ." donde en la primera estrofa se pregunta, a manera de conversar con una amiga sobre qué es necesario para la paz existencial: "Si recorrer en paz quieres tu vía, / has menester, gentil amiga mía, / o la inconsciencia ... o la filosofía", aconseja. Para luego en la segunda estrofa interrogar sobre si dormir es la mejor forma de vivir sin pesadumbre y dolor, afirmando que "El no saber, es siempre el no sufrir". Añadiendo enseguida que "No pensar, de la dicha es el secreto". Entonces, para vivir en paz es necesaria la inconciencia, y menos la filosofía porque el ser y saber acongojan la existencia. Así pues, aquí Nervo indica que evitar la consciencia es ser dichoso; no meterse en la meditación es el secreto para aliviar el dolor existencial.

En Evaristo Carriego podemos ver el aspecto de la consciencia en el poema "Invitación" por medio de la supresión de ésta. Los primeros dos versos declaran "Amada, estoy alegre: ya no siento / la angustiosa opresión de la tristeza", y esta felicidad se debe a que "el pájaro fatal del desaliento / graznando se alejó de mi cabeza". En este estado de optimismo existencial pide también a la amada que lo acompañe en sus alegrías ahora renovadas. Este "poeta loco" no quiere ver tristeza y declara su gran deseo por la vida, "¡Hoy quiero vivir! . . . ¡Qué cosa rara, / hoy tengo el corazón lleno de vino!", exclama. Según vemos, esta alegría y deseo de vivir es algo poco común y la razón para ello se presenta en el último verso: el vino. Así pues, es mediante la supresión de los sentidos que se puede ver cierta alegría en un mundo de penas. Algo similar podemos ver en el poema "Cuando hace mal tiempo" de Carriego donde aprovechando el mal tiempo de una lluvia la voz poética permanece inactiva en cama, fumando un cigarrillo mientras exclama: "¡Qué bueno es el diván en estas frías / tardes, fatales de monotonías. . ." Después de manifestar su gran gusto de yacer estirado proclama el deseo de querer vivir con una consciencia menos atenta: "[. . .]¡Si se pudiera / vivir eternamente amodorrado!" Este deseo de permanecer en un estado soñoliento o dormido profundamente es para suprimir la consciencia y que todo cese de ser tan latente para con ello dar camino a la paz existencial.

En el mexicano Manuel Gutiérrez Nájera presenciamos el aspecto de la inocencia párvula como manera de superar la inevitable vida de sufrimiento en el largo poema "Monólogo del incrédulo" donde afirma: "Si el hombre, al nacer pensara, / de fijo que se matara". Es decir, si los bebés pudieran pensar y razonar lo que será la vida, sin ninguna duda optarían por el suicidio antes de entrar en el calvario que se torna el vivir, puesto que la existencia es en realidad una trampa trazada por Dios quien retrasa la conciencia humana: "para afianzar el tormento / dijo Dios al pensamiento / que ya muy tarde llegara", lamenta el poema. Según Nájera, ya para cuando se desarrolla el pensamiento y se puede comprender lo que en realidad es la vida, hay muchas otras complicaciones que impiden escapar de la existencia y el ser humano queda condenado a una vida de dolor y tormento. Por eso, así como presenta Darío en su poema "A Phocas en campesino", en el poema de Nájera la voz poética se siente muy mal porque sin duda él será un servidor de la crueldad de Dios al procrearse. Así lamenta: "De suerte que engendraré / otro ser tan desgraciado, / y por fuerza lo amaré, / y enseguida sentiré / dolor de haberlo engendrado", declara. El resto del poema también presenta la experiencia con sus progenitores y las obligaciones de amor que surgen y perpetúan la existencia que el poeta ve estrictamente bajo el tormento inescapable que nadie merece en una vida cruel donde para la hora que muestra sus verdaderos colores, otros asuntos obligan a permanecer luchando por algo que en verdad se desconoce y solo puede crear más sufrimientos.

La muerte y las penumbras de la existencia

Una de las preocupaciones principales de los modernistas en cuanto a la existencia es la muerte, como ya hemos mencionado, que aparece como un dolor angustiador más para el ser humano en una vida ya injusta y cruel. Sin embargo, también presentan la muerte como un rescate del sufrimiento vital, que aunque no siempre sea bienvenida, sirve su propósito.

En "Responso", poema de *Prosas profanas y otros poemas* (1896), que representa el Modernismo en su máxima expresión léxica, Darío hace un elogio al difunto poeta francés, pagano por antonomasia, Paul Verlaine (1844 - 1896), donde presenta la muerte y el sepelio no como causa de tristeza sino de fiesta. Por su colorismo, forma y floración mitológica, este poema claramente representa los primeros pasos del Modernismo. Sin embargo, también profundiza en temas humanos. En este responso, Darío elogia al difunto y aprovecha esta oportunidad para celebrar lo que el fallecido representa como hombre y como artista. Así pues, a pesar de que la muerte le ha llegado a un pagano, pero cristiano de nombre, puede traer la reencarnación, pues lo carnal y lo espiritual llegan juntos en la misma tumba. Claro, la existencia más pagana que religiosa del poeta francés apuntan a un final infernal. No obstante, Darío espera que después de haber vivido una vida en la constante búsqueda de total placer carnal, por gracia del arte y por haber creído, aunque no practicado el cristianismo, la salvación le llegue a Verlaine al caer la noche. Además, la 'existencia' del poeta francés, según Darío, no termina con su muerte y su funeral pues ésta queda presente en su verso y desde su tumba puede inspirar y provocar deseos de placer: "que se humedezca el hocico de la fiera / de amor si pasa por ahí", desea Darío. Además, pide que acudan al sepelio aquellos que más buscan el placer para honrar al "padre y maestro mágico", como describe al difunto, según indica: "que el fúnebre recinto visite Pan bicorne". El inevitable momento del final de la existencia, entonces, no es ocasión para llantos y lamentos, sino de fiesta, gozo y alegría, como ilustra la cuarta estrofa:

> Que púberes canéforas te ofrenden el acanto,
> que sobre tu sepulcro no se derrame el llanto,
> sino rocío, vino, miel:
> que el pámpano allí brote las flores de Citeres,
> y que se escuchen vagos suspiros de mujeres
> bajo un simbólico laurel. (19–24)

Este deseo de que las muchachas vírgenes lleven flores al sepulcro, sin lágrimas, pero con vino y miel complementan la vida del difunto que hasta la tumba lleva su alegría de vivir, a pesar de haber muerto. Entonces, el brotar de las flores de Citeres y los vagos suspiros de mujeres apuntan a una orgía de claro placer carnal: los pechos femeninos y el placer sexual, claramente una ilustración de la vida del difunto. Pero aún más, la elegía desea que el simple nombre del difunto provoque el ardor sexual, según ilustran los siguientes versos: "Que si un pastor su pífano bajo el fresco del haya / [...] ensaya / tu nombre ponga en la canción / y que la virgen náyade, cuando ese nombre escuche / con ansias y temores entre las ninfas luche, / llena de miedo y de pasión". Evidentemente, el difunto es claramente la encarnación misma del paganismo, como indicado por Darío ya en el cuarto verso del poema cuando lo llama "¡Pánida! Pan tú mismo"

Pero en las dos últimas estrofas termina esta fuente de orgía fúnebre, alejándose "el tropel equino", es decir, los símbolos de lujuria, y se da paso al ingreso de lo religioso. Entonces, Verlaine, según el poema

desea el poema, alcanza la salvación:

> Y huya el tropel equino por la montaña vasta;
> tu rostro de ultratumba bañe la luna casta
> de compasiva y blanca luz;
> y el Sátiro contemple sobre un lejano monte,
> una cruz que se eleve cubriendo el horizonte
> y un resplandor sobre la cruz. (37–42)

El resplandor que se posa sobre la cruz es la indicación de que la existencia ha pasado a lo espiritual y ahora el difunto es recibido por la divinidad. Es interesante notar que la angustia ante la muerte que Darío ha presentado en los poemas estudiados al principio de este capítulo no se manifiesta en este último poema. Claro, la angustia existencial de Darío emana de su propia mortalidad y sus cavilaciones ante ésta, que se extienden a la experiencia humana universal. En este responso claramente se trata de la muerte de otra persona, que aunque estima en gran manera, al ver el fin de su sufrimiento prefiere convertir el evento en fiesta y alegría: una celebración de la vida y no un llanto por la muerte.

De la misma forma, José Martí en el poema "Dos patrias", publicado en *Flores del destierro* (1913), presenta una visión positiva hacia la muerte al verla como algo que llega a rescatar al ser del sufrimiento. Este poema presenta la lucha interior del poeta, por Cuba y su propia existencia, donde revela que después de los golpes de la vida y de haber perdido la esperanza, es hora de entrar en la noche y partir. Sus dos patrias son Cuba y la noche, es decir, su patria y la meditación de la vida al contemplar la oscuridad de la muerte, y ninguna de las dos está en buenas condiciones, según indica:

> [. . .] Cuba cual viuda y triste me parece.
> ¡Yo sé cuál es ese clavel sangriento
> que en la mano le tiembla! Está vacío
> mi pecho, destrozado está y vacío
> en donde estaba el corazón. [. . .]. (5–9)

Ya las esperanzas por la lucha de su patria y su existencia se han agotado, y es en este momento cuando contempla el final de su existencia: "Ya es hora / de empezar a morir" (9–10), confiesa. Pero para esta muerte hay que prepararse y el poeta escoge la noche para alejarse de la luz que "estorba", y con ello ha eliminado uno de los cinco sentidos. Este paso, no obstante, no atormenta sino que implica una esperanza de deshacerse del dolor y la desilusión: "El universo / habla mejor que el hombre" (13–14), afirma. Así pues, en este poema no hay angustia por el anticipo de la muerte pues su existencia, ya sea como poeta o como el luchador incansable por la independencia de su patria, no parece tener ninguna esperanza de proveerle lo que quiere, en este caso, la libertad de Cuba y una existencia sin preocupaciones y deja en manos de la ley del universo, en este caso la humanidad, lo que será su lucha en el marco histórico.

Siguiendo esta misma vía de alejamiento de la angustia ante la muerte, Manuel Gutiérrez Nájera en "Para entonces", incluido en *Poesías* (1896), presenta una conformidad, por no haber otra alternativa, ante el fin de la existencia. Pero este final, de igual forma que Martí, se prefiere cuando el ser esté preparado para aceptarlo, ya sea por su desasosiego con la vida o por la vejez. Hay tres condiciones bajo las cuales quiere dejar de existir: cuando la vida empiece a declinar, cuando la vida no dé esperanza y cuando todavía esté fuerte. Sin embargo, esto no quiere decir que según Nájera no hayan penumbras en la vida, antes pues, la muerte es la que viene a calmar la agonía de existir. El poeta quiere morir: "En alta mar y con la cara al cielo; / donde parezca sueño la agonía" (2–3), es decir, libre, determinado y sin temores, sin dolor o sufrimiento. Tampoco quiere escuchar llantos o quejas, sino "el majestuoso tumbo de las olas" (8). Esta tranquilidad ante la muerte deja a un lado la angustia de la existencia y entra en la experiencia última entregándose a la gran potencia marina, alejado del dolor de los que quedan. La muerte, no obstante, debe llegar inmediatamente después de la cumbre de la vida; es decir, morir: "como ese sol que lento expira" (11); "[. . .] joven: antes que destruya / el tiempo aleve la gentil corona" (13–14), porque esta cumbre, para el poeta, no es promesa de un futuro mejor, sino una indicación que el final de la existencia está cerca, como indica el final del soneto: "cuando la vida dice aún: soy tuya / aunque sepamos bien que nos traiciona" (15–16). En este poema Nájera ve la cima de la vida como la inequívoca indicación de la deterioración inevitable de la prolongada existencia, pues aunque todavía hayan indicios de fuerza vital, la traición está en el dolor que esta vida sin duda traerá. La muerte, pues, se desea para que venga a rescatar al ser humando del futuro sufrimiento inevitable.

Nájera hace hincapié en elementos positivos al aproximarse la muerte y el subsecuente paso final en cada estrofa del poema. En el primer cuarteto presenta la muerte como catalítica de la agonía a sueño, que calma el dolor; mientras que hace de "el alma, un ave que remonta vuelo". Podemos aquí apuntar a otra existencia donde el ser puede alcanzar una vida diferente, cuanto no ideal; la muerte rescata al alma atrapada en un cuerpo que sufre la desazón de esta vida. La segunda estrofa presenta el lugar y la condición ideal para morir: sin llantos ni plegarias y donde escuche: "el majestuoso tumbo de las olas". O sea, morir en paz con todo. El penúltimo terceto explica el momento ideal para morir: la existencia debe cesar como "algo muy luminoso que se pierde". Esta misma imagen es reafirmada en la última estrofa: morir joven, antes que las virtudes desaparezcan. Lo que Nájera indica en este poema, entonces, es que la muerte es inevitable, pero eso no quiere decir que tenga que ocurrir hasta el final después de una larga vida de penas y sufrimientos, ni mucho menos angustiarse ante este inevitable suceso, sino morir antes que la angustia y el dolor maten.

Alternativamente, hay un tono un poco diferente cuando la muerte se aproxima en el momento cuando aún se espera algo positivo de una vida llena de dolor. En el poema "Cita con ella" de Nájera se presenta la muerte que se aproxima mientras que la voz poética no ha recibido todavía el beso anhelado de su amada. Así que le suplica a la muerte que busque a otros que ya hayan sufrido y amado, pues en su propia situación la muerete es injusta, según plantea la interrogante: "¿Cómo puedo morir si no he vivido?" Además, exige que la muerte espere porque la vida tiene que aportar algo bueno: "Hay para todos unas cuantas flores \ y muchos cardos: ¡el placer es breve", para luego afirmar: "Dios me dió ya mi parte de dolores \ mas la parte de dichas . . . ¡me las debe!" Ante estas súplicas la muerte se aleja y le permite seguir en la búsqueda de las limitadas dichas que la vida supuestamente tiene que ofrecer. Sin embargo, después de lo que parece ser mucho tiempo por la lentitud de la vida en espera, su amor no es correspondido; clara evidencia que la vida traicionera no cumple con las pocas rosas que puede dar, concluye el poema denunciando el rechazo de la amada e implorando a la muerte que venga a rescatarlo de la tortura vital: "el dulce peso a mi cariño niegas, \ y pensando en tus labios adorados, \ yo le digo a la muerte: ¿cuándo llegas?"

El mexicano Luis Gonzaga Urbina, por otro lado, en "Sub terra", poema publicado en *Ingenuas* (1902), presenta cómo quiere su sepelio: "sin lágrimas y en silencio" (10). También quiere tener presente durante su velorio sus creaciones artísticas: "[. . .] estará cercado / con mis cantares el féretro" (39–40), para más tarde inspirar poesía que él no pudo producir. La muerte, entonces, supone la llegada al rescate de una vida de sufrimiento; "[dirá la gente:] sufrió mucho, pero ha muerto" (20), reza un verso. Pero a pesar de dejar de existir en este mundo, por su poesía su existencia perdura desde su tumba:

> yo os juro que algunos años
> después del triste suceso,
> han de brotar de mi tumba,
> hechos flores, cantos nuevos. (49–52)

Esta conclusión claramente conecta con la eternidad del poeta vía el arte y con el festejo ante la muerte que ha llegado a socorrer al artista de su sufrimiento en una vida y una sociedad que no lo acepta, según aludimos varias veces en este trabajo.

En otro de sus poemas, "A una onda", del libro *Puestas de sol* (1910), Luis Gonzaga Urbina personifica una onda y le ruega que le dé esperanzas para seguir existiendo, o de lo contrario, que le dé la muerte para acabar con una vida de sufrimiento. El segundo cuarteto afirma esta acongoja con la vida:

> La juventud se va; se van los dones;
> del placer quedan los amargos dejos,
> de la pasión los desencantos viejos,
> y del dolor las tristes emociones. (5–8)

Angustiado por la fugacidad de la vida y la decadencia de sus habilidades, añadidos a los dolores sufridos, se empieza a cuestionar si una existencia así vale la pena. El primer terceto concreta la desilusión con la vida: "Queda la vida, que el instinto afianza, / queda el recuerdo del amor perdido, / y queda el ideal que no se alcanza" (9–11). Cuando la vida llegue a su final, habrá algo que no se pudo alcanzar y esto hace que el ser humano pierda la ilusión de vivir, por eso tiene que haber otra salida, como reclama la última estrofa: "Tú, que cantando sueños has venido, / onda lírica, dame la esperanza, / y si no puede ser, dame el olvido" (12–14). La existencia, para Gonzaga Urbina, debe de tener propósito y metas alcanzables. Si no, es mejor morir en vez de enfrentar los golpes y desilusiones de la vida. Al igual que Nájera, se quiere morir cuando todavía tiene habilidades y no tener que pasar más penumbras en una existencia prolongada.

El caso del uruguayo Julio Herrera y Reissig en "Muerte blanca", poema incluido en *Los parques abandonados* (1919), relata un recuerdo de la muerte de otra persona y describe las condiciones bajo las cuales dejó de existir, sobresaltando la paz y tranquilidad de la situación. El primer verso pone esto claro: "Morías, como un pájaro en su nido", describe, pero mientras llega esta muerte, la vida del pasado surge en la memoria: "delirabas la sonata que te inspiró un amor desvanecido" (5-6), indica. Este recuerdo es interrumpido por el fin de los sentidos: "y, ¡oh resurrexit! Con la aurora beata / se abrió a tus ojos un Edén florido" (7-8). Pero esta transición, la muerte, ha pasado para liberar al alma del cuerpo:

> Plegóse en suavidades de paloma
> tu onda mirada; un religioso aroma
> fluyó del alma, entre los labios flojos,
>
> y florecieron bajo tus pupilas,
> como sonrisas muertas de tus ojos,
> dos diminutas mariposas lilas. (9–14)

Esta muerte que llega como un sueño no causa dolor (el delirio es sobre amores, no dolores) y da cabida a la paz de la muerte, suavizando los labios y dejando que de los ojos escape el alma, simbolizado por las dos

mariposas blancas que salen de las pupilas al final de la composición.
Este no es el caso de José Asunción Silva en su célebre "Nocturno",
de *Poesías* (1908), donde con un poema elegíaco por la muerte de la
hermana del poeta, presenta un alejamiento del sentido del tiempo, pero
no como consuelo, sino como parte de la destrucción de la muerte que
llega a causar más dolor en la vida del que pierde a alguien. Sin
embargo, aunque este planteamiento de la muerte resulte opuesto a lo
que presentamos en esta etapa de nuestro trabajo, encaja con la
concepción de una muerte sin angustia que quita el sufrimiento vital.
Así pues, en este poema la muerte no se presenta como dolorosa para
la víctima, sino para el que queda vivo, y pone una distancia entre los
dos seres queridos que no se puede acortar. La existencia solitaria
después de haber perdido a un ser querido angustia a la voz poética. No
obstante, encuentra refugio en la imaginaria aparición de la sombra de
la difunta hermana que lo acompaña en una caminata por la noche, que
bien puede ser un sueño o alucinación. En este caso la muerte es
dolorosa por la separación que causa; separación que la difunta no sufre
y por tanto ha sido protegida contra dicho sufrimiento por la muerte
misma:

> [. . .] el alma
> llena de infinitas amarguras y agonías de tu muerte,
> separado de ti misma, por la sombra, por el tiempo y la distancia,
> por el infinito negro,
> donde nuestra voz alcanza. (25–29)

Al mismo tiempo, las descripciones del sufrimiento del que quedó vivo
enfatizan el elementos carentes de calor, como se puede ver en las
siguientes descripciones: Sentí frío; frío que tenían tus mejías, tus
sienes, tus manos; frío del sepulcro; frío de la muerte; frío de la nada.
Ahora, el final de la existencia se ha descrito como negro, sin embargo,
la imagen de la muerte es de blancura y palidez. Estas dos imágenes
opuestas apuntan a diferentes sentimientos hacia el final de la
existencia y la muerte en sí, donde lo negro anticipa el final de la luz, el
abismo o sea la conciencia de existir, y el frío la condición de la muerte
del cuerpo.

En Amado Nervo podemos ver la muerte en los poemas "Día de fiestas", "Bendita" y "Temple". En el primero la muerte aparece como la única cosa que será fiel, que no defraudará nunca, contrario a todo lo demás en la vida: la amada que faltó a la cita; la gloria que nunca llegó; la salud ausente. Lamenta el poema: "Me dejaron triste, me dejaron solo; / lancé al aire versos. . ., ¡nadie los oyó!", para luego indicar el total abandono hasta de la divinidad: "Esperé fortuna , no tocó a mi puerta; / ¡esperé a Dios mismo, pero se escondió", se queja. Ante este total abandono por todo, en la soledad de la vida solo ve una novia que no faltará a la cita y es ahora bienvenida: la muerte, apesar de que muchos seres humanos le temen. "Por enjuta y trágica, muchos tienen miedo / de sus brazos áridos, de su voz glacial", afirma. No obstante, por la experiencia en la vida de total desamparo, indiferencia, fracasos y desilusiones, concluye: "Para mí ha de ser novia apetecible, / [. . .] / el único día que tendré de fiesta / desde que camino por el arenal. . .", sentencia. Esta muerte es deseada porque terminará con todos los dolores vitales. El segundo poema "Bendita", es un agradecimiento a una mujer en particular que lo hirió profundamente, con ello quitándole el temor a la muerte para aliviar la herida. La primera estrofa reza: "Bendita seas, porque me hiciste / amar a la muerte, que antes temía. / Desde que de mi lado te fuiste, / amo la muerte cuando estoy triste; / si estoy alegre, más todavía". El consuelo que la muerte ofrece es tan grande que los temores de antaño sobre el morir se vuelven amor y, no solo en momentos de tristeza, también en los tiempos de alegría. Confiesa: "En otro tiempo, su hoz glacial / me dio terrores; hoy, es amiga". Pero la muerte no solo es la salvadora, sino arrulladora, como una madre que consuela los más grandes dolores de una criatura, según concluye el poema: "¡Y ya la presiento tan maternal!..." para luego recalcar la razón por la cual se siente así: por el gran dolor que le causó una mujer, acusándole: "Tú realizaste prodigio tal", por lo cual está muy agradecido y exclama: "¡Dios te bendiga! ¡Dios te bendiga!". Ahora bien, el poema "Temple" presenta la muerte por vía de la trascendencia hacia un más allá que termina con el sufrimiento terrenal. La primera estrofa declara; "Estoy templado para la muerte, / templado para la eternidad, / y soy sereno porque soy fuerte". De dicha fuerza se atiene serenidad y ésta se basa "[...] en una / indiferente resignación \ ante los vuelcos de la fortuna / y los embates de la aflicción". Además de esto, también saca fuerzas de estar convencido de que sabe muy bien lo que son la vida y la muerte: "En el tranquilo convencimiento / de que la vida tan solo es / vano fantasma que mueve el viento, / entre un gran 'antes' y un gran 'después'". Es decir, la muerte simplemente marca una etapa en la vida, la de antes -de sufrimiento y angustia- y la de después -la transcendencia al más allá, y al ver la muerte así se muestra sereno, sin miedo ni angustia y lleno de resignación.

También presenciamos la muerte salvadora en Evaristo Carriego en poemas como "Frente a frente" y "Los lobos" (ambos de *Ritos en la sombra*). En el primero se presenta la muerte de una mujer después de una enfermedad: "Anoche, la enferma se fue de la vida, / por fin libertada de todos sus males", declara. Además de ser una muerte que pone fin al sufrimiento, es una muerte pacífica, tranquilizadora y hasta gozada: "Se fue sin angustias, como en un olvido, / sonriendo en sus hondos momentos finales", relata. Son los que quedan vivos los que tienen que lidiar con la situación, pero no todo resulta doloroso: la madres del barrio la velan en luto, otras consuelan a los niños huérfanos y el ciclo de vida y muerte continúa. Informa el poema sobre la joven de al lado de la casa que "dio a luz esta tarde. Contempla gozosa la flor de sus noches: ese diminuto /amor, amasado con carne radiosa". También, la muerte de la enferma esposa ha traído libertad al viudo quien muy pronto va a conquistar a otra mujer: "El marido, alegre, parece chiquillo / dueño del regalo que al fin le llegara, / y en un amplio fuerte gesto, para nuevas / viriles conquistas los brazos prepara". El poema concluye en forma de alabanza hacia las mujers por su papel en la vida de procreadoras, que sufren, obran y luchan, pero de cualquier forma, buenas: "¡. . . Inviolables Hembras! Las dos frente a frente / irreconciliables las dos bienhechoras: / derramando siempre sus oscuras larvas / en el intangible vientre de las horas. . .", declara Hay que ver que lo que parece trivializar la muerte de la madre y esposa en verdad es una actitud muy natural ante lo común de la muerte y lo que sucede después: la vida continúa en los demás y aunque parezca insensitivo del viudo anticipar la conquista de otra mujer, la muerta está ya lejos de todo, liberada ella tanto como él. En el poema "Los lobos", Carriego presenta la muerte y sus posibilidades por medio de la canción de un borracho, entre las descripciones del invierno y el aullido de los lobos afuera. "El Dolor es invierno; te cubre / no aguardes ni sueñes jamás primaveras" advierte. También, es difícil evadir tal invierno de dolor y la opción prometida, el olvido/la muerte, hasta parece tardar a propósito, prolongando así el sufrir: "El olvido está lejos; no viene / a dejar junto a ti su promesa, / su promesa de muerte, [. . .]", lamenta. A estas alturas de sufrimiento, pues, lo único que puede traer consuelo es la muerte, según concluye la estrofa calificando a la muerte como: "[. . .] La Madre, / a veces tan mala y a veces tan buena!", mala cuando no llega a la hora deseada, buena cuando es la única que fielmente llegará a dar consuelo al dolor existencial.

En Alfonsina Storni encontramos la muerte salvadora en los poemas "¿Vale la pena?" y "Tarde de tristeza". El primer poema es toda una interrogante si la vida, llena de gran dificultad, es en realidad justificada. Las interrogantes son si vale la pena "[. . .] ir cruzando la vida, sin un rayo de sol", donde esta falta de luz deja al alma sintiéndose impura; entonces pregunta "[¿]Soportar esta vida cortísima y cruel / para llevar el alma recubierta de hiel / y no sentirla nunca inmensamente buena?" Los dolores de la vida, la imagen propia y la lucha por sobrepasar dicha condición vital dan mucho que pensar y esta meditación resulta en unas interrogantes tajantes sobre el vivir. En la tercera estrofa se confirma lo que ya el tono desde el prime verso ha anticipado: "No vale, no la pena . . .Preferible es entonces / abrirse el corazón a golpe de puñal \ y destruir con la muerte, salvadora y fatal, / el corazón tan frío, como entraña de bronce", declara. Así pues, el suicidio resulta mejor que afrontar los golpes de la vida que gradualmente agotan al ser que sufre y la lucha por superar la decadencia vital. La tercera y cuarta estrofa hacen referencia a las fieras del bosque que sean traídas para que destruyan las ciudades donde sufren mujeres y niños para así liberar a la humanidad de la pena del vivir. El poema concluye con la reiteración de que la vida, con sus cualidades negativas, no vale la pena y el suicidio es la mejor avenida para parar el sufrimiento existencial por medio de la eliminación total de la consciencia: "Y es mejor desangrarse a golpe de puñal / y entrar pronto a la senda donde todo se olvida. . .", afirma el poema. Similarmente, el poema "Tarde de tristeza" presenta la muerte como la única salvación del sufrimiento, la decadencia y el agotamiento vital y artístico. Ya desde el primer verso declara: "Enferma de algún mal que no se cura / la muerte debe ser la salvación". En este momento de desánimo todo parece fatal. Los alrededores presentan un silencio "enfermo y sepulcral de cementerio. / Hay pesadez en el ambiente", como también en lo interno: "el pensamiento quieto se adormece / bajo el cielo de plomo", declara. Hay una total decadencia y hastío existencial. No obstante, esto pasa cuando todo debería ser lo contrario por las condiciones del día, según indica la siguiente estrofa: "Sin embargo hay un sol que es como oro / derretido por manos de princesas!", y por la condición física del yo poético: "sin embargo florece en mis jardines / la gran rosa de la juventud", afirma. Además de esto, tiene deseos que invitan al goce, "sin embargo el amor me abre sus puertas / [. . .]/ Me susurra: ¡Adelante! Ven y bebe", confiesa. Pero el estado de desánimo es tan grande que no puede acudir al gozo, así declara: "¡En mí todo se ha muerto: hasta los lirios! / y queda un vaho gris . . ." Pues, como hemos indicada anteriormente, hasta la inspiración artística ha decaído (los lirios) y solo queda una salida: la muerte. "Solo a lo lejos una mano escuálida \ — la mano de la muerte— me dirige / al puerto negro donde todo acaba", declara. Pero esta muerte no solo sirve para finalizar la vida de sufrimiento sino también para iniciar otra etapa, pero ésta bien puede ser una gran mentira como la vida misma, según indica otra posibilidad adónde le llevará la muerte: "O al puerto amable donde todo empieza / o el puerto donde todo acaba y todo empieza /una mentira vieja y una nueva". Todo, pues, es una mentira y la existencia terrenal como la de después de la muerte, son una mentira; la única verdad: la muerte.

El poema "Historia de mi muerte" de Leopoldo Lugones muestra la muerte a manera de un sueño que ha tenido donde ésta envuelve al ser durante toda su existencia y gradualmente se va aproximando. "Soñé la muerte y era muy sencillo: / Una hebra de seda me envolvía, / y a cada beso tuyo, / con una vuelta menos me ceñía". Ahora, mientras va transcurriendo la vida se va desenlazando la hebra fatal. La punta de esta hebra se sujeta en el amor de dos personas, pero cuando fallece una, el otro la suelta y muere: "[. . .] Ya no la retenía / sino por un sólo cabo entre los dedos . . ./ Cuando de pronto te pusiste fría", lamenta. Ahora que falta el amor, pues, llega la muerte, según confiesa: "Y ya no me besaste. . . / Y solté el cabo, y se me fue la vida". Entonces podemos observar que la muerte aquí llega en el momento cuando va a iniciarse el sufrimiento por la pérdida de un amor y cumple con su papel de salvadora.

Julián del Casal, por su parte, presenta el aspecto de rescate que la muerte provee en el poema "La última noche". Como ya quedó indicado anteriormente e indicaremos enseguida, Casal confiesa un infinito terror hacia la muerte y un exponencial horror ante la existencia. No obstante, en este poema revela un deseo de que la muerte lo saque de tan grande sufrimiento después de haber agotado su fuerza como hombre y como artista en una existencia de alienación e indiferencia: "Mi aceite se ha gastado gota a gota \ y se apagó mi lámpara sin ruido. / ¡Nadie ve que mi llanto ya se agota! / ¡Nadie recoge mi postrer gemido!" lamenta, describiendo tanto su agotamiento en la creación artística como su lucha vital, que a nadie le importa. Además, la vida que antes lo hacía valer, es ahora fuente de más desilusión: "Detrás de mí, si vuelvo la cabeza, / hallo siempre un fantasma colocado. / ¡Ayer fue testigo de mi grandeza! / ¡Hoy el cadáver es de mi pasado!", afirma Entonces, el pasar del tiempo solo lo empuja hacia la desesperación existencial donde ya la vida no le provee ninguna ilusión. En este estado de ánimo suplica que venga la muerte, exclamando: "¡Oh, noche helada! ¡Dame tu reposo!" Después de varias interrogantes sobre lo que le roe las entrañas recibe una sola respuesta: la falta de amor que él tiene hacia todo y es este desánimo que reduce la vida y su trabajo de artista a la nada, condición que solo se puede superar con la muerte.

Otras inquietudes existenciales

Ahora bien, el dolor existencial en la obra de Casal es abundante y vamos a ilustrarlo aquí desde muchas perspectivas, desde la muy personal hasta la humana universal. El sufrimiento personal podemos verlo en varios poemas. En "Nocturno" de *Poesías* nos describe su actividad creativa, es decir, cuando se sienta a escribir. Durante la noche, cuando todos duermen, en una mesa desordenada y llena de papeles, entre las sombras y la oscuridad llega la inspiración que califica como "enjambres de quimeras fugitivas" que salen de su mente "como surgen las áureas siemprevivas / del fondo de un sepulcro solitario". Entonces, esta actividad creativa viene a ser una tortura porque se concentra en lo negativo, ejemplificado cuando piensa en las mujeres que ha amado y con las cuales ha sido feliz, indica "hallo siempre satánicos placeres en disecar sus muertos corazones". Lo mismo ocurre cuando recuerda a un amigo que vive lejos. Su mente rechaza el placer de la memoria de la amistad y se vuelve sufrimiento cuando "lleno de ruda cólera, maldigo / mi anhelo de viajar nunca saciado". Así pues, toda la actividad creativa se vuelve un calvario en muchos casos porque no puede ingresar al mundo y olvidar sus pesares personales, según reza otra estrofa: "Así mi juventud, día tras día, / cual mi lámpara, triste languidece, / sin gozar de la plácida alegría / que el mundo entero sin cesar le ofrece". En esta condición de aislamiento llega a ver el porvenir con mucha desilusión, volviéndose una verdadera tortura vital, como concluye el poema: "Entonces, arrojando de mi pecho / sordo grito que el seno me tortura, / caigo rendido en solitario lecho / como el muerto en la abierta sepultura". Desplomado, pues, después de emitir un grito de total angustia y dolor existencial, se encuentra muerto en una vida que claramente se asemeja a una muerte donde su escritorio es la sepultura y, es más, como ya se ha dicho, a nadie le importa. En el poema "Engañada", Casal presenta también una vida que es en realidad una muerte viviente y utiliza dicha concepción de su existencia para rechazar la tentación de una mujer. Ya desde el principio se indica que la apariencia física de juventud y belleza solo sirve para despistar lo que en realidad siente internamente. La segunda estrofa declara que la belleza y vitalidad física solo "oculta mi alma en su doliente seno / abismos insondables de tristeza, / como el fruto maldito su veneno / tras el vivo color de la corteza". Esta amargura interna veda cualquier deseo de gozo y le aprisiona: "No soy joven; te engañas. Aunque ría / y vea el mundo a mi ambición abierto, / soy un muerto que marcha todavía. . . /

No me tientes, mujer; ¡respeta a un muerto!", concluye el poema. El breve poema "Confidencia" Casal deja claro que las decadencias existenciales siempre han poblado su vida. A manera de diálogo entre dos entidades revela el sufrimiento constante del que ha sido víctima. La primera entidad en el poema pregunta: "¿Por qué lloras, mi pálida adorada / y doblas la cabeza sobre el pecho?" La segunda entidad revela: "una idea me tiene torturada / y siento el corazón pedazos hecho". La última estrofa concluye con ambas entidades divulgando sus experiencias vitales: una nunca ha sido amada en la vida y la otra ha tenido una constante compañera: La miseria. Así pues, el desamparo y la incapacidad de sentirse amado ha producido como fiel compañera a la miseria que reduce la existencia al sufrimiento. Esta misma miseria constante en la vida casaliana también se deja ver en el poema "Autobiografía", que tratamos más afondo en el capítulo del arte, donde desde el principio de la vida se puede ver una decadencia, describiendo su juventud como "herida ya de muerte", que recorre un camino de lágrimas durante su vivir.

La soledad casaliana, el desamparo y la vida sin sentido se presenta en el poema "El hijo espurio" (*Poesías*). Aquí, en la primera estrofa se presenta que desde el momento de la concepción ha sido destinado al aburrimiento existencial: "Yo soy el fruto que engendró el hastío / de un padre loco y de una madre obscena / que, a la vida arrojáronme sin pena, / como un piedra en el raudal de un río" declara. Él es producto de la irracionalidad y de lo obsceno, y lo que es peor, habiendo sido tirado a la vida, tumultuosa, destructiva y sin poder hacer nada contra ella, según refiere el simil de la piedra y el río, sufre descomunalmente. La segunda estrofa afirma: "No hay dolor comparable al dolor mío \ porque, teniendo el alma de amor llena, / la convicción profunda me envenena de que está el mundo para mí vacío". Este desarraigo con el mundo, que claramente se inició desde que un hombre falto de razón y una mujer obscena crearon, es causa del sufrimiento, la soledad y angustia que hace de la existencia algo inútil, a pesar de considerarse una persona llena de amor y pureza. El poema concluye reiterando el desarraigo y la soledad en que se encuentra: "mas vivo solitario como un cardo / sin que escuche jamás voces amigas"; y haciendo eco al poema "Día de fiestas" confiesa: "vierten mis ojos lágrimas amargas", otra vez llorando a solas. Mayor desasosiego existencial se puede presenciar en el poema "Pax animae", donde advierte desde el primer verso que ya no busca gustar de ninguna dicha terrenal, porque según declara " [. . .] Está ya muerto / mi corazón, y en su recinto abierto / sólo entrarán los cuervos sepulcrales". Es tanto el dolor vital que hasta la vida parece una ilusión o un mal sueño: "y a veces de que existo no estoy cierto" reza un verso, por lo desarraigado que se encuentra, agregando luego "porque es la vida para mí un desierto / poblado de figuras espectrales". Con tal experiencia, ya no hay esperanzas para el futuro y su sol ya se oculta entre la oscuridad en la que se ha convertido su existencia:

> No veo más que un astro oscurecido
> por brumas de crepúsculo lluvioso,
> y, entre el silencio de sopor profundo,
>
> tan sólo llega a percibir mi oído
> algo extraño y confuso y misterioso
> que me arrastra muy lejos de este mundo.

Lo único que puede distinguir entre tanto sufrimiento existencial es algo inexplicable, pero que sin embargo, le permite cierto escape del dolor al percibir el futuro sin luz ni guía que lo obliga a alejarse de la búsqueda de esperanza y entrar en una existencia material y alejado de lo que el mundo pueda ofrecer.

Este hastío existencial también es palpable en el poema "Invernal" (*Poesías*) donde aparece ya pasada la juventud de una vida trillada y violenta. En este estado invernal, ya de lo positivo hay muy poco "y son los días breves y lluviosos" declara, mientras que se apila el dolor "y son las noches largas y sombrías" añade. La vida, representada por el río, ha sido tormentosa, agobiante y ha reducido el ánimo a nada más que una existencia intolerable, según reza la segunda estrofa; "Con su corriente embravecida, el río / de espantoso rumor el aire puebla, / llenando la ancha atmósfera de frío / y el cielo gris de impenetrable niebla". Con esta llegada del invierno, continúa el poema, todo parece terminar u ocultarse: las golondrinas buscan refugio, ya no hay estrellas que guíen con su luz, ya no cantan los ruiseñores, las flores y el fruto del árbol desaparecen, las abejas abandonan sus colmenas, las rosas y las azucenas mueren. Todo este fallecimiento de la naturaleza se equipara al sentir de la voz poética que se desespera porque no puede ver un renacimiento, clamando: "¡Oh, hermosa Primavera! ¿Por qué escondes / tu encanto virginal a mis sentidos? / ¿Dónde estás que te llamo y no respondes, / no respondes jamás a mis gemidos?" Para luego directamente declararse tan desesperado por el invierno como el resto de las criaturas, pero sin poder ver un renacimiento en la primavera: "Yo también en los campos de mi vida / siento el invierno lóbrego y sombrío. / ¡Mi alma es una floresta destruida! / Yo también en el alma tengo frío!" La congoja vital aquí se inflama porque el ciclo de la naturaleza le niega al poeta el renacimiento de la primavera que es evidente en todo, menos en él. Similarmente, el poema "Tristissima nox" presenta también una meditación existencial que rinde solo dolor profundo. Después de presentar las actividades nocturnas y acontecimientos perennes de la naturaleza, como el ruido de los árboles y las olas del mar, mientras todo duerme confiesa "sólo mi pensamiento vela en calma, / como la llama de escondido faro \ que con sus rayos fúlgidos alumbra / el vacío profundo de mi alma", es decir, el pensamiento le confirma que dentro de sí sólo tiene un vació insondable que es la causa de todo su dolor. Este agotamiento existencial y desarraigo social también se manifiesta en el poema "La última noche" (*Poesías*) donde en la primera estrofa se indica el agotamiento al declarar "Mi aceite se ha gastado gota a gota \ y se apagó mi lámpara sin ruido", con ello declarando que ya ha dado todo lo que tiene que dar como artista y se ha agotado de luchar ante una vida insoportable por la cual ha derramado la última lágrima. Sin embargo, descubre que todo lo que existe es total indiferencia por los demás: "¡Nadie ve que mi llanto ya se agota! / ¡Nadie recoge mi postrer gemido!" lamenta. Esta afirmación de que a nadie le importa de que sus ánimos de vivir y su capacidad artística que ha llegado a un tope no le importa a nadie, apunta a la situación del artista en la época modernista donde las convicciones ante el arte, especialmente la poesía, yacen más en los propios artistas que el resto de la sociedad. Al finalmente aceptar que a nadie le importa un comino si tiene o no más que dar artísticamente, se inflama más su dolor y angustia existencial. En

"Horridum somnium" (*Poesías*) se puede ver aún más el desconsuelo vital casaliano. En dicho poema en las noches de insomnio se ve "ya abrevado de angustia infinita, / ya sumido en amargos recuerdos". Describe su espíritu como enfermo, su alma como glacial, entre otras experiencias que van desde lo artístico hasta lo personal y espiritual. La vida, en concreto, es y ha sido una pesadilla horrible que ha condenado a su espíritu a una vida que es en realidad muerte viva.

Como hemos indicado y evidenciado anteriormente, el verso casaliano está colmado de angustia existencial muy propia a sí mismo. Sin embargo, en el poema "Canas" (*Poesías*) Casal presenta el sufrimiento universal de la humanidad. A manera de canto a las canas, símbolos de un larga vida, el poema se dirige a los diversos grupos humanos: las canas de los viejos ermitaños; la de los "viejos soñadores" que van acercándose precipitadamente a la muerte "bajo el áspero fardo de dolores / que habéis de la existencia recibido"; las canas de los que perdieron sus ilusiones al perder la libertad: "¡Oh, canas de los viejos criminales"; la mujeres que han sufrido en una vida nocturna, vendiendo su cuerpo y recibiendo los reproches de la sociedad: "¡Oh, canas de las viejas pecadoras". En la última estrofa se junta a todas estas personas, declarándoles:

> Emblema sois del sufrimiento humano,
> y brillando del joven en la frente
> o en las hondas arrugas del anciano,
> mi alma os venera, porque eternamente
> emblema sois del sufrimiento humano.

Las canas, pues, son la mejor prueba del sufrimiento existencial y eventualmente aparecerán en todos los que lleguen a viejo. En otras palabras, podemos ver en este poema que Casal reconoce que la vida es sufrimiento para la humanidad, jóvenes y viejos, sin embargo, los que logran llegar a viejos por ende han triunfado mediante la perseverancia: son venerables porque perseveran en una existencia agotadora.

Otras inquietudes existenciales se pueden ver en los poemas "Mi yo", "Mi fatalidad", "¿Por qué?", "Absinthias" y "El gran dolor" de Alfonsina Storni". En "Mi yo", Storni presenta la sensación de pertenecer más allá de lo terrenal: al caos y a los cosmos. La presencia física, entonces, solo es la representación material de la energía que en realidad es. "Hay en mi conciencia que pertenezco / al Caos, y soy sólo una forma material, / y mi yo, y mi todo, es algo tan eterno / como el vertiginoso cambio universal", afirma la primera estrofa. Pero esta convicción de pertenecer a algo muy distante y abstracto causa tanto el sentimiento de fortaleza como el aislamiento: "Soy como algo del Cosmos. En mi alma se expande / una fuerza que acaso es de electricidad", declara para luego añadir: "y vive en otros mundos tan llenos de infinito / que me siento en la tierra llena de soledad". Ante esta emoción de pertenecer a algo mayor, los pequeños placeres vitales solo provocan el deseo de un total goce en la eternidad del universo: "Cuando un día tibio percibo la caricia / de la vida, hay un algo que pasa por mí / tan intenso y extraño, que deseo morirme", confiesa y enseguida agrega "para seguir viviendo como nunca viví. . ." Pues, el júbilo de pasar a una existencia de energía y en armonía con los cosmos causa aburrimiento hacia lo individual y se siente parte de toda una existencia, según concluye el poema: "Mi cuerpo, que es mi alma, suele sentirse guzla, / una guzla de plata con cuerdas de cristal / naturaleza templa la cuerda y es por eso / que me siento encarnada en todo lo ancestral". Reiterando, pues, que el cuerpo es la manifestación física del alma y cuya energía es eterna y universal. El poema "Mi fatalidad" aborda el tema de la existencia vía la pérdida de un ser querido donde el destino injusto y cruel ataca lo más preciado. Declara: "No pretendo engañarme. . . Bien que me lo sé yo. / Era mi predilecto y por eso se murió". Habiendo ya sufrido el mismo golpe tres veces, "¡van tres veces que planto y se me muere un rosal!", se considera contagiada de mal. Esta mala suerte termina angustiando, según declara: "Cada vez que un capullo se cierra en mi jardín / suelo mover los labios atacada de esplín". La amargura interior, entonces, es causada por perder algo muy querido y verse impotente a cambiar dichos resultados, a pesar de tratar varias veces.

En "Por qué" de Storni presenciamos un dolor existencial en términos más universales. La primera estrofa denuncia la gran fatalidad y sufrimiento que es la vida: "¡Oh! La vida, la vida que empurpura / de sangre nuestras almas, que nos grita / su castigo tremendo, que apresura / su gran guadaña de impiedad maldita!", lamenta. Así pues, la vida es nada más que fuente de dolor para el alma, " [. . .] es la hiedra / donde nuestra alma opresa se sofoca". Además, es destructora de lo que hay de espiritual y con su dolor duerme los sentimientos. La fatalidad de la vida, personificada por la hiedra, es también un "zarpazo que desgarra / de un golpe al corazón y en cuya herida / ruge el ideal como una eterna amarra", que no se puede escapar o ignorar: "que nos impide sepultar la vida!" lamenta. Naturalmente, esta vida es así por alguna razón y el resto del poema es una serie de incógnitas sobre el por qué de ello y lamentos sobre la realidad vital. "¿Qué misterio la rige? ¿Qué prodigio / quiso hacerla tan bien y la hizo mal?. . ." pregunta. Y a pesar de este sufrimiento humano no hay ninguna indicación de que es notado por quienquiera que sea responsable, así lamenta: "y mientras fatigamos nuestras almas / y mientras castigamos la materia / naturaleza en sus supremas calmas / se abstiene de saber de nuestra histeria!" Es decir, denuncia el hecho que a nadie ni a nada le importa el sufrimiento humano en una vida de dolor y, aunque concede de que probablemente no era la intención de la vida a ser tan mala, ésa es indefectiblemente la condición. Precisamente a este dolor se dirige Storni en el poema "El gran dolor", donde esclarece las injusticias de la vida que causan tanto pesar y sufrimiento. Es este poema el dolor es el fatalismo de la vida que desanima y turba los sentimientos; "Es, tener dentro del pecho / una cuerda de cristal / cuya vibración fatal / pone al corazón maltrecho / y enfermo de bien y mal", confiesa. Además, la conciencia de las experiencias existenciales negativas, y de lo que no ha sido, agregado a lo que sin duda será, saturan el vivir: "Saber por anticipado / lo que no se ha conseguido; / sentir que llega el olvido / antes que llegue lo amado / y sin ser, haber ya sido. . ." lamenta. El gran dolor, pues, es la convicción y el estar consciente de que llegará la muerte cuando la vida todavía no ha dado satisfacción. Haber pasado la vida sin en realidad haber vivido, este "sin ser, haber sido" del final de la estrofa, de claro eco rubendariano, ilustra la gran angustia existencial modernista. También el gran dolor es la inhabilidad de refugiarse en la divinidad por motivos de la vida misma: "Aferrarse a la verdad; volverse bajo su cruz / flor de la esterilidad / y al castigo de su luz / quebrar Dioses y Deidad". Este dolor es tan punzante que no se puede mitigar, ya sea fingiendo que no existe o tolerándolo y por ello rinde la vida truncada: "¡Muerto el capullo sin flor!", lamenta, indicando que muere antes de en realidad vivir. La vida no se desarrolla por el fatalismo mismo de ésta.

Evaristo Carriego presenta la decadencia existencial el poema "Murria", como también la forma de superar dicho estado de ánimo en los poemas "Reproche musical" y "Conversando" (Ambos de *Ritos de la sombra*). En el primero podemos ver hay tanto desánimo que hasta el perro se ve colmado de pesar: "Con un blando rezongo soñoliento / el perro se amodorra de pereza / y por sus fauces el esplín bosteza / la plenitud de un largo aburrimiento", indica. La situación del hombre hace eco a dicho cansancio existencial, según indica: "En la bruma de mi hosco abatimiento / como un ratón enorme de tristeza / me roe tenazmente la cabeza, / forjándose una cueva al desaliento". Además, todo lo que se encuentra alrededor contribuye al sentimiento de peso existencial, el "hosco abatimiento", según observa: "Lleno de hastío al mirador me asomo: / un cielo gris con pesadez de plomo / vuelca su lasitud sobre las cosas…" Agotado por la existencia se ve sin deseos de vivir o de escapar de tal situación de hastío y solo puede expresar cuánto quisiera poseer deseos de vivir: "Y porque estoy así , fatal, envidio / y deseo las dichas bulliciosas, las ansias de vivir… ¡Ah!, qué fastidio!, concluye el poema. En "reproche musical", a manera de advertencia se dirige a una amada para que no toque la música de Wagner como lo ha hecho anteriormente, llena de angustias vitales que no podrá evitar en el piano: "[. . .] Sí, cual trágica nocturna, / traes la sombra del mutismo caprichoso / de unos celos singulares y tardíos, / volveremos a rozar el enojoso / viejo tema del por qué de tus hastíos", advierte, temiendo que es imposible no traer el bagaje de la amargura existencial hasta en la actividad que debería traer gozo. En la siguiente estrofa le encara: "¿Ves, amada? Ya se ha oído la sombría / voz solemne del Maestro: ya ha asomado / su faz grave la orquestal Melancolía, / y el esplín contagia el alma del teclado". El resto del poema se dedica a recomendar la forma de alejarse de tal estado de hastío existencial: con la música bohemia: "ven y cura tus neurosis, flor de anemia, / con las risas que destila el ardiente / rojo filtro de la música bohemia"; con el alcohol: "¡La que anuncia, por las tardes alegradas / de benditas borracheras, los regresos / presentidos a las carnes asoleadas / en el pleno mediodía de los besos!"; y en último término, el gozo y placer físico: "Ríe, canta: torna bueno el rostro huraño / y, como antes, tu garganta tentadora / volcará en mi copa negra el vino extraño / de una cálida armonía pecadora", exclama. Mediante el gozo, pues, se puede alejar el esplín y el hastío existencial. En el poema "Conversando" el alivio al dolor existencial llega por vía de huir de la trampa de las preocupaciones, ayudado por el vino y una calma espectacular, así confiesa: "hermano, ya lo ves, ni una exigencia / me reprocha la vida. . ., así me agrada; / de lo demás no quiero saber nada. . ./ Practico una virtud: la indiferencia". Para luego indicar su disgusto por preocuparse y tener que sentir algo que provoque incomodidad: "Me disgusta tener preocupaciones / que hayan de conmoverme. En mis rincones vivo la vida a la manera eximia / del que es feliz [. . .]", para confesar sin rubores, "porque en verdad te digo: / la esposa del señor de la vendimia / se ha fugado conmigo . . ." Así pues, sin importar las consecuencias o preocuparse por ellas, se encuentra la paz existencial, acompañado por su nueva compañera con la cual las complicaciones futuras no se quieren ni imaginar, de ahí la gran indiferencia.

En Amado Nervo vemos el dolor universal que es la existencia en el poema "Nihil novum. . ." (*La amada inmóvil*). Aquí se pregunta "cuántos habrán llorado / como yo!", y si como él, "Cuántos habrán padecido [. . .] / Cuántos habrán perdido [. . .]", para luego equiparar su experiencia con la del resto de la humanidad: "Canté con el mismo canto, / lloro con el mismo llanto / de los demás, / y esta angustia y este tedio / ya los tendrán sin remedio / los que caminaban detrás". Evidentemente, el dolor existencial no se concibe como algo nuevo o personal, sino que es una característica del existir. Así resume el poema: "Mi libro solo es, en suma, / gotícula entre la bruma, / molécula en el crisol / del común sufrir, renuevo del Gran Dolor. . ." para declarar "¡Nada nuevo / bajo el sol!", concluyendo entonces que el sufrimiento no es nada nuevo ni individual, pero que en la vida, cada individuo tiene su propia forma de manifestarlo: "... Mas tiene cada berilo / su manera de brillar, / y cada llanto su estilo / peculiar", asevera.

El poema "Sicut nubes, quasi navis, velut umbra" de Manuel Gutiérrez Nájera presenta una existencia pasajera donde como las naves, las nubes y la sombra, pasa sin esperar. A manera de advertencia a una mujer que de niño le rechazó sus amores, presenta el transcurrir del tiempo y la marcha de la vida imparable: "Los años pasarán, y en tu cabello / el tiempo sus escarchas dejará", sentencia. La juventud, pues se marcha y vienen las canas de la vejez. Otros aspectos de la vida van a cambiar en la vida de esta mujer también: el hogar desaparece, desde los muebles hasta el ruido de los otros niños en casa y queda sin nadie más y sin lo que era antes conocido, según afirma el poema; "sola, con el pavor de las rüinas, \ tu alcoba misteriosa se alzará... / Llamarás a tu madre, vida mía; / ¡pero ya no vendrá!" Así pues, las actividades de la vida siguen su rumbo sin frenos: ella se casara, el esposo dejará de amarle, ("tú, sedienta de amor, de aquella hoguera / el apacible fuego buscarás, / pero sólo has de ver ceniza fría, / ceniza ... ¡nada más!"), tendrá hijos que la amarán y darán consuelo; pero también por otro amor la abandonarán. Finalmente "Vendrá la muerte cautelosa / [...]/ la vida, como niebla pasajera, / de ti se alejará. . .", advierte. Es decir, la existencia pasajera no se puede frenar, pero volviendo a la esencia de la existencia recalca la eternidad de lo abstracto, declarándole a la mujer que lo desairó: "Sólo el amor que te juré de niño / y que tú no quisiste ni escuchar, / sólo ese amor, cuando te dejen todos, contigo a de quedar!", afirma a manera bequeriana.

La búsqueda de una existencia verdadera

A diferencia del grupo que ha meditado todo lo posible sobre la vida y no encuentra nada para justificar el sufrimiento de existir, Enrique González Martínez en su poema "Intus", incluido en *Los senderos ocultos* (1911), presenta la necesidad de verse con rotunda sinceridad el alma para tener una existencia verdadera, pues el resto es sólo engaño:

Te engañas, no has vivido mientras tu paso incierto

surque las lobregueces de tu interior a tientas;
Mientras en un impulso de sembrador no sientas
fecundado tu espíritu, florecido tu huerto. (5–8)

Reza la primera estrofa. Pues, buscar una respuesta sobre la vida bajo estas condiciones (mientras se medite sin suficiente luz, sin haber cultivado el intelecto y encontrado crecimiento en dicha campaña) no es vivir. Sin embargo, es posible superar esta condición de decadencia espiritual y limitaciones intelectuales y así entrar en la verdadera búsqueda de lo que es la existencia para con ello sobrepasar todas las angustias vitales, afirma el poema:

Hay que labrar tu campo, divinizar la vida,
tener con mano firme la lámpara encendida
sobre la eterna sombra, sobre el eterno abismo. . . (9–11)

Con este acercamiento optimista, González Martínez concibe la vida de forma más espiritual y con actitud positiva: lo que parece sombra o abismo puede llenarse de luz; es decir, adquirir conocimientos que iluminen la ignorancia que es la causa de dolor existencial. Concluye, entonces, que la verdadera existencia comienza cuando todo lo mundano se pone a un lado y el ser entabla contacto directo con lo que es éste mismo:

Y callar . . . mas tan hondo, con tan profunda calma,
que absorto en la infinita soledad de ti mismo,
no escuches sino el vasto silencio de tu alma. (12–14)

El ingrediente que presenta como diferente a los demás poetas que tratan la existencia es el de apartase de las cosas mundanas que son las que causan angustia, dolor y sufrimiento, pues mientras esto está presente en el ser humano, no existe como un ser espiritual y profundo, sino un ser lleno de congojas y disgustos por algo que no puede controlar. Según González Martínez, la solución es purificar el cuerpo hasta poder sentir la existencia verdadera del alma dentro del ser mismo, de ahí el título del poema: verse el interior.

En "Busca en todas las cosas", también publicado en *Los senderos ocultos* (1911), González Martínez profundiza en la búsqueda en el interior, el alma, por las cosas que den sentido a la existencia. Indica también que el ser no debe acongojarse por las cosas de la vida que no comprende, sino que tiene que esforzarse por entenderlas, y es entonces cuando de veras se vive. Para alcanzar esta existencia se hacen recomendaciones como: "busca en todas las cosas un alma y un sentido / oculto" (1–2). También indica que el hombre tiene que usar sus cinco sentidos y tener rigor en su búsqueda, que vea más allá de la estatua de mármol y contemple lo que hay dentro de la piedra. Después de todo, "Hay en todos los seres una blanda sonrisa, / un dolor inefable o un misterio sombrío" (13–14), afirma el poema. Pero para lograr entender la vida hay que cuestionar lo que tradicionalmente se da por sentado. Así pregunta: "¿Sabes tú si son lágrimas las gotas de rocío? / ¿Sabes tú qué secreto va contando la brisa? (15–16), pues en todas estas cosas puede haber penas o alegría, gritos de dolor o de júbilo. Otras consideraciones que pueden ayudar a comenzar a ver las cosas de distinta manera es cuestionar lo que se percibe como natural, así pregunta: ¿Sabes tú dónde lleva los suspiros el viento? / ¿Sabes tú si son almas las estrellas errantes? (19–20). Es evidente que no todas estas incógnitas se podrán contestar, sin embargo, eso no indica que se tengan que despreciar, como declara con firmeza, dando con ello la clave para entender la vida:

> No desdeñes el pájaro de argentina garganta
> que se queja en la tarde, que salmodia la aurora.
> Es un alma que canta y es un alma que llora. . .
> ¡Y sabrá por qué llora, y sabrá por qué canta! (21–24)

Lo que no tiene sentido al observarlo, porque se contradice o no se conoce a primera vista, es porque no lo entiende el que observa, pero otros sí lo podrán entender. Esta forma de ver la existencia conecta con otro poema como "El castaño no sabe. . ." de Amado Nervo, incluido en *Elevación* (1917), que indica que todo tiene un propósito por existir, lo sepa o no. Para González Martínez la clave y recomendación es

> Busca en todas las cosas el oculto sentido;
> lo hallarás cuando logres comprender su lenguaje;

cuando sientas el alma colosal del paisaje
y los ayes lanzados por el árbol herido. . . (25-28)

Al encontrar esto, entonces se puede comprender la verdadera existencia, ya libre de angustias. Pero al mismo tiempo no podemos dejar de detectar una tendencia a mantenerse ocupado en descifrar las inquietudes de hasta lo mas trivial del entorno que sugiere una inclinación a atrasar la inevitable meditación sobre la existencia y el futuro abismo del ser mismo.

Ahora bien, aunque "Tuércele el cuello al cisne", de *Los senderos ocultos* (1911) es un poema de González Martínez que ha sido estudiado por varios como un ataque a la preciosidad modernista y en especial de Rubén Darío, pero que en verdad fue un ataque a los pobres imitadores del poeta nicaragüense (piénsese en el antimodernismo de la época), hay en él una búsqueda por un arte sincero al mismo tiempo que manifiesta una angustia desesperada por la existencia. Como en los poemas anteriores, González Martínez indica que se debe buscar la verdad aunque no sea bonita (como el cisne) y que es posible hallarla también en la pupila del búho, sabia y observadora. Ese cisne que no "siente el alma de las cosas ni la voz del paisaje" es el que se tiene que destruir. El segundo cuarteto presenta el argumento principal sobre lo que debe ser la contemplación de existir:

Huye de toda forma y de todo lenguaje
que no vayan acordes con el ritmo latente
de la vida profunda. . . y adora intensamente
la vida, y que la vida comprenda tu homenaje. (5–8)

De la misma forma que se ha indicado en los poemas anteriores que la búsqueda para explicar la existencia tiene que ser profunda, aquí se ahonda en la misma filosofía. De ahí que elija al búho en vez del cisne, pues el primero contempla las cosas más ocultas y misteriosas de la vida:

Él no tiene la gracia del cisne, mas su inquieta
pupila que se clava en la sombra, interpreta
el misterioso libro del silencio nocturno. (12–14)

Antes de angustiarse por una existencia de penas, González Martínez sugiere que hay que asegurarse de que se trate de la esencia verdadera de la vida por vías de la meditación sobre qué es en realidad vivir. También invita a indagar en las cosas que no necesariamente sean bellas, pues pueda ser que la existencia no sea atractiva superficialmente, como el plumaje del cisne, sino profunda y complicada, como lo que busca el búho nocturno.

Como es aquí evidente, la existencia es un tema recurrente de gran preocupación para los modernistas y aunque es comprensible que se contradigan en algunos detalles, todos concuerdan en algo: la existencia es un tormento, es la forma de lidiar con ello la que varía. En la primera etapa de este capítulo se ha presentado la angustia descomunal sobre la vida que linda entre un castigo por poder pensar en la existencia y el deseo de terminarla, si no fuera porque se temiera la muerte de la misma forma que la vida tormentosa. Sin embargo, otros, al no poder ver otra salida, aceptan la muerte y la perciben como la que los puede rescatar de las penumbras de la existencia. En el caso de Darío son evidentes ambas posturas que se juntan en conformidad después de dar el paso final y extinguir la conciencia. No obstante, se puede ver también una búsqueda por una existencia distinta, legítima, verdadera, donde el hombre pueda ver bajo un espectro más amplio su papel en el mundo. Todo esto apunta a una existencia que no satisface al artista y éste trata de evadirla, ya sea mediante el dormir de los sentidos, la resignación y esperanza de que alguien más sabe el propósito de la existencia.

CAPÍTULO 3: **La sociedad**

Las condiciones y expresiones del artista de entresiglos, particularmente del poeta, se derivan en gran parte de la situación y la sociedad de la época. El poeta se siente desarraigado y marginado por su ocupación en una sociedad utilitaria y materialista que valora más la producción y la riqueza material. No es sorprendente, entonces, que muchos de los poetas del Modernismo manifiesten una actitud negativa hacia esta sociedad que los desdeña, sientan la necesidad de tratar de mejorar las condiciones de la humanidad, o en otros casos no vean ninguna solución y presenten el mismo desdén hacia los que los desdeñan. Entre los problemas más manifestados se encuentran los efectos secundarios del relativo progreso económico de la llegada de la modernidad: la injusticia social que surge cuando los no privilegiados llegan a ocupar un lugar de casi esclavitud, mientras el rico goza del sudor ajeno mal pagado. A esto se le suma la discriminación, el odio, la violencia y la desigualdad de los humanos, temas que preocupan a un buen número de poetas modernistas. Pero más alarmante es la degeneración de la sociedad que se apiña en las grandes ciudades donde se pierden los valores humanos. Ante estas condiciones la gran mayoría de los modernistas levantan la bandera de denuncia y con ello hacen un atentado contra el orden establecido de la burguesía dominante e invitan, prácticamente, a ser agredidos y despreciados porque con dicha actitud se oponen al progreso y a la misma modernidad industrial y social que ellos en el arte representan.

El artista frente a la sociedad

Debido a la actitud de rechazo que la sociedad adopta hacia el poeta de fin de siglo, se presenta un plano donde ambos, poeta y sociedad, se enfrentan por varias avenidas que van desde la intención de tratar de convivir juntos hasta una hostilidad abierta donde el poeta adopta una postura de desprecio por la sociedad en la que vive. Este conflicto social se ve muy bien representado por Manuel Gutiérrez Nájera en los poemas "Pax animae" y "Almas huérfanas", ambos incluidos en *Poesías* (1896). El primer poema expone la dura condición del poeta ante una sociedad que lo rechaza, al mismo tiempo que trata de animar a los demás artistas a que no pongan atención a los ataques de la sociedad, que no se dejen desilusionar:

> ¡Ni una palabra de dolor blasfemo!
> Sé altivo, sé gallardo en la caída,
> ¡y ve, poeta, con desdén supremo,
> todas las injurias de la vida! (1–4)

Esta resignación ante una vida de injusticias, insultos e indiferencia que la sociedad propina al poeta conecta con la resignación del indio de Chocano en "Así será" que adopta su orgullo, capricho y perseverancia para con desdén aguantar el dolor. Pero para Nájera, la situación de indiferencia popular viene a ser una pregunta sobre el futuro del artista, que parece carecer de fraternidad hasta entre los mismos poetas:

> ¿A qué pedir justicia ni clemencia
> —si las niegan los propios compañeros—
> a la glacial y muda indiferencia
> de los desconocidos venideros? (17–20)

El aislamiento, maltrato e injusticia que sufre el bardo también se incomoda con la falta de solidaridad entre los mismos poetas, quienes niegan clemencia a sus propios compañeros. Esta "glacial y ruda indiferencia" (19) ante el futuro claramente apunta a una concepción fatalista del artista y esta modernidad que ha cambiado radicalmente la situación. Así pues, como hemos presentado al principio de este trabajo Nájera evidencia en este poema que el poeta no tiene ningún lugar en la América de entresiglos y su arte claramente así lo denuncia.

El rechazo del artista produce como resultado la soledad de éste entre la multitud, condición que Nájera busca aliviar refugiándose en su ocupación. Entonces, el poeta enfatiza el arte como refugio, pero no de la existencia agobiadora como los poemas estudiados en el capítulo de la existencia o del arte y el poeta, sino de una sociedad que está de espaldas al arte. De ahí que abogue por la belleza artística, cuando sea posible:

> En esta vida el único consuelo
> es acordarse de las horas bellas
> y alzar los ojos para ver el cielo. . .
> cuando el sol está azul o tiene estrellas. (25-28)

La memoria de la belleza protege al artista del frío desinterés por su arte que la sociedad constantemente le encara, razón por la cual se tiene que utilizar para poder sobrevivir y perdurar en un terreno hostil, lleno de tristeza, como enfatiza en los siguientes versos: "¿Padece? Busca a la gentil amante, / a la impasible e inmortal belleza" (57–58). Como se ha indicado antes, el arte crea el rechazo de la sociedad y al mismo tiempo le da refugio al artista de dicho rechazo, aspecto que permite al poeta burlarse completamente de esta multitud que no comprende ni quiere comprender la poesía. Pero como hemos indicado ya en el primer capítulo de este estudio, es mérito de los modernistas en afrontar la sociedad que los desprecia radica en el principio de defender la expresión humana fuera del valor material. Nosotros no concedemos ningún mérito a los modernistas por exigir valores y aprecio (mediante la remuneración) por un producto que claramente no se está vendiendo puesto que esto va en contra de los principios básicos del capitalismo y el libre ejercer del individuo en cuanto a lo que compra, consume y prefiere.[10]

No obstante, el rechazo y desprecio no puede olvidarse totalmente y provoca rencor ante la sociedad ignorante, convirtiéndose en un distanciamiento en el que se opera en términos de nosotros los artistas y ellos, los no artistas de la sociedad, más ocupados en aspectos materialistas y pragmáticos. A pesar de esta situación, Nájera trata de apaciguar su rencor escapando del murmullo y yendo a la tranquilidad: "Huir del mar, y en el dormido lago / disfrutar de las ondas del reposo" (29-30). La posible solución al alejarse de la sociedad, de pensar en otras cosas, presenta la oportunidad de tolerar la indiferencia, sin embargo, no es suficiente para batallar contra el mal que se le enfrenta, como confiesa: "Dormir. . . soñar. . . El sueño, nuestro mago, ¡es un sublime y santo mentiroso!" (31–32). Es decir, concibe que el ignorar tanto rechazo no va a cambiar la actitud social ante la expresión artística.

Por ser parte de esta sociedad, aunque esté marginado, no puede refugiarse en la distancia, dando cabida al resentimiento hacia la sociedad que lo desdeña. Pero, afirma, el artista tiene que resistir sus deseos de atacar a este grupo:

> . . . ¡Hay! Es verdad que en el honrado pecho
> pide venganza la reciente herida. . .;
> pero. . . ¡Perdona el mal que te haya hecho!,
> ¡Todos están enfermos de la vida! (33–36)

La enfermedad que la sociedad padece se manifiesta en su interés por lo material, el academicismo y el desprecio de la poesía, pues su forma de medir el progreso ha llegado a establecerse bajo los términos del dinero y el poder, y la poesía no entra en ninguna de estas categorías. Esta ignorancia de los valores que la sociedad sufre es algo más con lo que el poeta tiene que lidiar, y como ser dotado de mayor entendimiento tiene que comprender y perdonar a la sociedad como a los mismos falsos artistas que no apoyan al poeta:

> Los mismos que de flores se coronan,
> para el dolor, para la muerte nacen. . .
> Si los que tú más amas te traicionan,
> ¡Perdónalos, no saben lo que hacen! (37–40)

Además, esta condición social, señala Nájera, bien puede venir de la herencia histórica, de ahí que no se pueda juzgar a la sociedad ni tampoco al artista. Entonces, el perdón, de parte del artista hacia la sociedad, trae muchas posibilidades, como proclama el poeta:

¡Lástima y perdón para los vivos!
Y así, de amor y mansedumbre llenos,
seremos cariñosos, compasivos. . .
¡Y alguna vez, acaso, acaso buenos! (57–60)

Aunque el rechazo del arte no se puede enfatizar más, Nájera todavía ve en este poema una posible vuelta de la sociedad hacia el aprecio del arte y el artista, con énfasis especial en el poeta, probablemente no como un abrazo entre los rivales, sino como simple tolerancia. Por ello Nájera sugiere una forma de mejorar la sociedad mediante el perdón y la comprensión, pero siempre ligado a la pureza del hombre y del arte. Tenemos que dejar claro que la lucha de Nájera va más por la terquedad de la sociedad que por la inhabilidad de pagar, apreciar al artista. Los valores que ahora imperan reducen al hombre a una simple máquina que tiene que producir algo práctico, a despecho de la creación artística y el trabajo intelectual sin claras implementaciones económicas.

Según quedó dicho al principio de este trabajo, estos temas de la poética modernista se mezclan porque sus autores están siempre preocupados por las causas humanas, entre ellas la existencia en una vida poco ideal. Así las cosas, cabe mencionar que este poema también entra en el perdón y la aceptación de la vida y la sociedad porque anticipa el final del cual nadie puede escapar.

Siempre escondido en lo que más amamos:
¡siempre en los labios el perdón risueño;
hasta que, al fin, oh tierra, a ti vayamos
con la invencible laxitud del sueño. (77–80)

Al ser la vida efímera, laborar en lo que agrada es un buen refugio para vivir hasta que llegue el final que terminará con las penurias. Además, el poema indica que la vida y la sociedad tienen que aceptarse como vengan y aprovechar de éstas lo más conveniente: "Corta las flores, mientras haya flores; / perdona las espinas a las rosas. . ." (85–86), aconseja, indicando claramente que hay que coger lo bello, a pesar de que puede causar dolor, pero no por ello rechazarlo. Nájera también enfatiza algunos principios que sin duda proveerán una sociedad mejor: "Ama y perdona. Con valor resiste / lo injusto, lo villano, lo cobarde. . ."

(89–90), aconseja. El artista, entonces, como ser más razonable necesita trabajar para eliminar el conflicto que le presenta la sociedad, para resistir los ataques y para vivir en esa multitud de enfermos.

Sin embargo, el total rechazo que sufre como poeta hace que Nájera cambie su actitud y se sienta totalmente desarraigado, como demuestra el segundo poema, "Las almas huérfanas", donde también presenta una sociedad que está de espaldas al arte y hacia todo lo que no forme parte de lo que ahora está de moda: la producción material. El poeta se lamenta de la situación de indiferencia de todos donde él está en absoluto aislamiento:

> Desconozco los sitios que cruzo;
> yo no he visto jamás esas caras;
> tienen ojos y a mí no me miran;
> tienen labios y a mí no me hablan. (7-10)

Este desarraigo rotundo que la sociedad hace que el poeta siente alcanza nuevas cumbres hasta tal punto que lo hace sentirse como un extraño en su propia tierra y con su propia gente. Pero esto no se debe a que todo en la sociedad sea feo, antes bien, existe belleza y poder en el progreso aunque traiga destrucción: "¡Cómo corre hervorosa la turba, / y atropella, derriba y aplasta!" (13–14), se lamenta el poeta mexicano. Esta masa de gente es la que dicta la moda y el poeta reconoce no estar para la moda, de ahí que lo atropelle, derribe y aplaste. Además, esta sociedad del progreso tiene sus aspectos deplorables como el humo de las fábricas, grandes edificios y otros detalles incomprensibles para el artista. La belleza que han creado con la arquitectura no responde a lo artístico, al menos no de la forma que lo ve el poeta modernista y forma parte de lo que lo aísla, según se queja en los siguientes versos:

> Y las torres, ¡qué altas!, ¡qué altas!
> Y estoy solo, y a nadie conozco;
> oigo hablar, y no sé lo que hablan;
> si pregunto, no entienden y siguen. . . (18–21)

Esta distancia entre la sociedad y el artista, manifestada por la incomprensión e indiferencia entre ambos, la prisión que simbólicamente crean las torres, parece ser una pesadilla de la cual el poeta espera algún día despertar; sin embargo, es la realidad en que vive y ha destruido no sólo al artista sino a todos los que no pueden ir con el movimiento acelerado del progreso. Según el poeta, la sociedad se encuentra falta de algo: "¡Pobre espíritu, débil perdido, / entre gente egoísta y extraña" (43–44), se lamenta. La gente ha perdido el espíritu individual y como masa se encuentra enferma entre el egoísmo y la indiferencia de todos que corre en busca de la moneda. Las esperanzas del que no forma parte de esta masa, que incluye al poeta, se han perdido, de ahí que suelte el lamento hacia los demás:

> ¡Pobre ciego que cruzas tocando
> tristes cosas de amor en tu arpa!
> Ya no sigas pidiendo limosna,
> ya no tiendas tus manos heladas,
> ya no cantes, que nadie te escucha,
> y en la tierra por siempre descansa. (45–50)

El ciego, al igual que el poeta, pues, está muerto ya en esta sociedad que no lo toma en cuenta y su arpa, al igual que sus versos, no la escucha nadie y su única alternativa es cesar su actividad y básicamente yacer inerte pues sus cantos son inútiles y nadie le 'paga' la limosna por tocar su arpa.

Esta extraordinaria situación marginal del vate modernista atormenta al poeta y éste llora a Dios por su soledad y por no poder comunicarse con los no que quieren escucharle. Pero al final el sujeto poemático termina concluyendo que también esta divinidad pagana de la sociedad de ajetreo no le entiende:

> Habrá un Dios para estas ciudades;
> pero no es aquel Dios de mi alma,
> no me oye, no entiende mi lengua,
> y también apartándose pasa. (55–58)

Este "otro Dios", entonces, no puede ser el Dios verdadero, pues como la sociedad, ignora al poeta, según lo confirma el final del poema cuando le pregunta:

¿Que soy otro? ¿Ya no me conoces?
¿Tal mi cuerpo cambió la desgracia?
¡Ah, tú no eres el bueno, ni el mío,
falso Dios de las gentes extrañas! (59-62)

El grito de angustia apunta a un desarraigo total del artista ante la sociedad que lo desvincula totalmente, incluso del dios que adoran bajo el mismo nombre y las mismas doctrinas, pero que representa el materialismo y se olvida de lo espiritual. Como hemos indicado al principio de este trabajo, esta situación de desarraigo del poeta modernista ante la sociedad aumenta su angustia existencial y recurre al arte, el amor y la religión para tratar de hallar alivio. Así pues, en este poema Nájera concluye cuestionando su existencia vacía en este mundo:

¡Oh Destino! La lluvia humedece
en verano la tierra tostada;
en las rocas abruptas retozan,
su frescor esparciendo las aguas;
pero el hombre de sed agoniza
y sollozan las huérfanas almas.
¿Quién nos trajo? ¿De dónde venimos?
¿Dónde está nuestro hogar, nuestra casa? (195–201).

Este largo poema ilustra la profundidad de la alienación del poeta modernista en una sociedad cuyos valores mutantes han echado a un lado a los que no forman parte de esta nueva sociedad de productividad y progreso material. Lo que más se deplora es la mentalidad de manada que ha invadido al pueblo y solo corre en busca de riqueza donde la espiritualidad parece ausente. La estrofa final describe cuan abandonado se encuentra el artista al sentirse abandonado hasta por Dios y mientras que la naturaleza tiene su ciclo de sequía, la sed se sacia con la lluvia, pero el poeta no recibe ni siquiera una gota.

Ahora bien, este desarraigo con la sociedad lo presenta también Pedro Antonio González en "Confidencias", poema publicado en *Ritmos* (1895), donde manifiesta también una desilusión ante la sociedad y el mundo. Este poema se inicia indicando, a modo de respuesta a una pregunta, lo que ha llegado a ser su verso:

Me preguntas por qué mi pobre lira,
mi pobre lira que jamás reposa,
en lugar de reír siempre suspira,
en lugar de cantar siempre solloza. (1–4)

Este trastorno del verso se debe a la condición de la sociedad que se refleja en el arte, que ya no da razón para cantar. Aunque lo haga, el canto se vuelve llanto y la perdición del poeta, entonces, llega hasta el punto de obligarlo a seguir su rumbo cargando los pesos de la desilusión:

Con el dolor en perdurable guerra,
sin gozar nunca del menor encanto,
perdido en el desierto de la tierra,
marco mis huellas con acerbo llanto. (5–8)

Pero esta situación no ha sido siempre la misma y en tiempos de antaño el poeta podía vivir en la sociedad e inspirarse en ella: es la llegada de la modernidad la que ha cambiado todo. La segunda parte del poema presenta una vida placentera del artista en esa sociedad, pero que evidentemente ya no existe en el presente. Así pues, en la tercera parte del poema indica la distancia social del poeta que ahora recurre a la memoria de otros tiempos venturosos:

También yo puedo en mi dolor profundo
volver hacia el pasado la mirada,
y evocar con mis lágrimas un mundo
que para siempre ya se hundió en la nada. (37–40)

Pero ya ni este pasado puede rescatar al poeta y su existencia en la sociedad se vuelve una crisis que gradualmente hace que éste no pueda inspirarse o envolverse en la vida colectiva; ya no satisface la necesidad del poeta y, por ello exclama:

Mas, ¡ay! yo dejo que ese mundo duerma
con el sueño letal del polvo frío.
El no puede llenar de mi alma enferma
el insondable sepulcral vacío. (41–44)

Bajo estas condiciones vive el poeta y la comunicación con el pueblo se vuelve nula, hasta el punto que el artista pierde el interés por la sociedad y su condición enferma. La conclusión final del poema es de total crisis:

> Nada me importa ya que en lo infinito
> reine la noche ni que el sol irradie.
> Sólo sé que en el mundo en que me agito,
> ¡nadie me entiende ni yo entiendo a nadie! (49–52)

Claramente no hay ninguna comprensión entre el artista y su sociedad, como también ha indicado Nájera, y es esto lo que causa la total indiferencia entre ambos.

Según hemos visto en estos poemas anteriores, la actitud del poeta ante la sociedad cada vez se vuelve más resentida, pero el lamento de existir en una sociedad que no comprende al artista confirma la triste realidad del poeta modernista, tema que profundiza Pedro Antonio González en el poema "Apoyo la cabeza. . .", incluido en *Ritmos* (1895). El mundo se ha vuelto un lugar inhabitable y de sus momentos de meditación lamenta: "Veo, al fin, en las heces de mi vaso, / como un náufrago ruin flotar al mundo" (3-4). En este residuo del vaso es donde aparece el mundo, ya sin inspirar nada puro ni digno. Después de trabajar creativamente en su poesía y no poder quitar la indiferencia hacia ésta, el bardo ha llegado a la conclusión de que el mundo no merece al poeta, como confirman los siguientes versos: "¡El mundo es ya un cadáver! --¡Él se escombra / dejando el rastro funeral del miasma!" (5-6). Este mundo enfermo que manifiestan los otros poetas, para el chileno Pedro Antonio González ya ha muerto y por eso es que poeta y pueblo no se entienden. Pero esta muerte parte del rechazo que el poeta sufre, pues no puede ver a la sociedad de ninguna otra manera más que enferma mortalmente: un cadáver que aún vive. Así pues, Pedro Antonio González concluye este poema de tal forma que marca la cumbre del conflicto entre el artista frente a la sociedad hostil, como quedó ya indicado al principio:

> ¡El mundo es ya un cadáver! Puesto, entonces,

que yo no cupe en él, ni él en mí cupo,
y él siempre a traición me hundió sus bronces,
¡justo es que yo lo escupa, y yo lo escupo! (9-12)

La indiferencia y los insultos que la sociedad inflige en el poeta llegan a lograr una misma relación recíproca. Con Pedro Antonio González se llega al punto en que el artista no puede aguantar más su condición de desconocido y extraño y no encuentra otra salida más que desdeñar a la sociedad misma, apartándose totalmente de ella y al no tener ya más fuerzas para resistir, repudia a los responsables de causarle tanto dolor.

El conflicto del artista y la sociedad la presenta Julián del Casal en el soneto "Obstinación" (*Poesías*) donde se presencia al artista ante la sociedad de entresiglos. El poema expone la experiencia de ser artista, indicando lo que hace la sociedad con su arte: "Pisotear el laurel que se fecunda / con las gotas de sangre de tus venas; / deshojar, como ramo de azucenas, / tus sueños de oro entre la plebe inmunda" (1–4). Es decir, la sociedad desmerecedora, desprecia el duro trabajo que sale de lo más profundo del artista y del tremendo esfuerzo y la divulgación de sus más íntimos sentimientos solo gana heridas. El segundo cuarteto añade lo que equivale ser artista: "doblar el cuello a la servil coyunda / y, encorvado por ásperas cadenas, / dejar que en el abismo de tus penas / el sol de tu ambición sus rayos hunda" (5–8). Así pues, la vocación de artista trae automáticamente dicho sufrimiento, según declara: "¡oh, soñador la ley tirana / que te impone la vida en su carrera" (9–10). . Sin embargo, dichas condiciones no deben doblegar al artista quien debe mantener un aire de superioridad ante tanta decadencia social, declarando cómo el artista sobrevive el desprecio, subyugación y defraude que trae la profesión, exclamando: "pero, sordo a esa ley que tu alma asombra, / pasas altivo entre la turba humana, / mostrando inmaculada tu quimera, / como pasa una estrella por la sombra" (11–14).

La sociedad podrida

En la gran mayoría de los poemas anteriores se ha presentado la sociedad como deficiente, trastornada, enferma y hasta muerta, en relación con su actitud hacia el artista. Del mismo modo, otros poemas exponen las condiciones sociales de la América de entresiglos que no dejan de ligarse a una decadencia social, que pese al relativo progreso económico de la modernidad, está enferma y podrida. Rubén Darío en el poema "Agencia", incluido en *El canto errante* (1907), presenta a modo de reportaje periodístico una gran cantidad de los males del mundo que terminan ahogando. De ahí que en el último verso después de haber expuesto tanto mal, pregunte a Dios si es posible que haya algo más. Entre esta putrefacción se encuentra la guerra y el terror por los gobernantes y la declinación de la pureza, como indica el irónico verso: "ha parido una monja" (14), para más tarde afirmar: "la fe blanca se desvirtúa / y todo negro 'continúa'" (23–23). El hombre sigue empeñado en las batallas humanas, las bombas estallan en Barcelona; se degenera la sociedad: "se organizará por un bill / la prostitución infantil" (21–22), informa el poema. La humanidad se descompone: "huele a podrido en todo el mundo" (4), descripción que concuerda con "el mundo es un cadáver" de Nájera y de Pedro Antonio Martínez y que resalta la percibida condición social donde vive el poeta modernista.

En "La gran cosmópolis (Meditaciones de la madrugada)", Darío también presenta un mundo de penumbras donde una pequeña parte de la sociedad vive en el progreso y la riqueza, mientras reina la injusticia, el dolor y sufrimiento de la gran mayoría que no tiene nada. El poema es también un ataque claro hacia la ciudad estadounidense que progresa a costillas de la gente de color, es decir, de los no anglosajones. Los rascacielos, símbolos del riqueza y progreso, los califica como la causa de explotación al mantener "servidumbre de color" que vive en dolor, palabra que repite nueve veces en las primeras tres estrofas. Este dolor de los muchos es lo que permite que las minorías tengan sus riquezas entre la cual el pobre muere de frío. Darío concluye que en esta ciudad está "todo el germen del dolor" (35) y que el sufrimiento sobrepasa la grandeza de la metrópolis:

> Todos esos millonarios
> viven en mármoles parios
> con residuos de Calvarios,
> y es roja, roja su flor.
> No es la rosa que el sol lleva

ni la azucena que nieva,
sino el clavel que se abreva
en la sangre del dolor. (35-43)

Esta sangre derramada para que los millonarios vivan viene del chino, el ruso, el kalmuko y el boruso, quienes al mismo tiempo van a trabajar para el tío Samuel, conquistador interno y externo, sufriendo la injusticia de la sociedad dominante. Lo más deplorable de esta sociedad, para Darío, es que ha destruido lo humano, según anuncia: "Aquí el amontonamiento / mató amor y sentimiento" (60–61). En esta gran ciudad, entonces, el hombre ya no es hombre, sino esclavo, ya sea de la servidumbre o de la riqueza materialista.

Por la vía de la sociedad latinoamericana, Darío presenta en "A Colón", poema publicado en *El canto errante* (1907), una denuncia de las condiciones sociales y económicas que surgen después de la independencia; las guerras y conflictos que plagan lo que el marinero (Colón) "descubrió". América la describe como "una histérica de convulsivos nervios y frente pálida" (3–4). Ademas, indica que esta tierra se encuentra propensa a la violencia, destrucción incontrolable entre la misma gente y no como antes cuando las tribus luchaban juntas por la victoria comunal, al declararle:

Un desastroso espíritu posee tus tierras;
donde la tribu unida blandió sus mazas,
hoy se enciende entre hermanos perpetua guerra,
se hieren y destrozan las mismas razas. (5–8)

Estas guerras fraticidas, donde impera la anarquía, rinden la tierra americana en un campo de batalla donde sólo el odio y la ira mueven el progreso. Es más, el ídolo de piedra que veneraban los antiguos ahora se reemplaza por el dictador; y en vez de reyes o caciques, se han unido traidores y fraticidas: "los Judas con los Caínes" (16). La situación es un total desastre. Todas las esperanzas para un mejor futuro se encuentran truncadas y el gran sueño de libertad después de la independencia se ha perdido. Los elementos que supuestamente iban a llevar paz no han tenido efecto y el cristianismo no ha salvado a nadie de las penas crónicas, como indica la siguiente estrofa:

La cruz que nos llevaste parece mengua;
y tras canallas revoluciones,
 la canalla escritora mancha la lengua
que escribieron Cervantes y Calderones. (45–48)

Esta violencia no ha dejado escapar al lenguaje y la literatura también es un fracaso. Es decir, la situación ha llegado al punto de perder las virtudes de los aborígenes americanos y las de los españoles; la libertad y el progreso yacen perdidos en el egoísmo y la injusticia. De ahí que concluya el poema resumiendo la miseria y pidiendo al iniciador de la destrucción que haga su parte por América:

Duelos, espantos, guerras, fiebre constante
en nuestra senda ha puesto la suerte triste:
¡Cristóforo Colombo, pobre Almirante,
ruega a Dios por el mundo que descubriste. (53–56)

La injusticia social que Darío expone con "el ídolo de carne que se entroniza" las presenta muy bien el poema "Notas del alma indígena (Así será)", publicado en *Oro de Indias* de 1944, pero escrito en 1922, del peruano José Santos Chocano, al divulgar la deplorable condición del indígena bajo las grandes injusticias de la sociedad dominante, representada aquí por el patrón. Esta injusticia va desde hacer al indio pagar las deudas de su difunto padre, que el patrón bien sabe es imposible con lo que le paga: "y contra tuya y en pie están / deudas, que tú con tu trabajo / tal vez no llegues a pagar. . ." (4-5), le advierte al indio el patrón. Ante esta iniquidad el indio "dice, ensayando una sonrisa; / —Así será. . ." (13-14), demostrando con ello su resignación ante la situación que no puede cambiar. Pero el sufrimiento de éste no para en el trabajo con un sueldo injusto, él es también el que defiende "su patria". Así que cuando "Clarín de guerra pide sangre" (15), se le ordena a la batalla "hasta morir o triunfar" (18), y si ocurre lo primero nadie se dará cuenta, y si logra lo segundo seguirá trabajando en las tierras de los ricos. Esta situación de total opresión hace que el indio cambie sus palabras de resignación al exclamar esta vez gravemente: "Así será. .. " (28). Otros golpes que el indio sufre son las injusticias a manos del sistema judicial que lo condena a muerte por delitos donde el proceso judicial está empañado por la corrupción. Ante esta última injusticia el indio apenas pronuncia las palabras: "así será. . ." (40). Como ya ha ido sugiriendo su resignación ante la sociedad que lo explota, el indio es fuerte, como "un árbol / que no se agobia al huracán, / que no se queja bajo el hacha" (41–43), y esta fuerza y perseverancia le viene de su pasado indígena: "raza que sufre su tormento / sin que se le oiga lamentar" (45–46), indica Chocano. De esta forma, el indio se enfrenta con la sociedad y su triunfo está en su habilidad de soportar el mal trato sin salir de sus principios de coraje. La pregunta que queda aquí es ¿hasta cuándo va a seguir repitiendo "Así será"?

Esta incógnita la empieza a contestar Leopoldo Díaz en "La cruz y la espada", incluido en *Bajorelieves* (1895), donde denuncia la conquista y la imposición de la religión y el poder militar por parte de España sobre los indígenas americanos. Estos dos medios opuestos han sido usados para domarlo y bajo esta crianza viven con cierta conformidad bajo el despotismo:

Así realizan su triunfal jornada
la ardiente fe y el ímpetu guerrero,
los brazos de la cruz y el fuerte acero,
la oración y la sangre derramada. (5-8)

Con la doctrina cristiana le han transformado su instinto guerrero para realizar trabajos que beneficien al rico. La denuncia, entonces, entra por la vía de la herencia histórica que ha creado las condiciones sociales deplorables en las que se encuentra América Latina: "Mas, en el pecho inerme del vencido, / el odio sus antorchas ha encendido, / incubando frenéticos rencores" (9–11). Este rencor que aumenta con el tiempo es la causa de esa "perpetua guerra" que denuncia Darío en "A Colón", que fomentada por la historia y materializada por el odio y el egoísmo, una vez que surge el conflicto, renacen los rencores, como concluye el soneto: "Y va, con los instintos de la fiera, / maldiciendo a sus bárbaros señores, / al cadalso y al potro y a la hoguera" (12–14). El abuso de los indígenas, entonces, trae como consecuencia una sociedad lista para embarcarse en la violencia a ambos lados: los que se quieren liberar y los que quieren mantener el poder; he aquí la plaga de violencia que cunde a la pobre América, pálida e histérica de Darío, que presenta el siguiente paso del "así será" del indio de Chocano. La sociedad americana, pues, por su historia y condición social, está propensa a la guerra y destrucción entre hermanos.

Esta decadencia social es también presentada por Amado Nervo en su poema "Mi México" donde deplora la falta de entusiasmo, la división interna, y la lealtad hacia la patria del país cuyo nombre está en el título del poema, declarando: "Nací de una raza triste, \ de un país sin unidad \ ni ideal ni patriotismo" (1–3). No obstante, el poema manifiesta el deseo de que las cosas cambien, sabiendo muy bien que su optimismo ignora la realidad subyacente: "mi optimismo \ es tan solo voluntad" (4–5), lamenta, para luego agregar: "obstinación en querer, \ con todos mis anhelares, un México *que ha de ser,* \ a pesar de los pesares, \ y que yo ya no he de ver. . ." (6–10). Es evidente el descomunal desaliento ante la condición de México que no apunta a una mejora futura. En realidad, se considera a sí mismo como un necio por querer un país de una forma que él sabe no puede ser.

En Julián del Casal podemos ver la impureza de la sociedad en el breve poema "Las mujeres" (*Poesías*) donde observa el cambio del cuerpo femenino en términos del placer sexual a despecho de la función natural, según afirma: "Ayer, en nuestro mundo primitivo, / mostraba la mujer desnudo el pecho / para dar alimento al hijo vivo / en sus entrañas hecho" (1–4), es decir, para amamantar a la cría. No obstante, esto ya pasó de moda, según afirma: "pero hoy, en nuestras grandes poblaciones, sólo muestran sus pechos las mujeres / para encender las lúbricas pasiones / de los humanos seres" (5–8). Este cambio, pues, es nada más que la imagen sexual de la mujer antepuesta a la imagen maternal, donde claramente la primera es la que está de moda, según indica el poema.

La sociedad como refugio

A pesar de todos los males de la sociedad de entresiglos y el rechazo tajante que ésta le ofrece al poeta, hay un grupo de bardos modernistas que ve la sociedad misma como un refugio. Este aprecio de la sociedad, sin embargo, no está dirigido hacia el sector social que desdeña y maltrata al poeta, sino al que está al margen de esta situación y no rechaza al poeta. Esta buena actitud hacia la sociedad es evidente en José Martí con el poema "Para Aragón en España...", incluido en *Versos sencillos* (1891), al manifestar un claro sentimiento positivo de las sociedades de todo el mundo, siempre y cuando aboguen por la libertad y la justicia humana, como lo indica el siguiente cuarteto:

> Estimo a quien de un revés
> echa por tierra a un tirano:
> lo estimo, si es un cubano;
> lo estimo, si aragonés. (21-24)

Martí asocia la defensa heroica del pueblo de Aragón con la lucha del pueblo cubano por su independencia y la aprecia porque representa una noble batalla contra la opresión del ser humano. Al mismo tiempo el cubano indica su amor por una sociedad donde todo esté en orden:

> Amo los patios sombríos
> con escaleras bordadas;
> [.................]
> Amo la tierra florida,
> musulmana o española,
> donde rompió la corola
> la poca flor de mi vida. (23–24, 26–30)

Este poema también incluye la experiencia biográfica del poeta que aquí resalta para su lucha patriótica, pero que presenta una sociedad que batalla por la libertad, la justicia y el bienestar de todos. Este enfoque que toma evade completamente la sociedad podrida que destruye los valores y desdeña al poeta. Martí elogia, en cambio, las sociedades que trabajan unidas para un objetivo común, que en su caso es la libertad del pueblo.

Este mismo punto de vista lo presenta el poema "Cosmopolitismo" de Manuel González Prada, publicado en *Minúsculas* (1901), donde la sociedad urbana aparece como un escape de la monotonía de la vida del campo de la cual dice : "Cómo fatiga y cansa, cómo abruma" (1). Pero la fuga a la ciudad no es a cualquier sitio, sino donde haya fraternidad, armonía y felicidad entre la gente, como revela el último terceto al indicar el lugar donde quiere ir el poeta:

Donde me estrechen generosas manos,
donde me arrullen tibias primaveras,
allí veré mi patria y mis hermanos. (12–14)

Este anhelo de viajar se deriva del deseo de ponerse en contacto con gente diferente y con ello acercarse más al elemento humano. Dicha vía de acercamiento presenta la idea de una sociedad global que vive en solaridad y armonía, mientras se nutre de las variaciones sociales. Como es evidente, no se anhela una sociedad que rechaza al artista, sino una que lo acepte y lo haga sentirse parte de esa sociedad global.

Este punto de vista positivo hacia la ciudad, hasta cierto punto de refugio, también lo presenta el poema "En el campo" de Julián del Casal, incluido en *Bustos y rimas* (1893), pero que conscientemente indica que está fuera de lo normal al aborrecer la aldea, tradicionalmente anhelada, por la ciudad, normalmente aburrida. Casal se ubica así en la inversión del código tradicional del "menosprecio de corte y alabanza de aldea", tan recurrente en la literatura hispánica desde el Renacimiento. Por ello abre el poema con la declaración: "Tengo el impuro amor de las ciudades" (1), para continuar con una comparación entre lo natural del campo contrapuesto con lo artificial de la ciudad, que como ya nos ha dicho, la última es la que prefiere. Entre la luz de sol y la de gas, prefiere la del último. Desprecia el olor de un bosque de caoba por "el ambiente enfermizo de una alcoba" (6); le placen más "los sombríos arrabales" (8) que las selvas tropicales; se olvida de la flor natural por la del invernadero; ante la voz del pájaro, opta por "la música armoniosa de una rima" (15); no le atrae "el rostro de una virginal pastora" (17) sino "un rostro de regia pecadora" (18); le resulta más atractivo el color del pelo pintado que los colores de la primavera en el campo; el llanto que baña un pestaña le es más bello que el rocío de la montaña.

Esta atracción por la impureza lo pone en contacto directo con la modernidad, que es la que ha creado las condiciones que Casal anhela en este poema. Pero en el texto hay una clara denuncia de la ciudad deteriorada que totalmente se contrapone con lo limpio del campo: no existe el amor sincero, hay prostitución, dolor y sufrimiento, simbolizado por las lágrimas, la regia pecadora y falta de tranquilidad. Estas deplorables condiciones de la ciudad se presentan con más ahínco en las descripciones siguientes: "Más que al raudal que baja de la cumbre, / quiero oír a la humana muchedumbre / gimiendo en su perpetua servidumbre" (25–27). Esto lo declara Casal después de haber hecho la comparación entre el humo de la ciudad y la neblina del campo, condiciones que conectan con las que presenta Darío en el mencionado poema "Agencia". Casal tampoco puede ocultar los aspectos deshumanizadores de la ciudad, como la semi esclavitud de la servidumbre y la contaminación. También cabe apuntar aquí esas contradicciones de los modernistas de las que hablamos al principio: Casal ha renunciado también a la Belleza pura, divina, como indica en los poemas analizados bajo el arte, y aquí declara que la belleza de los diamantes triunfa sobre la de los astros. En resumidas cuentas, lo que Casal presenta en este poema es una vía sucia (con ello denunciadora) de ver la sociedad y él se integra en ésta, acto que le resulta positivo porque lo libra de perseguir la divina belleza, que como ya se ha indicado, resulta una quimera pues sabe que morirá sin poder encontrarla.

Ahora, esta posibilidad de existir en esta sociedad bajo condiciones favorables también se manifiesta en José Santos Chocano, donde se puede ver una agrupación del mestizo en la sociedad de manera positiva, aspecto que une los temas anteriores presentados en esta etapa. En "Blasón", poema presentado en *Alma América* (1906), aparece el poeta mestizo amparado por su pasado al que puede recurrir cuando más le convenga, ya sea lo español o lo americano:

Cuando me siento Inca, le rindo vasallaje
al Sol, que me da el cetro de su poder real;
cuando me siento hispano y evoco el coloniaje,
parecen mis estrofas trompetas de cristal. (5–8)

Esta situación casi romántica del mestizo apunta a un poeta que moldea sus versos de acuerdo con lo que siente en el momento, que le llega por gracia de la sociedad híbrida de América Latina. Sin embargo, se puede ver que el mestizo, a diferencia del indio, ha encontrado una forma de integrar ambas partes de la sociedad y le resulta beneficioso. La última estrofa confirma esta visión optimista de poder triunfar en cualquier medio:

> La sangre es española e incaico es el latido;
> y de no ser poeta, quizá yo hubiera sido
> un blanco Aventurero o un indio Emperador. (12–14)

Esta visión contrasta con la injusticia y discriminación que presenta del indio en "Así será", donde éste es oprimido por el rico, que sin duda se refiere a un blanco. Siguiendo esta analogía, entonces, podemos ver que Chocano mira su triunfo, al margen de ser poeta, caso que le resulta muy bien como mestizo, bajo los parámetros estrictos de ser indio en tierra india o español en tierra colonizada.

La igualdad/desigualdad de los seres humanos en la sociedad

Aunque pueda resultar sorprendente para la historiografía literaria, un filón modernista es la legitimación de los derechos de la mujer en la sociedad, como aparece presentado, por ejemplo, por la uruguaya Delmira Agustini en el capítulo del erotismo, y reiterados por la argentina Alfonsina Storni en cuanto a la voz femenina, exigiendo la igualdad de los géneros en una sociedad que margina a la mujer. Esto se puede ver en poemas de Alfonsina Storni[11] como: "Veinte siglos" y "Peso ancestral", ambos publicados en *Irremediablemente* (1920), "El obrero", incluido en *Languidez* (1920) y "Siglo XX", "El clamor", "La que comprende" y "Silencio".

En "Veinte siglos" Storni presenta a una mujer que finalmente encuentra el valor para quitarse la mordaza impuesta por la sociedad y la religión sobre los asuntos de materia sexual, con lo que legitima la voz femenina para expresar el deseo por el varón:

> Para decirte, amor, que te deseo,
> sin los rubores falsos del instinto,
> estuve atada como Prometeo,

pero una tarde me salí del cinto. (1–4)

Al escapar de este cautiverio ha podido expresar lo que siempre ha sentido. Sin embargo, con su determinación sugiere poner fin a la opresión patriarcal que por dos mil años le ha negado su voz legítima en estos asuntos:

> Son veinte siglos que movió mi mano
> para poder decirte sin rubores:
> "Que la luz edifique mis amores".
> ¡Son veinte siglos los que alzó mi mano! (5–8)

Pero este cambio radical en la sociedad no llega sin consecuencias y la empresa en la que se ha embarcado se hace agobiante: "pasan las flechas sobre mis cabellos. / Pasan las flechas, aguzados dardos. . ." (9–10), confiesa. No obstante, la libertad que se ha otorgado vale más que los ataques, como declara en los últimos dos versos: "¡Son veinte siglos de terribles fardos! / Sentí su peso al libertarme de ellos" (13–14). Claramente la opresión de la cual ha escapado con sus versos, no le ha venido solamente de la sociedad; es obvio que la religión ha jugado un gran papel en la subyugación femenina que ella aquí denuncia, pues los veinte siglos se originan con la supuesta instauración del cristianismo oficial eclesiástico. Con esta alusión Storni presenta la religión como opresiva, cuando no un orden que desde su creación ha abandonado a la mujer.

En "Peso ancestral", Storni, también entra en la denuncia de un sistema patriarcal que ha causado dolor y sufrimiento a la mujer bajo la tradición masculina de subyugarla. Para hacer esta denuncia poetiza el llanto de otra persona que en lágrimas indica que el género masculino nunca llora:

> Tú me dijiste: no lloró mi padre;
> tú me dijiste: no lloró mi abuelo;
> no han llorado los hombres de mi raza,
> eran de acero. (1–4)

Sin embargo, el dolor que el hombre nunca ha sentido suficientemente para llorar ha sido lo opuesto para la mujer, quien ha sufrido todo el tiempo bajo el yugo del hombre. De ahí que ésta diga del llanto:

> [. . .] te brotó una lágrima
> y me cayó en la boca. . . Más veneno.
> Yo no he bebido nunca en otro vaso
> así pequeño. (5-8)

La lágrima, entonces, sólo sirve para que la mujer recuerde sus propias lágrimas, todas las que en su pasado vital e histórico ha tenido en su boca. Así pues, la última estrofa denuncia la opresión de la mujer en una sociedad patriarcal y con ello, como en el poema anterior, legitima la voz femenina :

> Débil mujer, pobre mujer que entiende,
> dolor de siglos conocí al beberlo:
> oh, el alma mía soportar no puede
> todo su peso. (9–12)

La herencia de sufrimiento aún carga sobre la mujer y siente el dolor de las pasadas generaciones. Ahora, esta persona que llora bien puede ser un hombre que por primera vez derrama una lágrima, la cual tiene el mismo efecto como si viniera de una mujer que llora: recuerda cuánto ha llorado la mujer en manos de la opresión masculina. De ser este el caso, el rencor aumenta aún más al comparar ésta una simple lágrima de un hombre con las que su herencia ancestral ha derramado durante todo el tiempo que ha sido oprimida.

El poema "La que comprende" deja aún más clara la situación femenina en cuanto a la desigualdad y sufrimiento cuando implora a Dios que evite que el nuevo ser que se aproxima al mundo no sea mujer. La primera estrofa describe la súplica de la futura madre ante la imagen de Cristo en la cruz: "Con la cabeza negra caída hacia adelante / Está la mujer bella, la de mediana edad, / postrada de rodillas, y un Cristo agonizante / desde su duro leño la mira con piedad"(1-4). Esta mujer que reza, pues, a pesar de ser bella y estar llena de vida, se muestra casi de luto. A pesar de no ser vieja y ser bella, ya se ha enterado de algo, que como nos rebela el final del poema, es el sufrimiento intolerable de la mujer en un mundo falocéntrico, según se nos rebela en la última estrofa: "En los ojos la carga de una enorme tristeza, / en el seno la carga del hijo por nacer, / al pie del blanco Cristo que está sangrando reza: / — ¡Señor, el hijo mío que no nazca mujer!" (5-8). La tristeza de ser madre claramente contrasta con la tradicional euforia de la maternidad y en el poema sirve como preparación al potente rezo final: que la criatura a la que dé a luz no sea mujer. Tal cruel es la situación de la mujer aquí denunciada, que la voz poética claramente ha sufrido, según confirma el título del poema. En "Siglo XX" podemos ver no solo la falta de libertad de la mujer sino también la crisis mundial. La primera estrofa presenta a la mujer como prisionera de su propia casa donde su vida se desgasta en el aburrimiento: "Me estoy consumiendo en vida, / gastando sin hacer nada, / entre las cuatro paredes de mi casa" (1-4), lamenta. Después de pedir que vengan obreros a destruir las paredes que la aprisionan para poder escapar, confiesa: "Mujer soy del siglo XX; / paso el día recostada / mirando, desde mi cuarto, / cómo se mueve una rama". Describiendo así la vida de la mujer que apesar de estar en los tiempos modernos, no puede participar en nada, como clarifica la cuarta estrofa: "Se está quemado Europa / y estoy mirando sus llamas / con la misma indiferencia / con que contemplo esa rama". En el final del poema se dirige con vehemencia a un hombre que pasa, diciéndole: "Tú, el que pasas; no me mires / de arriba abajo; mi alma / grita su crimen, la tuya / los esconde bajo palabras", con ello confirmando su situación: que la mujer es prisionera en el mundo dominado por el hombre que oculta dichas opresiones, mientras ella las denuncia, pero no puede formar parte activa de lo que ocurre fuera de su prisión hogareña porque sus habilidades no son reconocidas ni valoradas.

"El obrero" es un poema que también denuncia la opresión de la mujer en la sociedad, pero a diferencia del poema anterior, embarca en el tema vía la presentación del constante ataque que ésta sufre del hombre:

Mujer al fin y de mi pobre siglo,
bien arropada bajo pieles caras
iba por la ciudad, cuando un obrero
me arrojó, como piedras, sus palabras. (1–4)

A pesar de este insulto que la mujer recibe de un hombre, su reacción es de aprovechar la oportunidad para tomar la iniciativa y tratar de resolver el problema que él evidentemente tiene con ella. Después de demostrar su amabilidad ante el que la acaba de insultar, finalmente hace la pregunta que quizá ha llevado dentro desde mucho tiempo: "¿Por qué esa frase a mí? Yo soy tu hermana" (8). Este intento de comunicarse iniciado por la mujer hace que el obrero cambie su actitud agresiva ante la situación y muestre su lado más humano, según se describe:

> era fuerte el obrero, y por su boca
> que se hubo puesto sin quererlo, blanda,
> como una flor que vence las espinas
> asomó, dulce y tímida, su alma. (9–12)

El obrero dejando a un lado su odio y hostilidad contra la mujer por un instante permite que surja un poco de amor que probablemente ha ocultado por mucho tiempo, pero que yace dentro de su alma. Este cambio de actitud del obrero permite que se abra la comunicación:

> La gente que pasaba por las calles
> nos vio a los dos las manos enlazadas
> en un sólo perdón, en una sola
> como infinita comprensión humana. (13–16)

El estrechamiento de manos entre el obrero y la mujer es la fraternidad que llega por medio de la comunicación entre los géneros, que al ser la mujer la que lo inicia, presenta al hombre como una criatura amargada y falta de valor. En contraste, eleva a la mujer a un nivel más alto en cuanto a la habilidad e inteligencia de poder derribar, aunque sea por un instante, las barreras sociales que mantienen la segregación genérica opresiva. Esto se multiplica aún más porque ella parte de un insulto que recibe para demostrar su amabilidad y deseo de lograr una armonía y solaridad entre los sexos, mientras que el hombre aparece inconsciente de sus acciones nocivas. Aunque la situación está un poco idealizada, Storni presenta a una mujer en la sociedad dispuesta a perdonar las injusticias y fraternizarse con todos, incluso con el que la ha oprimido por veinte siglos y que no ha llorado nunca.

La desigualdad de la mujer también se presenta el en poema "Tú me quieres blanca" (de *El dulce daño*, 1918) donde sobresalta la hipocresía del hombre que espera la pureza de la mujer cuando él es un perdido. La primera estrofa acusa al hombre de querer a la mujer pura, delicada, con belleza física superficial. Esto lo hace utilizando adjetivos para describir la mujer ideal que el hombre quiere: blanca, de espumas, de nácar, azucena, casta, de perfume tenue, corola cerrada. Además, se espera que la pureza de la mujer sea hermética, según describe la segunda estrofa: "Ni un rayo de luna / filtrado me haya. / Ni una margarita / se diga mi hermana". Para luego repetir los adjetivos de pureza: nívea, blanca, alba. Pero aunque el hombre anhela una mujer tan pura y tan bella que ni siguiera se rumore de la posibilidad de no cumplir con lo que se espera de ella, total pureza y belleza, el hombre es prácticamente un perdido. Así pues, la voz poética le acusa de ser un borracho, un adúltero, un bohemio, un sucio y corrompido que tiene la cara de exigir que la mujer sea totalmente pura, para claro, entregarse a él en tales condiciones. El reproche ante esta actitud es directo y el poema continúa con una lista de lo que el hombre tiene que hacer para purificarse él: huir al bosque, limpiarse la boca, ponerse en contacto con la naturaleza limpia, purgar su cuerpo y dialogar con las criaturas del bosque para asear sus hábitos impuros. Sólo entonces, "cuando las carnes / te sean tornadas, / y cuando hayas puesto / en ellas el alma\ que por las alcobas / se quedó enredada", advierte, puede tener cierto derecho en pedir de la mujer pureza y limpieza: "preténdeme blanca, / preténdeme nívea, / preténdeme casta". El poema, entonces, es un reproche ante la hipocresía del hombre frente a la mujer que hace claro eco a los "hombres necios" de la monja mexicana del siglo XVII.

Ahora, la condición de la mujer en la sociedad es ya dura, pero alcanza su mayor manifestación en el caso de una prostituta. Ante esta condición, el argentino Evaristo Carriego en el poema "Detrás del mostrador", incluido en *Misas herejes* (1908), ofrece una visión de fraternidad con una mujer cuya ocupación de prostituta la reduce a la total subyugación en manos del varón. Esta mujer esclavizada, con la cual simpatiza porque es víctima de la sociedad (y del hombre específicamente), la describe como: "estatua"; "vaso de carne juvenil que atrae / a los borrachos con su hermosa cara" (2–4); o sea, como un envase de placer del cual el hombre se sirve. La vida de la mujer en este oficio es inhumana, totalmente la rebajada por 'la necesidad' de los hombres y su propia necesidad de sobrevivir. Esta existencia se resume muy bien en el penúltimo cuarteto:

¡Canción de esclavitud! Belleza triste,
belleza de hospital ya disecada
quién sabe por qué mano que la empuja,
casi siempre hacia el sitio de la infamia. (9–12)

Su condición es como la de un vegetal que aunque tenga belleza, parece estar muerta en vida, como lo sugieren los siguientes versos: "Y pasa sin dolor, así, inconsciente, / su vida material de carne esclava" (13–14); y todo esto en manos del hombre: "¡Copa de invitaciones y de olvido / sobre el hastiado bebedor volcada!" (15–16). A diferencia de lo que hace Storni, esta defensa adquiere un tono distinto porque es la historia de una prostituta y el intento de solidaridad viene de la boca de un hombre. En este aspecto Evaristo Carriego rompe con la sociedad de su tiempo y va por allí cerca de la "infinita comprensión humana" de la que habla Storni en "El obrero", fraternizándose con una mujer despreciada por el resto de la sociedad.

En México, Amado Nervo, por otro lado, presenta esta fraternidad con la mujer en el poema "A mi hermana la monja" y la "La tonta", en *El estanque de los lotos* (1919). El primer poema manifiesta las diferencia entre los dos: la monja es sencilla y busca la vida eterna en el exterior por medio de su deidad; la voz poética es complicada y busca en el interior "hambriento de enigmas y de eternidad" (8). Así pues exclama: "¡Hay algo en nosotros igual: el AMOR, \ y ese ha de lograrnos, al fin, la unidad!" (9–10). Entonces, mediante el amor con el que ambos buscan sus senderos en la vida, aunque lo hagan de forma distinta, hay una unión fraternal en el final. El poema concluye con una alabanza hacia ambos, hombre y mujer: "¡Salva seas, pues, tú con tu candor, \ salvo yo con toda mi complejidad" (11–12). Naturalmente, la unión que buscan es espiritual y ruega porque ambos la encuentren, pero con ello, no obstante, declara la suprema igualdad de los sexos. El segundo poema defiende a una mujer que es objeto de ataques de toda la sociedad. Sebastiana, la tonta, representa a la mujer que sufre la marginación y burla de una sociedad que no comprende a los de su condición: se trata aquí de una mujer incapacitada mentalmente. La sociedad 'normal' se describe como una masa que se burla de Sebastiana y la interroga, pero cuando ella les contesta que está pensando se echan a reír, indicando con ello que una mujer no puede pensar, mucho menos una 'tonta'. Pero es evidente que Nervo hace una inversión de las cualidades de las personas. Mientras la sociedad se burla de ella, que aparece con la mirada perdida contemplando algo quizá muy lejano, la sociedad es en realidad la que muestra su ignorancia. Sebastiana piensa, medita y contempla precisamente lo que su mirada indica: algo más profundo y lejano, quizá mucho más profundo e interesante que lo que la masa es capaz de hacer, como se indica: "Su alma está en ese punto de la Circunferencia / divina en que se funde la ciencia y la inconsciencia" (17–18). Pero aunque se habla solamente de los del pueblo que se burlan de ella, su batalla no es contra una sociedad de hombres, sino también contra la mujer: su madrastra, quien no soporta esta extraña mujer que piensa: "La madrastra le riñe sin cesar: nunca acierta / la tonta a contentarla..." (21–22). Es aquí, sin embargo, donde más ayuda le da su habilidad de pensar: es un refugio ante todos estos ataques de la sociedad, como indican los siguientes versos:

> [. . .] Mas, después, a la puerta
> de la casucha sórdida, Bastiana se desquita
> mirando con sus ojos de jade la infinita
> lontananza en que sangra la tarde agonizando,
> mientras murmuran todos: "La tonta está pensando..." (22–26)

Hay que ver que esta sociedad cruel es en realidad la que carece de habilidades de pensar pues Sebastiana es la única que puede ver y meditar asuntos más profundos, mientras la demás gente solo mira lo superficial, que Nervo claramente subraya en el poema.

Precisamente a este deseo de igualdad entre los seres humanos manifestado mediante la denuncia de la desigualdad en algunos casos se dedica José Asunción Silva de una forma muy interesante en

"Égalité", poema de *Poesías* (1908). Pero a diferencia de indio ante no indio o mujer ante hombre, se acerca al tema por vía de la igualdad de los seres sin importar, el género, la raza, la situación económica, el poder, el nivel social y otras cualidades que normalmente segregan a los humanos. Este tema lo desarrolla Silva comparando a un hombre común y corriente, Juan Lanas, con el emperador de la China, con todo lo que este puesto connota de importancia. Lo peculiar es que la comparación parte del placer y deseo sexual para demostrar la absoluta igualdad que radica en ser "el mismo animal". Mientras que los dos se diferencian es sus vestidos, o la falta de ellos,

> Juan Lanas cubre su pelaje
> con nuestra manta nacional;
> el gran magnate lleva un traje
> de seda verde excepcional. (5–8)

Al encontrarse con una mujer se igualan; es decir, el instinto sexual los hace comportarse de la misma forma como hombres. Pero esto no se trata solamente de un placer igual para los hombres, sin importar su estatuto, sino que también la mujer goza del mismo instinto, como indica la siguiente estrofa:

> Y si al mismo Juan una Juana
> se entrega de un modo brutal,
> Y palpita la bestia humana
> en un solo espasmo sexual. (21–24)

Esta es la absoluta igualdad que Silva ve en los hombres y que les llega por gracia de su inalterable condición humana. Entonces, tanto la mujer como el hombre (sea éste rico o pobre, se vista con pieles o con el sol sobre su pellejo) son el mismo animal en la búsqueda del acto sexual, actividad que rompe con todas las barreras de desigualdad del ser humano impuestas por la misma sociedad: el espasmo sexual es el mismo para la mujer y el hombre de todos los senderos de la vida.

Evaristo Carriego por su parte presenta en el poema "La costurerita que dio aquel mal paso" la situación de una mujer que sufre en la vecindad por haber cometido un error. Ésta ha dado "un mal paso", y como dice el poema, inútilmente: "— y lo peor de todo, sin necesidad— / con el sinvergüenza que no la hizo caso / después... — según dicen en la vecindad— ". El problema de esta muchacha es que entregó su cuerpo a un hombre que la abandonó y después ella sufrió, sin razón, nos dice el poema, la crítica de la sociedad. El sufrimiento a causa de la crítica y los chisme de las otras mujeres es tanto que no puede seguir viviendo en el vecindario: "se fue hace dos días. Ya no era posible / fingir por más tiempo. Daba compasión / verla aguantar esa maldad insufrible / de las compañeras, ¡tan sin corazón!" reporta el poema. Lo que sigue después de la partida de la costurerita son más chismes y especulaciones: "Aunque a nada llevan las conversaciones, / en el barrio corren mil suposiciones / y hasta en algo grave se llega a creer", implicando que hasta se rumora de que la muchacha haya tomado alguna acción drástica para 'limpiar' su reputación. En este poema la voz poética simpatiza con la mujer que sufre en una sociedad cruel ante sus mismos miembros, en este caso, el maltrato que le propinó el hombre y la crítica de las otras mujeres por el "mal paso" que dio una de las más humildes de ellas.

La pobreza y la sociedad despiadada

En el crucero de los siglos donde se monta el Modernismo presenciamos, como ya quedó indicado al principio, un relativo crecimiento económico que aunque ha creado un gran incremento en la riqueza de las clases comerciantes, terratenientes e industriales, es muy desproporcionada y la pobreza y el sufrimiento de los no privilegiados es palpable. Entre los modernistas que presentan esta situación tenemos a Evaristo Carriego con poemas como "Residuo de fábrica", donde deplora los efectos en el individuo que con su mano de obra hace posible dicho progreso. El poema presenta a una mujer joven que después de haber trabajado en una fábrica sufre una enfermedad debilitadora a causa las condiciones durante las que trabajó. La primera estrofa indica: "Hoy a tosido mucho. Van dos noches / que no puede dormir; noches fatales" (1–2). Esta joven mujer evidentemente sufre problemas respiratorios crónicos a causa de su trabajo, según confirma la segunda estrofa: "El taller la enfermó, y así, vencida / en plena juventud, quizás no sabe / de una hermosa esperanza que acaricie / sus largos sufrimientos de incurable" (5–8). Además de su sufrimiento, no tiene ningún apoyo o atención médica por los responsables de su condición: "Abandonada siempre, son sus horas / como su enfermedad: interminables" (9–10), declara la tercera estrofa. Pero el abandono, explotación y desprecio no solo le llega a la muchacha por vía de la industria (el taller donde trabajó), sino también de su familia: "Sólo a ratos, el padre se le acerca / cuando llega borracho, por la tarde. . ."(11–12). El verso once parece anticipar cierto amor o consuelo hacia la pobre enferma, pero con el siguiente verso se continúa el desprecio cuando es un padre borracho, y es más, no viene a consolarla para nada. Antes pues, viene a reprocharle por haberse enfermado y probablemente dejado de traer ingresos para la familia, según observamos en la cuarta estrofa: "Pero es para decirla lo de siempre, / el invariable insulto, el mismo ultraje: / iy le reprocha el dinero que le cuesta / y la llama haragana, el miserable! (13–16). Ahora que la muchacha está enferma, viene a ser una carga económica para la familia, que considera su incapacidad de trabajar holgazanería y no debilidad a acusa de la enfermedad que contrajo en la fábrica. El la quinta estrofa presenciamos otro episodio de tos y lo que hace su hermanito, quien normalmente no le pone atención y se entretiene jugando. Pero esta vez se queda "de pronto serio como si pensase . . / Después se ha levantado, y bruscamente / se ha ido, murmurando al alejarse con algo de pensar y mucho de asco:/ — Que la puerca, otra vez escupe sangre . . ." (20–24). Pues, el residuo de fábrica, la muchacha, sufre el desprecio, abandono y resentimiento no solo de la industria sino también de su familia por tener los problemas de salud que tiene; es decir, todos culpan a la víctima, particularmente por lo feo de su enfermedad.

Otros poema de Evaristo Carriego donde vemos el tema de la pobreza y la sociedad despiadada son "La viejecita", "El amasijo" y "De invierno". El primer poema describe la condición de una mujer vieja y pobre que ha llevado una vida de sufrimiento, desprecio, desilusiones, cansancio y desamparo. Esta viejecita aparece "Sobre la acera, que el sol escalda, / doblado el cuerpo — la cruz obliga— , / lomo imposible, que es una espalda de desprecio y sobra de la fatiga" (1–4). Según continúa el poema nos damos cuenta de mucho de la vida de esta desamparada mujer: ha recogido a una niña, que es "retoño de otros". El futuro de esta niña, sin embargo, parece turbio, pero sin la viejecita, su presente cesa. Así pues, es un beneficio mutuo: "Esa pequeña que va a su lado, \ la que mañana será su apoyo, / flor de suburbio desconsolado, / lirio de anemia que dio el arroyo" (21–24). El arrabal y la pobreza son una prisión, y esta niña, así como la viejecita, carece de oportunidades para superar su condición y su juventud está ya encaramada en la vejez, según lamenta el poema: "Vida sin lucha, ya prisionera, \ pichón de un nido que no fue eterno. / ¡Sonriente rayo de primavera / sobre la nieve de aquel invierno" (25–28). No obstante, porque es joven y bella, potencialmente más tarde encontrará lo que todas encuentran, pero no podrá salir de su condición de pobre y sus sueños se harán realidad pero en su entorno: "Los arrabales tienen sus puras / tísicas Damas de las Camelias", advierte el poema. Esta realidad no se le escapa a la viejecita a quien le duele el destino que aguarda a su joven compañera: "Por eso sufre la mendicante, / como una idea terrible y fija / que no ha empañado su amor radiante \ por una hija que no es su hija" (43–46). Esta maternidad en el arrabal, difícil y fatal, se agrega a una vida que nunca fue buena. El desamparo, pues, es la culminación del sufrimiento en la vida y la sociedad que comenzó desde muy temprano. El poema concluye reafirmando la dura realidad que vive la viejecita: "¡Y allá — sombría, y adusto el ceño, / obsesionada por las crueldades – / va taciturna, como un ensueño / que derrotaron las realidades!" (123–26).

En el poema "De invierno" Carriego presenta a una viejecita que languidece olvidada sufriendo la suerte del clima: "Frío y viento. Ya en la casa miserable, / tiritando se durmió la viejecita, / y en la pieza, abandonada como siempre, / gime y tose, sin alivio, la enfermita" (1–4), reza la primera estrofa, . El resto del poema lamenta el abandono y la pobreza de la viejecita que sólo espera la muerte, así como también la experiencia de todos los que comparten dicha condición de miseria y desamparo, preguntando: "¿qué será de los enfermos esta noche / tan adusta, de presagios inquietantes?" (11–12), es decir, todos los desamparados sin duda sufren también. En "Amasijo" presenciamos la sociedad despiadada y el abuso físico que el marido impone sobre la mujer. Tras una descripción de un cruel castigo e imposición del poder masculino, presenciamos una sociedad complaciente. Ya la primera estrofa nos presenta el abuso físico y verbal: "Dejó de castigarla, por fin cansado / de repetir el diario brutal ultraje, / que habrá de contar luego, felicitado / en la rueda insolente del compadraje" (1–4). Los golpes e insultos que ha propinado a la mujer claramente serán vistos de forma positiva entre sus amigos; de hecho, felicitarán sus acciones. La segunda estrofa trata de esclarecer por qué el marido ha golpeado a su mujer: "— Hoy, como ayer, la acusa del amasijo / es, acaso, la misma que le obligara / hace poco, a imponerse con un barbijo / que enrojeció un recuerdo sobre la cara— " (5–8). Según podemos ver, lo que la mujer ha hecho es causado vergüenza en el hombre, como ya ha ocurrido antes, la reacción de éste es violenta. En el poema podemos ver que después de dar la paliza a su mujer el hombre se aleja gritándole los más crueles y sucios insultos a su mujer. La reacción de los demás nos indica dónde se ubica la sociedad en cuanto las acciones de la mujer y del marido: "En el cafetín crece la algarabía, / pues se está discutiendo lo sucedido, / y, contestando a todos , alguien porfía / que ese derecho tiene sólo el marido" (13–16). Mientras las gentes juzgan y el marido triunfante recibe apruebo por sus acciones, la mujer golpeada trata de "ocultar su sombría vergüenza huraña, / oye, desde su cuarto, que se comenta / como siempre en risueño coro la hazaña" (18–20). El final del poema presenta a la mujer completamente despreciada, curando sus golpes y resignada, por no tener otra opción, a los golpes: "Y se cura llorando los moretones / – lacras de dolor sobre su cuerpo enclenque . . .– , /¡que para eso tiene resignaciones / de animal que agoniza bajo el rebenque!" (21–24). La causa de la ira del marido queda dicha entre lineas y se trata de infidelidad, no obstante, el tono del poema no es de justificación sino de condena del abuso físico de la mujer en manos del marido y de la fomentación de dicho comportamiento por la sociedad.

Julián del Casal expone la situación de una pobre anciana en el poema "Acuarela" (*Poesías*), donde evidencia las mismas condiciones deplorables que Carriego presenta, como hemos ilustrado anteriormente: la pobreza, el sufrimiento y, sobre todo, el abandono. Casal indica:

"Sentada al pie del robusto \ tronco de frondosa ceiba, / [. . .]/ encontré una pobre anciana / abandonada y enferma, / pálida como la muerte, / triste como la miseria" (1–2, 7–10). Esta anciana se encuentra en un estado decadente donde sus apariencias confirman el peso de la edad y de una vida de sufrimiento, según observa que la vieja tenía: "y a su semblante marchito / la glacial indiferencia / [. . .]/ para hacer breves la dichas / y eternales las tristezas" (15–16, 19–20). El desánimo es tan grande que nada de la belleza natural la puede consolar porque "todo para ella estaba circundado de tinieblas, / como su mente sombría / de crueles recuerdos llena" (41–44). Así pues, la anciana esconde su rostro con sus manos y no atiende al hombre que trata de darle ánimos, como vemos: "No pudiendo consolarla \ en su infortunio y pobreza, / apartéme de su lado" (51–53). Sin embargo, regresa más tarde a buscar a la anciana y la encuentra muerta: "y al volver más tarde a verla, / tendida la hallé en un lecho \ formado con hojas secas, / caído rígido el cuello / sobre ennegrecida piedra" (54–58). La muerte de la anciana llega en total abandono y solamente el árbol de ceiba bajo el cual muere, llora su muerte: "Los pajarillos cantaban / un canción lastimera . . ./ ¡Sólo la ceiba frondosa \ lloraba a la anciana muerte!" (63–66), lamente el poema.

Delmira Agustini presenta el sufrimiento del pobre en su poema "La canción del mendigo" donde se ve colmada de tristeza cuando escucha una canción triste y muy vieja que alguien canta. Se trata de "Una vieja aria triste trayendo entre sus pátinas, / de los días muy lejos, / un antiguo perfume misterioso y querido, / cada nota una vieja visión, un viejo ensueño" (5–8). Esta aria, pues provoca el viaje en la memoria hacia los tiempos pasados donde llega a simpatizar por el pobre hombre, su condición y su llanto. Así concluye el poema: "La voz que la decía era el molde más digno / a su sabor añejo... / Yo lloré, lloré mucho... la mañana era opaca... / la canción era triste... el mendigo muy viejo" (13–16).

Alfonsina Storni, por su parte, muestra la sociedad y la pobreza en poemas como "Del arrabal" y "Por los miserables. . .". El primer poema comienza describiendo las condiciones del arrabal: "Sofoca el calor; la pieza / del conventillo malsano / tiene entornada la puerta. . . / ha pasado mediodía, / es la siesta" (1–5). Entre el calor, en una habitación muy pobre, "donde todo es miseria" (7), se encuentra una abuela meciendo la cuna de un bebé mientras le canta. En la calle, pasa un órgano tocando y "sus acordes tristes suenan / mezclados con la algazara / de los chicos en la acera" (18–21). El niño duerme, y la abuela silenciosamente habla "y sus palabras son tristes / porque son muchas sus penas: / 'iNiño Jesús, tú que guardas / del nene la cabecera, / no dejes que el nene sufra'"(24–28), ruega. El poema concluye repitiendo los primeros versos sobre el calor sofocante en el conventillo malsano a puertas cerradas que presentan la vida de miseria del arrabal donde tres generaciones se encuentran prisioneras. El segundo poema es una manifestación de dolor ante el sufrimiento de los pobres. El primer cuartero, que se repite al final del poema, pone ya esto claro: "iNo!, no quiero pasar por aquellos umbrales / donde está una mujer temblorosa y un niño / helado entre las ropas puestas con desaliño / sobre el cuerpo enfermito que delata sus males" (1–4). Estas condiciones son una tortura para la voz poética, según afirma en la segunda estrofa: "iOh! Yo siento que el alma se me parte como una / flor que agosta el Otoño y quisiera tener / unos brazos enormes do pudiera caber / la cabecita de oro. . . y la negra... y la bruna" (5–8). El deseo de poder parar el sufrimiento infantil de los pobres es determinado y universal, como ilustran "las cabecitas" de oro (rubios), las negras y brunas (morenos y mestizos). Además, este deseo de ayudar iría más allá de lo económico, como afirma la tercera estrofa: "iCómo les besaría los cabellos maltrechos / y las pobres manitas heladas por el frío / y cómo les haría sobre el regazo mío, / los brazos por almohada, el mejor de los lechos!" (9–12). Es decir, dar amor y atención. Continúa con su deseo de cómo ayudaría, si le fuese posible, a los miserable: "iOh! Si yo pudiera — Quizá pueda mañana— / Buscaría esos niños débiles y enfermitos / los más feos de todos y los más pobrecitos / para hacerles la vida por lo menos humana" (13–16). El deseo es, pues, ayudar a los más miserables dentro de los miserable para parar el sufrimiento donde más duele. Describe algunos de estos dos veces miserables: "iHay algunos tan pálidos! iTan pálidos y quietos / que parecen un viejo que se apresta a morir! / Y llevan en los ojos el dolor de vivir. . . / iEl dolor inocente de sus cuerpos escuetos!" (17–20). Estos niños pobres, enfermos, ya trillados por la vida sin haber vivido mucho, entonces, son la causa del tremendo dolor que siente la voz poética cuando pasa por los lugares donde habitan los miserables. Mediante su explicación de por qué no quiere pasar por estos lugares, la voz poética denuncia la condiciones precarias bajo las que viven algunos seres humanos y en este poema este sentimiento es particularmente muy adolorido y profundo.

La hispanidad en peligro

Sin importar las condiciones sociales de desigualdad, injusticia y corrupción que plaga la sociedad, hay otra preocupación en la poética modernista que Rubén Darío, especialmente, manifiesta de manera clara: la desaparición de lo hispanoamericano en manos de la cultura anglosajona que cada vez más ejerce su dominio sobre América Latina. En el poema titulado "A Roosevelt", de *Cantos de vida y esperanza* (1905), Darío denuncia el imperialismo de los Estados Unidos que amenaza con destruir los valores de la hispanidad, su cultura, sociedad e historia: "eres el futuro invasor / de la América ingenua que tiene sangre indígena, / que aún reza a Jesucristo y aún habla en español" (6-8), presagia el poema. Esta superpotencia del norte ya influye demasiado en lo latinoamericano y esto resulta incómodo para el poeta: "Cuando ellos se estremecen hay un hondo temblor / que pasa por las vértebras enormes de los Andes" (20–21), lamenta. Estos dos mundos se enfrentan porque sus orígenes y características son claramente distintos, pero que América tiene sus propios valores: " [. . .] la América nuestra, que tenía poetas / desde los viejos tiempos de Netzahualcoyotl" (29–30), es decir, que desde su pasado poseía su arte, como también su ciencia, "que consultó los astros, que conoció la Atlántida" (33); que se ha sido gobernada por grandes líderes y enriquecida por los visitantes: "la América del gran Moctezuma, del Inca, / la América fragante de Cristóbal Colón" (37–38); que con su religión y origen se distancia de la América anglosajona: "la América católica, la América española" (39). Pero este peligro de la invasión que acecha lo latinoamericano se aguanta por la idea de que al futuro invasor le faltará poder, pues el valor y coraje de los latinoamericanos es grande y para invadirla, como constata Darío, Estados Unidos tendrá que ser Dios mismo para destruir la hispanidad, la cual tiene protección divina, que resulta un buen consuelo ante la impotencia de las naciones americanas a afrontar la amenaza del norte.

De modo parecido, en el interrogativo poema de Darío "Qué signo haces, oh cisne. . .?", incluido en *Cantos de vida y esperanza* (1905), se continúa con la angustia y miedo de la eminente destrucción de la hispanidad en manos del anglosajón, sobresaltando las cualidades hispanas como en el poema anterior: "Soy un hijo de América, soy un nieto de España. . . " (11); y al mismo tiempo presentando las deplorables condiciones en que se encuentran ante la amenaza de la invasión anglosajona:

> Brumas septentrionales nos llenan de tristezas,
> se mueren nuestras rosas, se agotan nuestras palmas,
> casi no hay ilusiones para nuestras cabezas,
> y somos los mendigos de nuestras pobres almas. (17–20)

Estas condiciones aparecen porque el indicio de guerra y la destrucción de América Latina desespera al pueblo. En el caso del poeta, hace que busque refugio en el arte, como indica la pregunta al cisne: "¿qué haremos los poetas sino buscar tus lagos?" (26). Pero hay muchas otras incógnitas que tiene sobre la situación de miedo que le acecha; así pues, busca respuestas en el cisne, cuyo cuello interroga todo: ¿Seremos entregados a los bárbaros fieros? / ¿Tantos millones de hombres hablaremos inglés?" (32–33), conjetura. Esta sociedad hispana, entonces, está en peligro de extinción y sus símbolos tradicionales, entre ellos, la lengua española corren el peligro de desaparecer. Sin importar la situación de América, Darío adopta un conformismo con ésta porque aunque sea miseria, es miseria con sangre española e indígena y de habla española, que comparado con la alternativa, la invasión, parece una mejor alternativa.

Amado Nervo nos presenta los poemas "A México" y "Aguilas y leones" donde el tema de la hispanidad aparece en dos planos. El primero es una llamada para que despierte la sociedad y proteja su identidad ante las destrucciones internas y las amenazas externas, particularmente el vecino del norte con el gran garrote. La primera estrofa exclama:

> ¡Ay infeliz México mío!
> Mientras con raro desvarío
> del lado opuesto de tu río
> vas de una en otra convulsión,
> te está mirando, hostil y frío,
> el ojo claro del sajón. (1–6)

Así pues, mientras México lucha internamente, la amenaza de los Estados Unidos es latente y el poema hace un llamado para que paren los conflictos internos que aumentan a un suicidio nacional, "¡Cese tu lucha fraticida! ¡Da tregua al ímpetu suicida!" (7–8) exclama. Para luego interrogar: "¿Surges apenas a la vida / y loco quieres ya morir?" (9–10), es decir, apenas se ha independizado México y con las guerras internas está a punto de morir bajo otra conquista. La sugerencia es, pues, que para mejor preservar la identidad y la autonomía ganadas muy recientemente con la Independencia y la subsecuente organización de la nación, tienen que cesar los conflictos internos. Solo de esta forma, indica el poema, se podrá tener un futuro de luz, pero que como van las cosas luce muy opaco: "¿Torna a la digna paz distante / que ennobleció tu ayer radiante, / y abre un camino de diamante / en el oscuro porvenir! (11–14). La preocupación de Nervo aquí es que los conflictos internos de México sólo sirven para facilitar el triunfo anglosajón sobre los hispanos, de ahí que califique la actitud de guerra como suicida. El segundo poema es una exaltación de la herencia ibérica y americana, a manera de animar al pueblo hispanoamericano. El poema repite el verso "Somos de raza de águilas y raza de leones" seis veces con la intención de valorar la mezcla racial que es América hispana por cuya valentía, dos veces presente, vencer a los agresores: "Somos de raza de águilas y raza de leones; / de leones indómitos de coronas fulgentes, / y de águilas reales que en los hoscos peñones / estrangulan serpientes", reza la tercera estrofa, describiendo los símbolos de fuerza y valentía de los españoles y los mexicanos como presentados en las banderas de cada país. Además, esta mezcla de la valentía española y la fuerza india tiene que dar un futuro mejor, según afirma la cuarta estrofa: "¿Cómo no ha de alumbrarnos el sol que a las naciones / transfigura, el divino sol de amor y bonanza?" pregunta, para luego anunciar: "Somos la raza de águilas y raza de leones. / ¡Tengamos esperanzas!". Después de un agradecimiento muy sentido hacia España por su aporte a América, aboga por la unidad americana bajo el bagaje cultural común, según concluye el poema:

> ¡Oh, madre, madre augusta de las veinte naciones,
> rimemos los latidos de nuestros corazones;
> y unidos para siempre nuestros veintiún pendones,
> marchemos por caminos de paz y bienandanzas!
>
> ¡Somos de raza de águilas y raza de leones:
> ¡tengamos esperanzas!

Los últimos dos versos, que han sido repetidos anteriormente, dan al poema ese aspecto de tratar de animar la situación yendo a la herencia española que comparten las naciones hispanoamericanas. Además, hace eco al poema "A Roosevelt" de Darío, donde los cachorros sueltos apuntan a la lucha unida por la defensa de la hispanidad en peligro.

Evidentemente la sociedad de entresiglos es un tema candente de los poetas modernistas al ser ellos, de cierta manera, los más afectados por los cambios. La deterioración de la sociedad, la pobreza, la desigualdad de los seres humanos, la injusticia, la opresión femenina y el temor de perder la identidad hispana resuenan en el verso modernista tanto como en la prosa, que aquí no estudiamos, porque era la situación en que vivían. La exaltación de lo hispano resuena más para animar al pueblo o para enaltecer el patriotismo en un tiempo cuando se había desmoralizado una gran cantidad de pensadores ante la situación adversa, que una verdadera celebración.

CAPÍTULO 4: El arte y el poeta

La actitud de los modernistas hacia el arte se presenta en aspectos que van desde lo que el poeta piensa, observa, busca y saca de su oficio. Sabiendo muy bien que en la gran mayoría de poemas hay más de una lectura justificable, tenemos que indicar que hemos entrado y entraremos a los textos seleccionados partiendo de la aparición de los temas elegidos para cada capítulo, que aquí será el arte como tema central o subtema, siempre y cuando nos dé una buena idea de la actitud de los modernistas en cuanto al arte o el artista.

En esta etapa se puede ver que los modernistas presentan cuatro avenidas principales hacia el arte. La primera es la belleza del arte, que como ya hemos aludido, resulta recurrente en los varios enfoques tradicionales realizados hasta la década de los setenta. Aquí nos interesa más valorar lo que los autores indican sobre este elemento en el arte. La crítica ha reincidido en el hecho de que este movimiento artístico de entresiglos hace un claro intento de buscar la máxima belleza artística en la poesía, pero como ya hemos indicado vehementemente, eso no indica que carezcan de contenido o que se trate de una belleza banal en cuanto a su propósito. Contrariamente a lo que se ha venido sosteniendo por mucho tiempo, los modernistas no ven la belleza como un simple y único atributo del arte, sino como algo que es parte de la poesía junto con otros elementos que forman esa etapa esencial del todo poético: la sinceridad y la pureza, donde lo último apunta a una divinidad artística. La poesía y el arte adquieren así una condición sagrada para los modernistas. Con estos elementos la poesía presenta muchas oportunidades tanto para el artista como para su mismo arte: refugio y eternidad, respectivamente, que vienen a ser otras dos avenidas que los modernistas toman en su visión, práctica e implementación de su oficio. Pero ninguno de los dos resultados es viable si el arte carece de un elemento primordial del cual no se puede separar: el arduo trabajo que exige el arte, después del cual puede servir su propósito, cosa que los modernistas manifiestan con mucha notoriedad y que aquí agrupamos bajo la cuarta avenida de la visión modernista hacia el arte.

Los poetas modernistas comparten diversos elementos que se pueden explicar por la situación histórica que éstos sufren, como señalamos, y es esto lo que los obliga a reaccionar de cierta manera ante su situación resultando en actitudes similares que se manifiestan en sus poéticas. Así pues, en esta época donde el poeta ha llegado a ser prácticamente un mendigo (piénsese en "Las almas huérfanas de Nájera" que estudiamos en el capítulo anterior) en una sociedad que lo desdeña y lo considera totalmente inútil, tiene una doble batalla que se le presenta por su ocupación: mantener viva la poesía y mantenerse él vivo. Al mismo tiempo, es esta ocupación la que lo protege al buscar refugio del sufrimiento en el mismo medio que lo hace sufrir en una sociedad intolerante. El arte es a la vez salvador, agobiante y atormentador para muchos, pues como indica José Olivio Jiménez, "Pensar hondo en el verso [llevó a los modernistas] al confrontamiento directo de las debilidades sociales y políticas del entorno cultural e histórico a que pertenecían" (*Antología* 25).

La belleza, pureza y sinceridad del arte

Para esta etapa José Martí, al ser uno de los iniciadores del modernismo, resulta un buen representante con sus dos poemas, "Yo soy un hombre sincero" y "Si ves un monte de espumas", ambos de la colección *Versos sencillos* (1891), poemas que son totalmente respaldados por los demás aquí elegidos. Aunque el primer poema es politemático y representa todas las inquietudes de Martí, y bien podría calificarse como una estética de la sinceridad y la autenticidad, podemos ver resaltado el sacrificio personal del autor con el arte, que es una buena representación de la actitud del Modernismo. El poema se estructura bajo temas variantes, pero claramente la sinceridad, la belleza y la pureza del arte juegan un papel primordial en el texto.

En "Yo soy un hombre sincero" Martí advierte desde el principio que su poesía viene del interior: "y antes de morirme quiero / echar mis versos del alma" (3–4), rezan los dos últimos octosílabos de la primera estrofa. Los versos, entonces, surgidos de dentro , presentan artísticamente las inquietudes humanas que emanan desde lo más recóndito de las entrañas del poeta. Esto también lo indica Martí en "Si ves un monte de espumas", donde en la última redondilla el autor cubano solidifica la postura del arte puro y sincero:

> Mi verso al valiente agrada:
> mi verso, breve y sincero,
> es del vigor del acero
> con que se funde la espada. (13–16)

Este poema adelanta más la idea martiana respecto a la belleza y la sinceridad del arte. Compuesto de cuatro redondillas, el poema es una definición del arte martiano que compara su verso con la belleza y la fuerza (el abanico de plumas y el monte de espumas), pero que en ello se encuentra una lucha noble y comprometida, que según razona Noé Jitrik, esta luminosa lucha martiana, al igual que las otras luchas oscuras de varios modernistas en la acción política, emana del deseo de cambio, de cualquier forma que éste venga, que florece durante la llegada de la modernidad (88). Además de presentar una contienda por la independencia cubana, Martí aboga por la producción de un arte sincero. El verso se describe como "verde claro" ; "carmín encendido"; "ciervo herido, que busca en el mundo amparo", indicando así los diversos motivos porque se escribe poesía y lo que ella es capaz de hacer: liviana y agitadora como el abanico, poderosa y sólida, como un monte, pero siempre ligada a la belleza artística, como indican los dos símbolos de majestuosa belleza.

Esta actividad, no obstante, viene de las experiencias de la vida donde en la poesía y bajo la belleza del arte se presenta la dura realidad que ahonda más en la sinceridad del arte, como lo indica en "Yo soy un hombre sincero":

yo sé los nombres extraños
de las yerbas y las flores,
y de mortales engaños,
y de sublimes dolores. (9-12)

Junto con las flores se encuentran los dolores. Los nombres extraños, hasta cierto punto misteriosos y exóticos, dan lugar a los desengaños. Pero aunque la poesía salga de las experiencias de la vida, el sujeto poemático no quiere decir que todo el mundo sea capaz de producirla: se nace poeta y esta condición viene a ser sacrificio vital. Así pues, como poeta tiene privilegios que son negados al hombre de a pie, como lo indica en la cuarta cuarteta:

yo he visto en la noche oscura
llover sobre mi cabeza
los rayos de lumbre pura
de la divina belleza. (13-16)

El arte le permite alcanzar la divinidad en un proceder que se acerca al misticismo pues éste diviniza; la belleza, entonces, es Dios, pues en "la noche oscura" (de clara reminiscencia sanjuanesca) le llega como la luz para practicar el arte. La quinta cuarteta presenta símbolos que confirman la belleza poética como parte integral de lo divino:

Alas nacer vi en los hombros
de las mujeres hermosas:
y salir de los escombros
volando las mariposas. (17–20)

Las alas aparecen como ángel y las mariposas como símbolo antiguo del alma. Para Martí, entonces, la belleza del arte va siempre acompañada de sinceridad y pureza, con símbolos bellos que representan lo auténtico de la vida que en su estado natural carece de belleza.

Esta visión artística de Martí la presenta el también cubano Julián del Casal[12] en el poema "A la belleza", incluido en *Hojas al viento* (1890), donde la belleza es el centro de atención de lo que él busca mediante el arte. Pero junto a esta búsqueda también manifiesta la sinceridad y pureza del arte al declararle a la belleza :

> Nunca te han visto mis inquietos ojos,
> pero en el alma guardo
> intuición poderosa de la esencia
> que anima tus encantos. (5–8)

Esta intuición que emana desde las entrañas del poeta modernista para distinguir la belleza sólo puede cuajar al ver un arte cargado de sinceridad y pureza. El artista persigue algo que aunque nunca lo ha visto lo podrá reconocer porque tiene esa intuición innata de la belleza artística que no le permite caer en engaños. De ahí que Casal indique la imposibilidad de alcanzar completamente tal belleza. Claro está que el poema es un elogio a la belleza, la que el poeta busca sin poder encontrar: "Yo muero de buscarte por el mundo / sin haberte encontrado" (3–4), pero al final del poema en los dos últimos versos se lamenta: "moriré de buscarte por el mundo / sin haberte encontrado" (63–64). Para Casal, entonces, la búsqueda de la belleza artística es la encomienda de la vida del poeta ante la cual anticipa el fracaso. Sin embargo, la glorifica pues sólo en ella encuentra refugio de una vida angustiosa y llena de inquietudes, tema que trataremos en otra parte de este trabajo.

Pero la belleza casaliana no es necesariamente toda atractiva, como advierten los siguientes versos referida a la belleza misma:

> Yo sé que eres más blanca que los cisnes,
> más pura que los astros,
> fría como las vírgenes y amarga
> cual corrosivos ácidos. (17–20)

Y es aquí donde se cimienta la belleza artística con propósito y se rompe con la belleza carente de contenido y ligada a un concepto parnasiano que es sobre lo que hemos venido insistiendo: la belleza artística modernista, en la mayoría de los casos, no existe como mero ornamento, sino que junto con la blancura del cisne y la pureza de los astros se presenta el frío y la amargura de la realidad que inspira el arte, que como el ácido corrosivo, rompe y agrieta las entrañas, particularmente del poeta modernista ya angustiado vitalmente.

Aunque para Casal en la gran mayoría de los casos se trata de un dolor existencial y un hastío vital con la sociedad y la vida en que le tocó vivir, es evidente en otros modernistas que la belleza no siempre tiene que representar júbilo. Sin embargo, el arte no se puede alejar de la sinceridad y la pureza pues de otra forma no puede vivir, como veremos. Casal, entonces, busca la belleza en todos los aspectos de la vida: el alma, la ciencia, la religión, la naturaleza, la historia; pero solo la encuentra en la poesía y la pintura, como indican los siguientes versos:

> Ascendiendo del arte a las regiones
> solo encontré tus rasgos
> de un pintor en los lienzos inmortales
> y en las rimas de un bardo. (58-60)

Así pues, la belleza sólo la encuentra en el arte porque su alma, religión, ciencia e historia no le presentan nada que tenga verdadera belleza. Es a esta belleza a la que implora a que venga a su verso para poder hacer resistible su vida; de ahí que después de indicar que la belleza es placentera y dolorosa surja el grito de rescate en el poema:

> Ven a calmar la ansias infinitas
> que, como mar airado,
> impulsan el esquife de mi alma
> hacia el país extraño. (21–24)

La angustia de la vida, entonces, sólo la puede mermar el encuentro con la belleza artística, con sus atributos de sinceridad y pureza, y no el mero ripio ni la poesía banal, pues ambos carecen de cualidades reales con las que se pueda saciar el dolor del poeta. En el poema "Flor de cieno " Casal presenta la pureza y sinceridad del arte apartada de la belleza tradicional cuando se describe a sí mismo como "una choza solitaria / que el viento huracanado desmorona / y en cuyas piedras húmedas entona / hosco buho su endecha funeraria" (1–4). Así pues, este arte, como el ave que carece de belleza externa y de deseos de cambiar dicha realidad, causa una reacción negativa en las personas: "Huyen los hombres al oír el canto / del búho que en la atmósfera se pierde" (9–10) y, esta gente, sin poder ocultar el miedo y observar más allá de lo físico tiene la misma reacción ante sus versos. Consecuentemente, equiparando su condición de poeta con dicho pájaro concluye: "no ven que, como planta siempre verde, / entre el negro raudal de mi amargura / guarda mi corazón su esencia pura" (12–14). Confirmando con esto la tendencia modernista a requerir del arte sinceridad y pureza, que no necesariamente equivale a lo superficial y bello, sino que a lo profundo.

Para el nicaragüense Rubén Darío la belleza, con su sinceridad y pureza, es también una parte esencial del arte, como lo indica en "Yo soy aquel", poema incluido en *Cantos de vida y esperanza* (1905), cuando declara que:

> todo ansia, todo ardor, sensación pura
> y vigor natural ; y sin falsía,
> y sin comedia y sin literatura. . . :
> si hay un alma sincera, ésa es la mía. (45–48)

Estas emociones vitales que se presentan en la poesía, como lo indican los otros modernistas, vienen desde dentro del ser y su manifestación se lleva a cabo bajo la sinceridad del arte que aunque embellecido con palabras y estructuras, de ninguna manera cambia el contenido. De ahí que lo que Darío expresa en su verso no sea comedia ni literatura, porque responde a una condición de angustia existencial que se hace ver mediante el verso. Esta declaración se verifica en la razón y las condiciones por las cuales el poeta escribe, pues su verso emana de su vida: "Yo supe de dolor desde mi infancia, / mi juventud. . . ¿Fue juventud la mía?" (13–14) declara e interroga. Esta vida de ajetreo que roba al poeta hasta su infancia da cabida a la reflexión sobre otras vivencias juveniles: "Potro sin freno se lanzó mi instinto / [. . .] / si no cayó fue porque Dios es bueno" (17 y 20), mostrando que como hombre se ha visto lleno de pesares, sin rumbo y con desengaños. Pero como poeta también ha sufrido la enajenación de la vida artística al ser mitigado el significado de su poesía, como el mismo poeta denuncia: "en mi jardín se vio una estatua bella / se juzgó mármol y era carne viva" (21–22). Con ello Darío defiende y clarifica su labor poética del pasado al mismo tiempo que desmiente la preciosidad banal atribuida al modernismo por la trasnochada interpretación que los coloridos versos carezcan de contenido. Según Darío, a pesar de la belleza del arte, lo que representa es real; lo que parece estatua es en realidad un ser que siente y sufre; la estatua bella en la cual se ve mármol, es y ha sido para el poeta una representación de la carne viva, que también se angustia, que sufre y llora, pero que por gracia del arte aparece de forma que resalta la belleza, pero siempre llevando dentro sinceridad y pureza. En *Historia de mis libros*, libro que aparece en 1913, Darío directamente afirma la idea de la sinceridad del arte cuando escribe:

> Y el mérito principal de mi obra, si alguno tiene, es el de una gran sinceridad, el de haber puesto 'mi corazón desnudo', el de haber abierto de par en par las puertas y ventanas de mi castillo interior para enseñar a mis hermanos el habitáculo de mis más íntimas ideas y de mis más caros ensueños. (224-25)

Esta postura también la reitera cuando presenta el proceso y los requisitos para escribir poesía, que para Darío viene a ser una actividad casi religiosa. Así pues, indica que para entrar en el oficio poético, que es aventurarse en la selva sagrada, el ser humano tiene que purificarse de todo lo nocivo para el arte, casi a modo de una entrada a la religión de la poesía:

> El alma que entra allí debe ir desnuda,
> temblando de deseo y fiebre santa,
> sobre cardo herido y espina aguda:
> así suena, así vibra y así canta. (37–40)

Es decir, entrar en la creación poética, para el nicaragüense es dejar a un lado las impurezas y entregarse a una ocupación divina, sincera y pura, pues lo que de ahí sale es lo más interno del ser y su contenido es sagrado.

A pesar de ser privilegiado como poeta, y marginado por serlo, Darío indica que él es también un hombre que siente y sufre. Su verso es la voz humana, similar a lo que indica la segunda cuarteta de "Yo soy un hombre sincero" de Martí cuando presenta el compromiso que tiene como hombre y artista: "arte soy entre las artes, / en los montes, monte soy" (7-8); confirmando con ello que cuando se adentra en la sagrada selva, el poeta cumple con su deber de producir poesía, pero que al mismo tiempo, como el monte martiniano, vive una realidad de la que no se puede escapar, por más que quiera. Mediante esta comparación podemos ver "Yo soy aquel" como la vida de hombre y de poeta de Darío con un doble dolor por su compromiso con la belleza del arte, su pureza y sinceridad, así como por una vida poco ideal que vive y que no se puede separar de su poesía.

Podemos acudir también al poeta salvadoreño Francisco Gavidia (1863–1955), romántico, modernista y humanista, quien en el poema "A Apolo", que apareció publicado cerca de 1885, expone lo que constituye la poesía al afirmar: "Mi verso es verso llano, / en que suena la voz y en que el acento / del hombre se hace oír y el eco humano" (1-3), indicando claramente que el verso es un instrumento por medio del cual se expresa la humanidad. La segunda estrofa indica las condiciones de la vida y cómo el verso es directamente un reflejo de ésta, literalmente moldeando las condiciones: "Apresurado o lento, / como de un río la sonante plata / cuyo espejo retrata" (4-6). Y es así como su verso se manifestará siempre ligado a las necesidades hu–anas: la búsqueda de identidad como centroamericano y la denuncia de la estructura social, política y religiosa.

Pero el caso de Darío es más curioso porque la belleza, la sinceridad y la pureza son necesidades vitales para el poeta sin las cuales no puede vivir, aunque se vea marginado en la sociedad. Por eso en "Letanía a nuestro señor Don Quijote", incluido en *Cantos de vida y esperanza* 1905, poema de versos a manera de letanías religiosas, presenta a Don Quijote como un defensor de la autenticidad del arte. El texto tiene un tono lleno de ironía y hasta cierto punto se burla de los que no entienden el arte. Pero bajo este disfraz, Darío le pide al caballero andante que auxilie a los poetas que sufren el enajenamiento de la sociedad de la época que desprecia el arte mientras agasaja con brazos abiertos el materialismo y el academicismo. La batalla del poeta, así como la del caballero andante, es solitaria y es el deseo lo que los hace continuar en su lucha:

Rey de los hidalgos, señor de los tristes,

que de fuerza alientas y de ensueños vistes,
[. . . . .]
por la adarga al brazo, toda fantasía,
y la lanza en ristre, toda corazón. (1–2, 5–6)

Don Quijote, al igual que el poeta, lleva a cabo una acción divinificadora basada en su amor por ella, que con un poco de ensueño es capaz de ver otra realidad que los demás no pueden apreciar. Además, con su oficio divinifica la vida aborrecida por otros, según indican los siguientes versos:

Noble peregrino de los peregrinos,
que santificaste todos los caminos
con el paso augusto de tu heroicidad,
contra las certezas, contra las conciencias
y contra las leyes y contra las ciencias,
contra la mentira, contra la verdad. . . (8–12)

De la misma forma que el poeta, Don Quijote al hacer su oficio, sufre la ira de la sociedad. Así pues, el poema presenta las condiciones de la marginación por perseguir una forma y belleza artística que el resto de la sociedad no comprende ni quiere comprender. Darío anuncia:

¡Salud! ¡Salud, porque juzgo que hoy muy poca tienes
entre los aplausos o entre los desdenes,
y entre las coronas y los parabienes
y las tonterías de la multitud! (16–19)

No obstante, le pide al caballero andante que luche por la necesidad del poeta de poder ver lo bello, sincero y puro, pues nadie más, sino un loco, se atreve a seguir sus sueños en un ambiente donde todo se le vuelve pesadilla: "¡Ruega por nosotros, que necesitamos, / las mágicas rosas, los sublimes ramos / de laurel!" (38–40). Esta carencia hace que los modernistas sufran y por eso le implora al caballero andante que ruegue por los poetas que están en paupérrimas condiciones: "hambrientos de vida, / con el alma a tientas, con la fe perdida, / llenos de congojas y faltos de sol" (32–34). Es evidente que la belleza artística rubendariana claramente es una necesidad vital que cada día ve más amenazada ante un público que no la aprecia, y como don Quijote, están a punto de perecer ante la triste realidad que destruye sus sueños.

Este aspecto sagrado de la poesía también lo podemos observar el la joven Delmira Agustini en el poema "Iniciación" donde, al igual que Darío, califica el oficio poético como la selva sagrada, según podemos ver: "A la sagrada selva en que el ave se inspira, / dando vuelo á los sueños sonoros de mi lira, / entro [. . .]" (1–3). Habiendo entrado en la "selva", confiesa la voz poética: "El alma del boscaje parece que me mira / y en el cielo los ojos de Apolo nubla un lloro... / Yo desplego ampliamente mi oriflama sonoro" (6–8). En la selva ocurre en encuentro con Apolo, dios mitológico grecolatino de la belleza, quien le indica: "Eres grande — me dice— tu destino es ser solo / por odio de las sierpes y miedo del bulbul" (10-11). Después de este encuentro con Apolo y el subsecuente júbilo ante la sonrisa del dios, que llena todo el abismo, concluye que la soledad a la que está condenada, "[. . .] vivirla augustamente / es igualar las cimas, es acercarse a Dios" (14–15), es decir, purifica el alma y permite alcanzar un nivel más alto en la existencia.

Esta actitud del arte como divino se puede ver mucho más directamente en "Ars", poema que el colombiano José Asunción Silva incluye en *Poesías* (1908), donde presenta su filosofía sobre lo que configura el arte: pureza, belleza y sinceridad. Desde el primer verso advierte que el poeta debe poner en el verso lo más verdadero y con ello sobrepasar las miserias de la vida:

> El verso es vaso santo. ¡Poned en él tan sólo,
> un pensamiento puro,
> en cuyo fondo brillen hirvientes las imágenes
> como burbujas de oro en un vino oscuro! (1–4)

El pensamiento puro sólo puede venir de la sinceridad artística del autor y es una directa representación de la vida, ya sea lo agradable de ésta o lo doloroso. La belleza se representa en las brillantes e hirvientes imágenes que deben sobresalir entre la oscuridad, como el oro; aunque el contenido sea oscuro, como el vino; en él tienen que brillar los elementos poéticos.

Esta presencia de la belleza, aunque el poema represente dolor y sufrimiento, es también un criterio para Gutiérrez Nájera, como lo sugiere en "Non omnis moriar" (*Poesías*, 1896), donde el mexicano declara:

> al ver entonces lo que yo soñaba,
> dirás de mi errabunda poesía:
> era triste, vulgar lo que cantaba. . .
> ¡mas, que canción tan bella la que oía! (25–28)

Evidentemente, el contenido no tiene ninguna belleza, pero la composición poética la presenta. Al mismo tiempo indica que la recuerda en su canto con notas "del coro universal, vívido y almo; / brillan lágrimas ignotas / en el amargo cáliz de mi salmo" (30–32). Con ello Gutiérrez Nájera conecta también al arte como divino. Hay que mencionar aquí que no solamente se trata de encontrar imágenes bellas para presentar la poesía, sino que, como una canción, se trata del lenguaje en el cual las palabras tengan belleza artística en sí mismas. Por eso, en muchos poemas donde no se encuentra ninguna imagen agradable también se puede apreciar la belleza del idioma, he aquí la belleza de la poesía. En "La musa blanca", Nájera presenta, de los labios de la musa que habla con el poeta, la belleza como lo que puede rejuvenecer más que todo en el mundo: "¿Hay una primavera mejor que la belleza? / ¿Hay pájaros que canten cual canta mi laúd?" (92–93) pregunta, para luego describir una gran cantidad de la naturaleza que no logra animar al poeta. Para el final del poema el poeta finalmente acepta que la musa, es decir, la poesía, es la única salvación y la búsqueda de la belleza es lo que puede traer gozo. Califica a la musa como "[. . .] divina mensajera, / riqueza para el pobre, consuelo para mí" (128–29), para luego invitarla a que reine en sí y reviva su espíritu aturdido: "Extiéndeme tus alas, y en ellas escondido / calor y fuerza cobre mi espíritu entumido, / y olvide, dormitando, las dichas que perdí" (130–32). El poema concluye cuando el poeta declara cómo el arte inmortaliza al artista: "En pie junto a mi lecho, velando mi reposo, / serás como la estatua del ángel silencioso / que sin hablar nos dice: ¡tu alma es inmortal!" (135–38).

De la misma forma, el argentino Leopoldo Díaz, poeta todavía hoy por rescatar del olvido, en "Lejos de toda pompa...", poema publicado en su libro *Bajorelieves* (1895), presenta en la primera estrofa al poeta alejándose de la sociedad para producir poesía, actividad que mira como la de un escultor que labra su bella estatua en la soledad, borrando la fealdad del contenido interior pero no olvidándolo. Esta tarea de embellecimiento es una de gran dedicación y dificultad sin embargo, afirma: "¡oh, soledad, oh fuente fecunda, te bendigo / aunque la meta es ardua y el triunfo está lejano!" (3-4). Por este gran esfuerzo el arte merece aprecio y el poeta se fraterniza con el que entiende y estima la belleza y la sinceridad artística, mientras rechaza al que no la acepta: "quien niega la divina belleza es mi enemigo; / el que medita y sueña y armoniza, mi hermano" (7-8). En otras palabras, los poetas que no producen un arte con sinceridad, pureza y belleza, no son poetas con los que Leopoldo Díaz quiere fraternizase. La poética modernista mira estos tres ingredientes como elementos inseparables que tienen que marchar juntos en la poesía. Como veremos en otra parte del estudio, este poema está cargado de temas humanos y su propósito es claro, aunque aquí nos interesa para ilustrar y apoyar la necesidad de la belleza en la poesía modernista.

El caso del mexicano Amado Nervo en su poema "La nube", introducido en *El estanque de los lotos* (1919), prueba la necesidad de incluir todos los elementos poéticos: sinceridad, pureza y belleza. El efecto de presentar la inspiración de la poesía y muchas otras composiciones de forma simple y de hacer hincapié en adjetivos inútiles es ridiculizado por el uso superficial y ornamental de éstos. De ahí que la nube sea contemplada por "¡un asno pensativo lleno de mataduras, / y dos poetas líricos, muy flacos y muy pobres!" (14-15). Con este enfoque de denuncia a la superficialidad y la belleza falsa, ambas sin propósito alguno, Nervo enfatiza la sinceridad del arte sin tener que decirlo directamente. Además, esta contemplación de la nube tampoco parece necesitar de ningún arduo trabajo para la composición. Su resultado no lo admira nadie, muriendo en el instante en que es concebida; es decir, no tiene belleza ni sinceridad y, por lo tanto, no puede perdurar, como representado por los únicos espectadores de esta clase de creación poética: el asno lleno de mataduras y dos poetas pobres y flacos. Lo mismo hace en el poema "Exhibicionismo" donde denuncia a los poetas que se dedican a comercializar la poesía y para ello se olvidan de su pureza y sinceridad, produciendo nada más que un arte exhibicionista. Ante esta situación concluye que para el verdadero poeta "lo mejor es callar altivamente, / dejando que ensordezcan los mediocres / las orejas del vulgo", para luego denunciar su impureza: "desde todos los diarios, y que pongan / nombres a la divina poesía" (2–6). Además, denuncia los ismos (Futurismo, Dinamismo, Unanimismo) como algo de los necios que depuran la poesía, algo con lo que el poeta no quiera nada que ver: " [. . .] yo no vinculo / mis versos con las modas" (12–13) afirma, para luego denunciar lo que logran las modas mediante la afirmación de lo que él quiere de sus versos: "porque aspiro a que duren tanto como / las almas, el dolor , la lucha , el triunfo, / la faena de amar, alegre o triste", y en último término, "el misterio que el hombre no alcanza: / ¡Dios, en fin, que es imán de la esperanza / y vértice de todo cuanto existe!" (14–19). No acepta, pues, la poesía superficial e impura porque ésta no puede transcender más allá que las modas del día.

En el poema "Lugar común" Nervo también denuncia la tendencia a declarar nuevas modas, nuevo arte, como algo que radica en la ignorancia del pasado (de clara reminiscencia goetheana en *Fausto*). Contrastando a los seres humanos y sus humores con los ciclos de la naturaleza lamenta:

> Hay todavía locos que pretenden
> decirnos algo nuevo, porque ignoran
> los libros esenciales
> en que está dicho todo.
> Buscan las frases bárbaras,
> las torcidas sintaxis,
> los híbridos vocablos nunca juntos
> antes, y gritan: "soy un genio, ¡eureka!"
> . . .Mas los sabios escuchan y sonríen (14–23)

Así pues, los inventos sin mérito que buscan seguir una moda sin darse cuenta que solamente están repitiendo malamente algo viejo, es deplorable. Nervo concluye el poema con el consejo de hablar igual que los dioses que siempre dicen lo mismo, indicando: "Digamos las palabras / sagradas que dijeron los abuelos / al reír y al llorar / al amar al morir. . ." (41–44), eso es, no alterar el lenguaje sin necesidad: "Mas al decir 'amor', 'dolor', 'muerte', / digámoslo, en verdad, / con amor, con dolores, y con muerte" (45–47), exige. Claro, esta tendencia huraña hacia el lenguaje que Nervo aquí presenta contrasta con el Modernismo mismo cuya innovación lingüística es una de las aportaciones principales. El poeta mexicano, sin embargo, está denunciando más los que precipitadamente cambiaban el verso para complacer la moda, que en muchos casos era un disparate. Además, está pidiendo que las palabras no sean solo imitación de los conceptos profundos, hay que sentirlos con sinceridad.

El en poema "lo eterno", Amado Nervo continuará abogando por un arte puro y sincero donde no haya campo para banalidades. Así pregunta: "¿Vamos suprimiendo las dedicatorias, / amigos poetas? ¿Vamos suprimiendo / todos esos azúcares tontos, / ese adjetiveo / despreciado: los 'grandes', eximios', / eminentes', 'geniales', excelsos'. . ?" (1–6). Haciendo este llamado a que se eliminen dichas vanidades indica que todo lo que deben escribir es "Una firma, quizás... eso solo" (7), para luego divulgar lo que verdaderamente considera necesario para la poesía: "y después de la firma, ¡talento! / La tersura serena del libro / y la gracia ondulante del verso" (8–10). Lo que el arte necesita, entonces, es habilidad artística, no pretensiones. En el poema "A un amigo que lloró con mis versos" cimienta la concepción del arte puro y sincero cuyo brote se origina desde el profundo interior del artista, donde reside el talento. La primera estrofa comenta: "Me dices que lloraste, mis versos escuchando \ de labios de un amigo que los recita bien (1–2). Al escuchar que sus versos han hecho llorar a alguien afirma: "Si esos versos los escribí llorando, / ¿qué de raro es que, al oírlos, llorases tú también?" (3–4). Aparentemente, la poesía ha provocado una reacción exactamente de la forma que ha sido concebida: las lágrimas del verso evocan lágrimas en el oyente/lector. La segunda y última estrofa con determinación explica la razón por la cual sus versos tienen dicho efecto: "Mis rimas van al alma, porque del alma salen. . . / Hoy hallarás, acaso, poco artificio en mí; / pero, en el cofre lírico, las perlas que más valen / son las lágrimas (siempre que del alma se exhalen)" (5-8), para recomendar "si quiere [sic] tener genio, búscate el genio allí" (9). Entonces, la poesía que verdaderamente tiene peso y valor es la que es sincera que sale del alma, que es donde reside el verso. Algo muy interesante encontramos en el poema de la sección "La catástrofe" de *El estanque de los lotos* que comienza "Poeta, tú no cantes la guerra...", donde Nervo recomienda lo que no se debe poetizar. Aquí hace un llamado para que los poetas no idealicen ni le rindan tributo a la guerra y todo lo que ésta connota. Les pide que se alejen a lugares donde no haya esa destrucción, pero que después que pasen los conflictos, vuelvan a inspirarse. Así indica:

> Ya cuando la locura de los hombres se extinga,
> ya cuando las coronas se quiebren al compás
> del orfeón coloso que cante marsellesas;
> ya cuando de las ruinas resurja el ideal,
> Poeta, tú de nuevo,
> la lira entre tus manos,
> ágiles y nerviosas y puras, cogerás,
> y la nítida estrofa, la estrofa de luz y oro,
> de las robustas cuerdas otra vez surgirá. (12–20)

Una vez que haya parado el conflicto y existan ideales que perseguir, entonces, el poeta puede seguir con su faena y diestramente continuar, porque esto producirá "la estrofa llena de óptimos estímulos, la estrofa / alegre, que murmure: 'Trabajo, Amor y Paz'" (21–22). Evidentemente, Nervo quiere alejar a la poesía de toda propaganda política o ideológica y por eso es que hace el llamado a que los poetas eviten poetizar el conflicto armado. Antes pues, deben buscar mejores ideales que poetizar y con ello promover el bienestar humano.

    Contrariamente a elementos bellos, como a una nube, las flores, etc. que aparecen con cierta belleza natural, mucha de la poesía en su forma conceptual no goza de belleza alguna al ser ésta la reflexión de la vida que en esta etapa de la historiografía por la mayor parte no se trata de romantizar. Entonces el material con el que comienza a trabajar el poeta se encuentra en su estado natural que no necesariamente es bello; y es ahí donde se inicia el trabajo del artista. Esto lo confiesan varios de los autores modernistas que son ya conscientes del embellecimiento de la poesía. En el mismo Amado Nervo interpretamos este aspecto en el poema "Picapedrero" donde describe el gran trabajo que toma la representación de la idea, utilizando la actividad del picapedrero: "El picapedrero, pedazo a pedazo, / quebranta la piedra, y es como el destino, / que esgrime su mazo, / y a fuerza de golpes te vuelve divino" (1–4). Es decir, con la perseverancia, trabajando continuamente, es como se logran resultados, faena que en el hombre lleva a cabo el destino, transformando a golpes al ser . Luego el poema explica: "Sin golpes de mazo, la luz no chispea / como pensamiento del pedrusco herido..." (5-6). Sin el constante golpear, lo duro, sin forma y sin color, no se logra ninguna transformación. Así que sin la experiencia de la vida no puede surgir mucho, por eso hace un llamado a la vida para que siga moldeando al ser: "Destino, buen picapedrero, golpea, / y nazca a tus golpes brillando la idea, / y surja en las almas el dios escondido" (7–9). Es, pues, por las experiencia de la vida, el duro trabajo y dedicación que surge la creación artística.

Este reto al destino para que golpee para inspirar poesía pura se encuentra también en Alfonsina Storni en el poema "Ven, Dolor!" donde le pide al dolor que azote su frente ya que "[. . .] más buena / me sentiré bajo tu golpe acerbo" (3-4). Además, le pide al dolor que la invada y la controle: "Derrámate en mi ser, ponte en mi verbo, / dilúyete en el cause de mi vena / y arrástrame impasible a la condena / de atarme a tu cadalso como un siervo" (5-8). De todo este sufrimiento anticipa purificar su poesía, así concluye: "Mi alma será el cantor y tu aletazo / será el germen caído en el regazo / de la tierra en que brota mi poesía" (12–14). Los deseos de producir un arte bello, sin embargo, vienen a resultar problemáticos cuando desembocan en una belleza banal, tal como se le ha acusado al Modernismo. Es interesante ver que la misma Alfonsina Storni toca este tema en el poema "Los cisnes" (parte I), donde después de describir a los cisnes en el agua como "una ronda de flores", "cisnes de espumas", "una precesión fantástica", cuyas "almitas femeninas / mansamente indolentes, mansamente felinas", se enfoca en el cuello y su signo de interrogación se levanta ante el misterio. Este desfile le traen pensamiento de una historia mitológica del cisne, luego relata que otras veces los cisnes dejan de interrogar y duermen, para concluir con la clave del poema: "Y si ocultan su cuello de belleza soberbia / bajo el ala de nieve ricamente bordada / se vuelve, sin el cuello, la Belleza truncada" (16–18). Es decir, si el arte se carga solamente de belleza, fantasía y mitología, según ilustra el cisne y, oculta el cuello del éste, o sea la interrogación ante lo desconocido, es pues, un arte limitado.

José Martí en "Yo soy un hombre sincero" indica que el arte sincero no sale de lo bello sino de la vida al afirmar que:

> Todo es hermoso y constante,
> todo es música y razón,
> y todo, como el diamante,
> antes que luz es carbón. (61-64)

El arte, en definitiva, para que brille, pasa por etapas y su sinceridad es la que brilla. Antes de presentar los temas en la poesía de forma bella, ha sido algo distinto y del negro carbón pasa al trasluciente diamante, que curiosamente, a pesar de su brillo es todavía carbón: simplemente se ha purificado y pulido. Esto nos lo ha presentado también Darío en la estatua bella que se juzga mármol, cuando es en realidad representante de la fea realidad de la vida, que se oculta sólo después de labrar una estatua de un bloque sin forma. Ya vimos cómo Julián del Casal también había indicado que la belleza es fría, amarga y corrosiva por el contenido que presenta, aunque brille artísticamente. Podemos aquí también añadir la versión de Leopoldo Díaz en "Lejos de toda pompa", donde la estrofa que concluye el soneto manifiesta otra vez el cimiento de la belleza de lo feo, como de una piedra la escultura toma vida y belleza, así nace la poesía, como anuncian los siguientes versos:

> Artista, el bloque duro tu genio desafía;
> arranca de sus hondas entrañas poesía
> y surgirá la estatua deslumbradora y bella. (12–14)

Es el talento artístico lo que produce la belleza del arte y no la elección de temas colmados de belleza. Así las cosas, podemos ver que este elemento primordial de la poesía modernista, especialmente de la llamada "primera etapa", no viene de lo banal u ornamental, sino de la necesidad de los autores de embellecer sus versos para presentar las inquietudes, experiencias y visiones de la vida, sin importar la belleza del contenido, el cual marcha al compás del tiempo en que viven. George Castellanos afirma que "La parte ornamental del estilo modernista corresponde a la cultura del 'interior', espacio de refugio del arte, que ayudó a hacer más flexible y rico el idioma, expresión de la complejidad del presente" (35).

Delmira Agustini toca, aunque de una manera formal, en este aspecto ornamental de la poesía en su poema "Rebelión". Los primeros tres versos dejan clara su concepción de la rima en la poesía: "La rima es el tirano empurpurado, / es el estigma del esclavo, el grillo que acongoja la marcha de la Idea" declara. En otras palabras, considera la rima como algo que limita, que domina, que obliga a seguir una manera particular de crear, y esto trae problemas. Añade: "No alegueis que sea de oro [sic]! El pensamiento / no se esclaviza á un vil cascabeleo!" (3-4), otra vez refiriéndose a la rima como algo repetitivo y monótono (grillo, cascabeleo) que puede controlar y limitar la poesía. El pensamiento, declara: "Ha de ser libre de escalar las cumbres / entero como un dios, la crin revuelta, / la frente al sol, al viento. Acaso importa / que adorne el ala lo que oprime el vuelo?" (6–9). Si la rima, aunque adorne, estorba para el vuelo libre del pensamiento, pues, es una tirana, como indica el primer verso. La segunda estrofa declara que el contenido, la idea, el lenguaje o forma de expresión es lo que da belleza a la poesía. Así indica del pensamiento: "Él es por sí, por su divina esencia, / música, luz, color, fuerza, belleza!" (10–11). Luego cuestiona la utilidad de trabajar la forma para presentar algo que aunque tiene cierto atractivo resulta superficial, cuando la idea provee mucho más: "Por qué ceñir sus manos enguantadas / a herir teclados y brindar bombones / si libres pueden cosechar estrellas, desviar montañas, empuñar los rayos?" (13–16). Así pues, Agustini concibe la idea como eje central de la belleza poética, despreciando el arte que solo se enfoca religiosamente en la forma.

La eternidad del arte y el esfuerzo por éste

Las cualidades antes mencionadas de la poesía modernista no se presentan en el texto por simple coincidencia, sino porque el poeta hace un sacrificio por el arte y con su dedicación vital produce una poética que es capaz de presentar la belleza y sinceridad, que son los elementos que la eternizan. Pero esto se lleva a cabo bajo circunstancias que hacen la labor aún más dura en esta encrucijada de los siglos donde el cambio desplaza a los artistas y los manda a buscar la expresión por diferentes y variados medios. Señala Enrique Martini-Palmieri que "El debate finisecular se situaba entre la ciencia y espíritu, entre simbolistas y naturalistas, entre pintores impresionistas y pintores del sueño y del alma, entre poetas adeptos de lo bello y de lo divino y poetas de lo prosaico y lo material" (25). Así pues, se puede ver en muchos de los poetas declaraciones que presentan la labor poética como una actividad que requiere un gran esfuerzo para producir todas las cualidades que debe tener un texto poético, pero que se agrava con el rechazo de la sociedad que los desprecia. Los modernistas llevaron una vida no muy placentera, a pesar de su ocultación en la bohemia, y la gran mayoría de ellos tuvieron una dedicación absoluta al arte.

El caso de Martí en "Yo soy un hombre sincero" manifiesta un compromiso con su entorno, ya sea político o social, donde su arte vela por la defensa de lo cubano, como indican los siguientes versos:

Oculto e mi pecho bravo
la pena que me lo hiere:
el hijo de un pueblo esclavo
vive por él, calla, y muere. (57–60)

El arte martiano viene a ser un sacrificio por su patria y, como un gran número de modernistas, Martí da su vida también por el arte, el cual ocupa todo su tiempo junto a sus ansias libertadoras. Así pues, comprometido como artista y privilegiado por su talento, el poeta no cesa su duro trabajo, que es lo que lo diferencia de los demás, según confiesa en los siguientes versos:

yo sé bien que cuando el mundo

cede, lívido, al descanso,
sobre el silencio profundo
murmura el arroyo manso. (49–52)

Como el arroyo, el poeta continúa su trabajo día y noche, pues sólo
puede encontrar el triunfo en la perseverancia. Además, para el arte hay
que tener suerte, estar dotado para éste, pero que este dote es sacrificio:

yo he puesto la mano osada,
de horror y júbilo yerta,
sobre la estrella apagada
que cayó frente a mi puerta. (53–56)

Como poeta, él tiene que encender la estrella, elemento que también
conecta con la inspiración artística que no necesariamente sale de las
cosas agradables, sino que al ser procesado por el poeta adquiere
belleza: la estrella está yerta, es el poeta que con su duro trabajo le da
brillo. Esta severa labor es claramente individual y aunque el poeta se
inspira en su entorno es él y sólo él quien labora sin cesar. Esto lo
manifiesta la forma del citado poema al ser la confesión de lo personal
del poeta que mediante la repetición de "yo" en los primeros versos de
nueve estrofas enfatiza este sacrificio individual.

Leopoldo Díaz también indica la dificultad de la producción poética
en "Lejos de toda pompa", poema incluido en *Bajorelieves* (1895) donde,
como ya hemos citado en la etapa de la belleza del arte, busca la belleza
con dedicación y duro trabajo: "¡oh, soledad, oh fuente fecunda, te
bendigo / aunque la meta es ardua y el triunfo está lejano!" (3–4). Este
triunfo lejano, casi inalcanzable, conecta con la queja de Casal de que a
pesar de su gran trabajo, morirá sin poder encontrar la belleza que
busca. Pero el duro trabajo de la poesía no ocurre gratuitamente y trae
consecuencias para el poeta modernista. Así pues, los ataques que sufre
y resiste el artista se denuncian en el poema: "Todo laurel inclina la
hostilidad del viento" (9), reza un verso, indicando la agresión que sufren
los poetas modernistas en una sociedad que los desprecia. No obstante,
siguen en pie cediendo a los empujones de la sociedad para no
quebrarse, pero fuertemente enraizados en su arte. El duro trabajo y las
experiencias de la vida, al igual que en el poema anterior, es lo que

produce la belleza del arte: "de insomnio y fatiga se nutre el pensamiento; / alza en la noche su zafir lejana estrella. . ." (10–11), sentencia el citado poema de Leopoldo Díaz. Estas experiencias de la vida causan la inspiración para alcanzar la "lejana estrella", que es la belleza y divinidad del arte, pero que solamente se puede lograr mediante la labor dura y esmerada, de ahí que la estrella se presente en la distancia, y que saque fuerzas de la falta de sueño y el cansancio que le produce su mismo trabajo. Este cansancio que alimenta define muy bien la situación de los modernistas al ser éstos culpables de su propio sufrimiento por luchar con en una profesión maldita. Según Noé Jitrik,

El modernismo [. . .] se propone como modelo que el medio rechaza pero, a la vez, se nutre de su propia retracción frente a lo que el medio impone; en la medida en que logra constituir su propuesta encuentra más justificados los argumentos que inicialmente le han servido para apartarse de una generalizada pobreza que reina, es cierto, pero injusta e injustamente. (87)

Para Darío, el duro trabajo del arte, debido a la belleza de éste y la facilidad con la que a él le resulta, parece no ser notado por la gente, como lamenta el inicio del biográfico poema "Yo soy aquel. . .":

Yo soy aquel que ayer no más decía
el verso azul y la canción profana,
en cuya noche un ruiseñor había
que era alondra de luz por la mañana. (1–4)

Con estas declaraciones Darío confirma que para el arte hay que trabajar día y noche, tarea que el nicaragüense compara con un simple canto de un ave, dada su continua belleza y musicalidad. Lo que Darío sobresalta aquí es que no sólo es un duro trabajo el "cantar" que se oye, sino que también es algo que se hace día y noche. Escribir poesía es, en definitiva, un duro esfuerzo que requiere de mucho tiempo para completarse, inclusive para Darío cuyo verso parece fluir con la facilidad que le sale el canto a un ave.

En "Letanía de nuestro señor Don Quijote" Darío resalta el duro trabajo en la imagen de Don Quijote quien, como muchos de los poetas modernistas, se sacrifica por el oficio en el que cree. El caballero andante va tras ideales que a otros no les interesan, como justicia y amor en el caso de don Quijote y poesía y belleza artística en el caso de los modernistas. Pero para alcanzar estos ideales hay que laborar día y noche, hasta el punto que el soñador muere de cansancio sin haber llegado a encontrar lo que buscaba, hecho que conecta con la actitud de Casal y de Leopoldo Díaz.

Las elaboraciones poéticas a las que tanto se dedican los modernistas siguen siendo estudiadas por la crítica y su valor sigue manteniendo una indudable vigencia. Evidentemente, los artistas modernistas fueron conscientes de que su arte sobrepasaría su época. Ellos conocieron el valor de la eternidad de la poesía que al portar la voz humana en temas humanos transcendería el tiempo y rompería las barreras. El Modernismo se enfoca en temas universales que viven por siempre en la humanidad y mientras existan, existirá la poesía que los trate. Este elemento de la composición poética es divulgada por los modernistas como un escalón de su arte que deja constancia de los sentimientos del hombre en todos los tiempos: de ahí que forme parte de su visión hacia el arte. En palabras de Darío al final del prólogo de su libro poético *El canto errante*:

> La poesía existirá mientras exista el problema de la vida y la muerte. El don del arte es un don inferior que permite entrar en lo desconocido de antes y en lo ignorado de después, en el ambiente del ensueño o de la meditación. (*Poesías completas* 700)

A esto mismo ha eludido Octavio Paz al afirmar que "la poesía no es nada sino tiempo, ritmo perpetuamente creador" (*El arco y la lira* 26), claramente indicando que la poesía, como el tiempo, existe mientras haya un ser que la pueda apreciar.

Esta eternidad de la poesía es claramente una observación también en el mexicano Enrique González quien desarrolla el tema más directamente en "Mañana los poetas", soneto incluido en *La muerte del cisne* (1915). En este poema se presenta el arte poético como algo inmortal que como la energía que ni se crea ni se destruye, solamente se transforma. El valor artístico rejuvenece con las generaciones, pero sin cambiar lo esencial de éste. No obstante, para que el arte viva tiene que

ser sincero, producto de una ardua tarea laboriosa e inspiración artística,
de ahí que después de buscar las mejores formas y no poder
encontrarlas, los poetas del futuro tengan que regresar a los del pasado
que hayan producido una poesía digna de revivir, como se puede
apreciar en el siguiente soneto que vale la pena reproducir
íntegramente:

> Mañana los poetas cantarán en divino
> verso que no logramos entonar los de hoy:
> nuevas constelaciones darán otro destino
> a sus almas inquietas con un nuevo temblor.
>
> Mañana los poetas seguirán su camino
> absortos en ignota y extraña floración,
> y al oír nuestro canto, con desdén repentino
> echarán a los vientos nuestra vieja ilusión.
>
> Y todo será inútil, y todo será vano;
> será el afán de siempre y el idéntico arcano
> y la misma tiniebla dentro del corazón.
>
> Y ante la eterna sombra que surge y se retira,
> recogerán del polvo la abandonada lira
> y cantarán con ella nuestra misma canción.

El primer cuarteto presenta la visión de que los poetas del futuro
buscarán presentar sus versos de una forma diferente a los del presente;
que podrán expresar las inquietudes de sus almas de una manera
distinta; que modernizarán sus versos. Hay que ver que el poema deja
claro que estos sentimientos serán sinceros, divinos, bellos y puros, lo
que conecta con lo dicho anteriormente en este estudio. Esta declaración
respalda nuestra postura que sostiene que el arte que es eterno, desde
el punto de vista de los modernistas, tiene que incluir estas cualidades,
como se confirma en la segunda estrofa. Allí la belleza se buscará a
partir de los patrones señalados por la época y así estos poetas del
futuro tratarán de "mejorar" los versos, pero como indica el primer
terceto, no tendrá ningún efecto pues lo que se escribe hoy tendrá valor
mañana, tal es la eternidad del arte. Así que los poetas del futuro irán a
los antiguos; la poesía, pues, será la misma, ya que sale del interior del

artista que manifiesta temas universales que se reciclan por la humanidad. Entonces, tomando la poesía abandonada por la búsqueda de algo mejor, escribirán de los mismos temas, con el mismo color artístico, vivirán la misma experiencia.

Esta cualidad del arte la presenta Manuel Gutiérrez Nájera invirtiendo el orden al presentar la eternidad del arte como la eternidad del poeta mediante la poesía. En "Non omnis moriar", publicado en *Poesías* (1896), nueve cuartetos dirigidos a una "amiga" , Nájera manifiesta la eternidad del artista por medio de su arte el cual mantendrá viva parte de él:

> ¡No moriré del todo, amiga mía!
> De mi ondulante espíritu disperso,
> algo de la urna diáfana del verso,
> piadosa guardará la poesía. (1–4)

Después de expresar sus preocupaciones, dolores y alegrías, sólo la "Santa poesía" es la que perdura más allá de la muerte. De ahí que el poeta indique que no morirá del todo pues él es parte de la poesía que queda. Esta eternidad del poeta emana del hecho que su poesía representa sus experiencias de la vida que se exponen de forma bella, como ya hemos citado antes: "era triste, vulgar lo que cantaba. . . / ¡más, qué canción tan bella la que se oía!" (27-28), declara. Lo triste y lo vulgar apunta a la sinceridad de la poesía al no idealizar las cosas para que parezcan bellas, sin embargo, la canción que sale de estas experiencias es bella, como indica el siguiente cuarteto:

> Hondos recuerdos de fugaces días,
> ternezas tristes que suspiran solas;
> pálidas, enfermizas alegrías
> sollozando al compás de las violas. . . (13-16)

El último cuarteto resume las condiciones de la eternidad del poeta por gracia de la poesía:

> porque existe la Santa Poesía
> y en ella irradias tú, mientras disperso

átomo de mi ser esconda el verso,
ino moriré del todo, amiga mía! (33–36)

Claro que según Nájera, para que se cumpla dicha eternidad tiene que haber un receptor de la poesía, de ahí que tenga que tratar con temas con los cuales alguien pueda asociarse en todos los tiempos. En el poema "Solo ante el arte" del mismo Nájera observamos también la eternidad del arte cuando indica: "Sólo ante el arte dobla la cabeza / la muchedumbre que aplaudiros quiere; / sólo al genio doblega su fiereza, / iporque el genio, señor, esa grandeza, / es la única grandeza que no muere!" (1–5). Pero este genio, obviamente el producto del poeta, logra más que eternidad: libertad. El poema afirma que Dios repartió los dones: al cielo dio luz, a la tierra dio galas, y luego añade: "Y al genio, soñador y vigoroso, / le dió lo que a las águilas: ialas!" (9–10). Nada menos que libertad es lo que la Creación concedió a los peotas. Así pues, los artistas tienen una obligación de redimir el arte que emana de nada menos que de Dios: "Que los artistas son reyes que vienen / a sustituir a aquellos que sostienen, / con femenil vigor, el manto regio" (13–15). Y este cargo divino (interpretando 'reyes' como en la edad media, cuando su poder se derivaba de Dios) debe motivar a los artistas a producir un arte puro, así es el llamado que Nájera hace: "Alzad, pues, con indómita energía / sosegados los ojos y serenos; / huye medrosa la tiniebla fría, / y la alondra gentil anuncia el día. . . / iQue la gloria es el alba de los buenos!" (16–20).

El caso de Rubén Darío es interesante porque presenta la eternidad de la poesía de la misma forma que Nájera, donde es el poeta el que se eterniza por medio de su arte. Sin embargo, para el nicaragüense esta eternidad lucha contra un eterno desprecio de la sociedad. En "iTorres de Dios! iPoetas!", introducido en *Cantos de vida y esperanza* (1905), llama a éstos "rompeolas de las eternidades", "Pararrayos celestes", "Monumentos"; símbolos que denotan una eternidad pero que al mismo tiempo están ahí para aguantar, con soberbia, todos los ataques que vengan. También alude a esta eternidad del arte en "Yo soy aquel", al indicar las condiciones bajo las cuales se produce la poesía, señalando que el que entra en la sagrada selva, que es la poesía, y se refugia en ella, busca armonía, vence al destino y hace al arte eterno. Además, en el final del poema, después de presentar los ataques de la sociedad ante el poeta y su verso afirma: "y hacia Belén... ¡La caravana pasa!"; es decir, la vida y el arte continúan su rumbo en el tiempo. En otro poema del mismo Darío, "Qué signo haces, oh cisne. . .?", alude también a la eternidad y universalidad del arte en el segundo cuarteto:

> Yo te saludo ahora como en versos latinos
> te saludara antaño Publio Ovidio Nasón.
> Los mismo ruiseñores cantan los mismos trinos,
> y en diferentes lenguas es la misma canción. (5–8)

Esta visión conecta con el poema de González Martínez "Mañana los poetas", donde indica también la reaparición de la poesía en distintos tiempos y circunstancias.

La eternidad del arte es también manifestada por el cubano José Martí quien al describir su verso en "Si ves un monte de espumas", como "es del vigor del acero / con que se funde la espada" (11–12). Son apreciables los símbolos que claramente denotan perseverancia y resistencia ante las tempestades. En este mismo poema también afirma la existencia prolongada del poeta al compararlo con el que no es poeta. Con un ataque al burgués, quien carece de conocimiento del arte sincero y vive una vida con sus espaldas hacia éste, Martí afirma:

> yo sé que el necio se entierra
> con gran lujo y con gran llanto,
> y que no hay fruta en la tierra
> como la del camposanto. (65–68)

Mientras que el burgués teme la muerte y llorando va a la tumba con su riqueza, que es todo lo que ha podido crear en la vida, el poeta mediante el arte mira la muerte como un lugar al que tiene que ir, pero ya absuelto por su oficio, sabiendo muy bien que su verso queda para la eternidad.

En este asunto de la eternidad del arte es interesante recalcar aquí el caso de Amado Nervo, ya mencionado bajo otro contexto, quien también toma una vía de inversión ante la eternidad de la poesía en "La nube", donde presenta el arte que no es eterno: el que carece de los elementos mencionados en la primera parte de este capítulo, donde sólo contemplan la nube un poeta flaco y pobre y un asno, pues parten de una inspiración trivial y no se esfuerzan.

José Santos Chocano junta esta eternidad del arte y la belleza en "Declamatoria", soneto incluido en *Selva virgen* (1898), al criticar el arte por la falta de los elementos esenciales que éste debe tener: sinceridad, esmero, belleza y sentido vital. El bardo que declama el poema se describe como "melenudo y decadente", que con directa intención se alborota su cabellera sobre la frente antes de comenzar a recitar su poema. Con su voz llena de melodía inicia su declamación ante un público en silencio, según reza un terceto: "Y dijo sus estrofas. Nadie pudo / sorprender los oscuros simbolismos, / ni salió nadie del asombro mudo" (9–11). Pero a pesar de esta incomprensión de los versos, la reacción del público es como si lo hubiese entendido todo: "De súbito estallaron las palmadas, / ¡pero sonaron los aplausos mismos / como si hubieran sido bofetadas!" (12–14) recalca. Con la oposición a esta clase de poesía, Chocano está denunciando el arte falto de sinceridad, que aunque estético, no contiene los otros componentes que hacen la poesía eterna y divina. Este poema es también otra clara indicación del rechazo de la poesía banal carente de contenido, que contradice los acercamientos tradicionales hacia el Modernismo, y con sus propios versos da una clara indicación de lo que significó la poesía de este tiempo.

Alfonsina Storni, por su parte, en el poema "La Mirada" concibe el arte como gratificador de una vida que resulta poco ideal, donde el tiempo y la distancia no rompen el lienzo entre el artista y su producto. Indica, pues, "Mañana, bajo el peso de los años, / las buenas gentes me verán pasar, / más bajo el paño oscuro y la piel mate / algo del muerto fuego asomará" (1–4), refiriéndose a que aunque pasen muchos años, algo de se su creación tendrá en sí por gracia del arte. Relata: "Oiré decir: ¿quién es esa que ahora \ pasa? Y alguna voz contestará: / — Allá en sus buenos tiempos, / hacía versos. Hace mucho ya" (5-8). La reacción ante estos conocimientos de la gente sobre su pasada creación artística, indica, será de placer y gratitud. Concluye el poema indicando que su comportamiento "alguien, en el montón, comprenderá" (16); en su vejez, pues, vivirá y gozará por gracia de la poesía que produjo en su juventud.

La inmortalidad de la poesía aparece indicada en Delmira Agustini, quizá en su primer poema publicado, "Poesía" del 1902, donde el primer verso exclama: "¡Poesía inmortal, cantarte anhelo!" y modestamente añade "¡Más mil esfuerzos he de hacer en vano! [sic] / ¿Acaso puede al esplendente cielo / subir altivo el gusano?" (1–4). El resto del poema es una descripción de lo que es la poesía: misteriosa como las sirenas, estrella luminosa, espuma palpitante, brisa perfumada, ave inquieta y trinadora, la grandeza imperial, y en último término, "[. . .] el cisne de imperial belleza / que surca el lodo sin manchar su pluma" (15–16), afirma. Continúa diciéndole a la poesía: "Eres la flor que al despuntar la aurora / entreabre el cáliz de perfume lleno, / ¡una perla blanquísima que mora / del mar del alma en el profundo seno!" (17–20). Hay que ver que todos esto símbolos e imágenes que Agustini utiliza van acordes con lo que indican los otros modernistas sobre lo que es la poesía y la creación poética. La descripción de la poesías, mediante el símbolo del cisne que describe como "la flor que surca el lodo sin manchar su pluma" califica al verso como inmune a las impurezas por su belleza y propia: el verso se limpia por su propias cualidades.

Evaristo Carriego, por su parte, alude a la inmortalidad del arte en el poema dedicado a Carlos Soussens que comienza "Caballero de Friburgo. . ." donde una estrofa reza: "Que se cumpla, por tu gloria, la promesa de Darío, / al decirte de una estatua sobre firme pedestal, / que relinchen los corceles los clarines de tu brío; / que la virgen del sudario no desole con su frío / el jardín de poesía de un eterno Floreal" (15–20). Además, por gracia del arte, alcanzará cierta eternidad su memoria, según concluye este lírico poema: "Ya serás en el recuerdo, cuando seas un pasado, / como aquel de la leyenda que tus éxtasis meció, / ya serás, para in *eternum,* de algún bronce perpetuado, / como guardan tus memorias infantiles, por sagrado, / ¡aquel beso con que Hugo tu niñez acarició!" (26–30). El arte, pues, colmará al "Caballero de Friburgo" hasta inmortalizarlo.

Arte de refugio

Aunque todos los modernistas hasta aquí estudiados se refugian en el arte, como se indicará más adelante, el que mejor representa este uso de la poesía de entresiglos es Julián del Casal con tres poemas, que antes que nada son una declaración del arte como refugio frente a una vida de desasosiego. Debe señalarse el importante papel que como marginado tuvo Casal en vida, sobre todo confrontado a una sociedad que le desprecia no sólo como poeta, sino también como consecuencia de una marcada homofobia. Los poemas "El arte", "Autobiografía" y "A la belleza", los tres incluidos en *Hojas al viento* (1890), presentan las inquietudes de Casal que lindan entre el arte como único motivo para tolerar la vida y el preludio a un suicidio por el tremendo peso existencial, tema que se amplía más es su respectivo capítulo de este estudio. En "El arte" Casal presenta su postura frente a la ocupación de poeta a la que mira como un refugio de la vida de dolor, penumbra y aburrimiento que se le presenta. Como poeta y como ser humano, después de los golpes de la vida y el cansancio del espíritu, de los placeres de la carne y de la incertidumbre de la existencia, afirma:

> El alma grande, solitaria y pura
> que la mezquina realidad desdeña,
> halla en el Arte dichas ignoradas. (9–11)

Esta mezquina realidad priva al poeta del goce de la vida y la poesía es la única que puede suplir estas faltas, vía la facilitación de algunas dichas en una vida que de otra forma resulta totalmente vacía. De la misma forma, confirma la situación del poeta que batalla con su arte ante una sociedad que lo desprecia, al concluir el poema con la afirmación de que como un ave que busca refugio en una peña, el poeta se protege en el arte del azote de las olas de la vida, incluyendo los golpes de la sociedad de espaldas al arte y el desarraigo que el poeta siente.

Este mismo tema de refugio en el arte debido al gran peso existencial casaliano se amplía en "Autobiografía", donde presenta una vida angustiosa y un tremendo sufrimiento de vivir del cual la única salida la presenta el arte. La forma de este poema ilustra también su contenido: los encabalgamientos precipitan las ideas así como la precipitada vida que se denuncia, técnica muy usada por los modernistas, como ya hemos indicado. Este extenso poema desarrolla el mismo tema de la dureza de una vida absurda donde el poeta, desde su juventud, ha aborrecido vivir; la vida le ha presentado una situación de penas después de estar llevando una vida de relativa calma, como ilustran los siguientes versos:

> Al pasar por las verdes alamedas,
> cogido tiernamente de la mano,
> mientras cortaba las fragantes flores
> o bebía la lumbre de los astros,
> vi la muerte, cual pérfido bandido,
> abalanzarse rauda ante mi paso
> y herir a mis amantes compañeros
> dejándome, en el mundo, solitario. (5–12)

Esta soledad que el poeta siente en el mundo ocupa el centro de sus preocupaciones vitales y sus experiencias negativas colman sus recuerdos. Así pues, a lo largo del poema describe la vida y el vivir como "marchar sin guía", "áspera", "la huella ensangrentada que mi planta iba dejando", "campos desiertos", "noches tormentosas", "fragor horrísono del rayo", "gotas frías de la lluvia", "la luz funeral de los relámpagos". Su juventud, etapa de la vida que generalmente presenta los aspectos positivos ante una vejez que se acerca a la muerte, la describe como: "herida", "agonizando", "sin reanimación", "sin consuelo", "de semblante cadavérico", "con pupilas de fulgor opaco" y "espejo desbruñido". Con todas estas descripciones macabras, la tolerancia de la vida parece imposible, sin embargo, afirma Casal, ha encontrado la forma de superar el deseo de no vivir porque existe el arte, como indica en la siguiente estrofa:

> Para olvidar entonces las tristezas
> que, como nube de voraces pájaros
> al fruto de oro entre las verdes ramas,
> dejan mi corazón despedazado,
> refúgiome del Arte en los misterios
> o de la hermosa Aspasia entre los brazos. (35–40)

El arte es claramente refugio ante la desosegada vida personal del
poeta, que es también una buena indicación de la situación del artista
de entresiglos. Es por medio de éste que manifiesta la fe y, aunque
enfermo el espíritu, a través de la poesía espera superar el dolor vital y
escapar del sufrimiento algún día:

> Mi espíritu, voluble y enfermizo,
> lleno de la nostalgia del pasado,
> ora ansía el rumor de las batallas,
> ora la paz del silencioso claustro,
> hasta que pueda despojarse un día
> — como un mendigo del postrer andrajo—
> del pesar que dejaron en su seno
> los difuntos sueños abortados. (49–56)

La vida de penumbra que sufre el poeta modernista solo se puede
soportar porque existe el arte. Sin embargo, Casal da indicios de la
esperanza de terminar el sufrimiento al llegar al final de la vida,
aludiendo con ello a que el arte es solo un refugio parcial. Pero mientras
el poeta se refugia en el arte, los demás buscan amparo en la riqueza,
aspecto que a él no le interesa para nada, como indican los versos
siguientes:

> Indiferente a todo lo visible, . . .
> libre de abrumadoras ambiciones,
> soporto de la vida el duro fardo, . . .
> persiguiendo fantásticas visiones,
> mientras se arrastran otros por el fango
> para extraer un átomo de oro
> del fondo pestilente de un pantano. (61–68)

Como es evidente, el oro alivia la vida del que no puede apreciar el arte,
pero este oro no es el de imágenes, como burbujas de oro entre el vino
oscuro del que habla Silva, sino cantidades mínimas que salen de lo
sucio, de la vida sin belleza ni pureza; de un pantano. Siendo esto algo
de valor pero que proviene de lo feo, y es además materialista, no puede
dar refugio al poeta que busca la belleza en el arte, como indica el
siguiente poema.   En "A la belleza" Casal hace un elogio a ésta, la
que busca para refugiarse, a pesar de saber que es inalcanzable. Así

pues, el refugio se lo presenta la actividad misma de tratar de encontrar la belleza del arte, pues sólo un arte bello, puro y sincero le puede proveer alivio del dolor existencial. Es por eso que surge el grito a la belleza artística para que lo rescate:

> Ven a calmar la ansias infinitas
> que, como mar airado,
> impulsan el esquife de mi alma
> hacia el país extraño. (21–24).

Esto lo reitera con más ahínco al confesar cuándo es que necesita el albergue del arte: "En las horas dolientes de la vida / tu protección demando" (29–30), confiesa. La vida, entonces, para ser vivible, se convierte en una búsqueda por la belleza que lo lleva a todas las etapas de la vida, como revela al indicar dónde se enfoca: el alma, la ciencia, la religión, la naturaleza, la historia; pero sólo la encuentra en la poesía y la pintura. Vemos, pues, que Julián del Casal utiliza el arte como refugio de una vida dolorosa y de este modo se constituye en un arte salvador.

El caso de la poeta argentina Alfonsina Storni, algo posterior en el tiempo del Modernismo, es diferente al utilizar el arte como refugio de una sociedad opresiva hacia la mujer, y al mismo tiempo como la única forma de denunciar tal opresión. En el poema "¿Qué diría?", incluido en *El dulce daño* (1918), planta un reto hacia la sociedad de principios de siglo al imaginarse de una manera humorística la reacción de la gente si ella hiciera algunas cosas impropias de una mujer. En estas "extrañezas" de una mujer se incluye el escribir y recitar poesía, apuntando así hacia el desprecio del arte por parte de la sociedad de la época. Storni se pregunta la reacción de la gente si ella se tiñera el pelo de plateado y violeta, se cambiara la peineta, es decir su apariencia de mujer tradicional, a una que lleva "cintillo de flores"; si cantara en las calles o recitara poesía en las plazas; en definitiva, si se liberara la voz femenina. Con el arte la poeta puede escapar del control opresivo que sufre la mujer en la sociedad, y al mismo tiempo con éste mofar a dicha sociedad. La reacción que la poeta anticipa es totalmente negativa; sin embargo, encuentra humor al contemplarlas, según concluye el poema:

¿Irían a mirarme cubriendo las aceras?

¿Me quemarían como quemaron hechiceras?
¿Campanas tocarían para llamar a misa?
En verdad que pensarlo me da un poco de risa. (9–12)

Es evidente que la denuncia de la opresión femenina va más allá de la mujer poeta e incluye a toda aquella que ha sufrido por romper su mordaza o abandonar su "sitio" en la sociedad. De ahí que mencione las campanas llamando a misa, claramente denunciando, con su verso, el papel de la iglesia en la opresión de la mujer, ilustrado también por las hechiceras que al salirse de los dogmas religiosos con su ocupación, pagaban con sus vidas, pero que la poeta no teme realmente porque se ampara en el arte.

Precisamente a esto alude también Storni en el poema "Bien pudiera ser. . .", donde indica que es muy posible que su verso es la manifestación de lo que no puede hacer en vida, claramente presentando el arte como refugio y protección de la manifestación abstracta de lo que se le es prohibido en la sociedad por ser mujer, según indica la primera estrofa:

Pudiera ser que todo lo que en verso he sentido
no fuera más que aquello que nunca pudo ser,
no fuera más que algo vedado y reprimido
de familia en familia, de mujer en mujer. (1–4)

La segunda estrofa expande más en esta denuncia de las privaciones que la sociedad propina a la mujer bajo un control tradicional que no permite aventuras en algo nuevo, pero que mediante el arte, esto puede rebasarse:

Dicen que en los solares de mi gente, medido
estaba todo aquello que se debía hacer. . .
Dicen que silenciosas las mujeres han sido
de mi casa materna. . . Ah, bien pudiera ser. . . (5–8)

Entonces, lo que es "propio" de una mujer está ya dictado y esta tradición de silencio impuesta a las mujeres se rompe aquí con el verso. La lucha por soltarse de esta mordaza, indica, tuvo un tímido inicio en la generación anterior: "A veces a mi madre apuntaron antojos / de liberarse, pero, se le subió a los ojos / la honda amargura, y en sombra lloró" (9–11). Habiendo fallado la madre a liberarse del control impuesto en la mujer, especialmente en cuanto a la expresión, la hija redobla su lucha y habla por las que no pudieron antes: "Y todo eso mordiente, vencido, mutilado / todo eso que se hallaba en su alma encerrado, / pienso que sin quererlo lo he libertado yo" (12–14) confiesa. Pues, por gracia del verso puede expresar todo lo sentido que de otra forma no podría hacer. Siguiendo esta misma vena, en el poema "El ruego" presenciamos una lucha de juntar arte y vida pero que al final no lo logra. Así pues, dirigiéndose a Dios, indica que hace mucho tiempo tuvo un sueño de un amor inmenso como "[. . .] que fuera / la vida, toda poesía" (3–4). Sin embargo, este sueño nunca se manifiesta, es decir, la vida no se convierte en poesía, con todo lo que ésta simboliza, y ruega a Dios que la castigue porque ha dedicado su vida al arte: "Que está la tarde ya sobre mi vida, / y esta pasión ardiente y desmedida / la he perdido, Señor, haciendo versos" (12–14), concluye. Podemos ver cierto arrepentimiento por haberse dedicado a lidiar con la vida mediante el verso cuya impotencia es evidente al final. El en poema "Así es" vemos también que el arte no es estrictamente filosófico y da cabida a toda clase de expresión. Indica que "Aveces mis versos han nacido / del ideal. / Otras del corazón y de la angustia / en tempestad" (1–4). Según indica, la poesía ha sido el resultado de los sentimientos y el sufrimiento existencial como también del deseo de manifestar sus ideales. Además, indica, "Otras de algunas sed como divina \ que pide hablar" (5–6), refiriéndose a la obligación de expresar lo que siente en algunos casos. Pero sin embargo, no toda la expresión poética esta regida por grandes ideales, o nobles obligaciones, según divulga: "Pero otra muchas, hombres, los ha escrito / mi vanidad" (7–8). Entonces, la expresión en el verso no se escapa del elemento vanidoso de los seres humanos y, con vehemencia se dirige al hombre para delatarse a sí misma sobre la variación de su verso. Concluyendo el poema con la siguiente explicación: "Soy, como todos, una pobre mezcla / de lo divino al fin y lo bestial" (9–10).

Por su parte, Rubén Darío, presenta el arte como refugio en "Yo soy aquel", "¡Torres de Dios! ¡Poetas!" y "Letanía de nuestro señor Don

Quijote", donde además de incluir los temas ya estudiados, hay una clara indicación que el arte le sirve al poeta como refugio, consuelo y guía en una vida alborotada, llena de dolor y sufrimiento. En "Yo soy aquel" declara el oculto dolor que sus símbolos en realidad representan: "en mi jardín se vio una estatua bella / se juzgó mármol y era carne viva" (21–22), donde claramente mediante el arte ha escapado del dolor y presentado algo bello que no denota el sufrimiento del artista. Después de una vida con tanta variación y posibilidades, el arte es el que da dirección:

> Mas, por gracia de Dios, en mi conciencia
> el Bien supo elegir la mejor parte;
> y si hubo áspera hiel en mi existencia,
> melificó toda acritud el Arte. (57–60)

El arte suple las faltas de la vida y ampara al artista. Pero para encontrar este refugio hay que prepararse, indicado por la condición óptima del que se aventura en la selva sagrada, que debe ir limpio y con deseos infinitos de sumergirse en la poesía. Pero al igual que los poetas antes mencionados, este refugio trae repercusiones para el poeta que se manifiestan en ataques por una sociedad que está de espaldas al arte:

> Pasó una piedra que lanzó una honda;
> pasó una flecha que aguzó un violento.
> La piedra de la honda fue a la onda,
> y la flecha del odio fuese al viento. (105–08)

En consecuencia, el refugio del arte tiene que perdurar mientras dure el oficio, como indica el final del poema: "y hacia Belén. . . ¡La caravana pasa!" (112). Así pues, estas actividades de una vida sin guía han surgido bajo el amparo del arte que refugia al que no encuentra protección en el mundo, que para Darío viene a ser una más entre los viajes, el alcoholismo y el sexo.

En "¡Torres de Dios! ¡Poetas!", Darío elogia a los poetas que se refugian en su oficio para tolerar los ataques de la sociedad y la vida. De ahí que los llame "pararrayos celestes," símbolo que indica que atraen y resisten los rayos fieros de la sociedad. Pero como los pararrayos, que atraen los rayos por ser lo que son, también los resisten por muchos que reciban, visión que conecta con el arte como salvador y atormentador, según queda indicado por los otros poetas aquí estudiados. Lo mismo se puede ver en la imagen de "torres", donde hay un claro refugio de lo exterior, que al ser tan poderosas protegen al que se mete dentro.

El poema "Letanía a nuestro señor don Quijote" también incluye el ruego al caballero andante para que interceda por los poetas que están perdiendo su refugio en el arte y que se ven amenazados por muchos aspectos de la sociedad y la vida: las instituciones y otras entidades que rechazan el arte, como indicado en la siguiente estrofa:

> De tantas tristezas, de dolores tantos,
> de los superhombres de Nietzsche, de cantos
> áfonos, recetas que firma un doctor,
> de las epidemias de horribles blasfemias
> de las Academias,
> líbranos, señor. (50–55)

Con todos estos eventos que acechan al poeta, la vida del poeta modernista viene a ser un tormento y llega a ser un marginado en la sociedad que al mismo tiempo, con su ignorancia y su maldad , le propina una vida dura que lo hace sufrir:

> De rudos malsines,
> falsos paladines,
> y espíritus finos y blandos y ruines,
> del hampa que sacia
> su canallocracia
> con burlar la gloria, la vida, el honor,
> del puñal con gracia,
> ¡Líbranos, Señor! (56–63)

Y es de todo este sufrimiento que se quiere salir por lo que implora al caballero andante al final ese: "ilíbranos, señor!" (63). Don Quijote, entonces, como caballero que defiende la belleza, la justicia y el amor, y a quien nadie ha podido vencer, es el que, como el poeta, batalla creando mundos para escapar de una realidad tormentosa en la cual su desarraigo es evidente. Por ello se refugia en su locura, sueño, o pesadilla.

José Martí en "Yo soy un hombre sincero" termina con el poeta queriendo ser uno más del pueblo pues ya ha cumplido con su tarea de producir poesía:

> callo, y entiendo, y me quito
> la pompa del rimador:
> cuelgo de un árbol marchito
> mi muceta de doctor. (69-72).

Estos versos también manifiestan un antiacademicismo pues la sinceridad del arte no se rige por escuelas o academias, sino por los sentimientos del poeta. El refugio en el arte que Martí presenta es de una vida que atormenta cuando él se sale de su oficio que lo protege mientras lo practica, de ahí que solamente con su verso pueda presentar las inquietudes ante la situación en que le toca vivir.

Manuel Gutiérrez Nájera anuncia el refugio en el arte por medio del poema "Non omnis moriar" y "Pax animae". El primero, en los nueve cuartetos, además de presentar la eternidad del artista por medio de su arte, como ya hemos mencionado, indica el refugio que la poesía le proporciona: "De mi ondulante espíritu disperso, / algo de la urna diáfana del verso, / piadosa guardará la poesía" (2-4), advierte la primera estrofa. Después de expresar sus preocupaciones, dolores y alegrías, solo la "Santa poesía" es la que perdura y le da refugio de la inevitable muerte. En el segundo poema hay también una búsqueda de refugio en el arte ante una sociedad que rechaza al artista, según indica: "En esta vida el único consuelo / es acordarse de las horas bellas, / y alzar los ojos para ver el cielo . . . / cuando el cielo está azul y tiene estrellas" (25-28), refiriéndose a escapar de la realidad mediante la inspiración en lo distante, enigmático y sublime. Unos cuartetos más tarde propondrá: "¿Padeces? Busca a la gentil amante, / a la impasible e inmortal belleza" (57-58). Es interesante notar que en el poema "Efímeras" que comienza "Nadie lo toca; ningún sonido....", Nájera presenta la poesía como refugio de una existencia de decadencia artística. Paralelando a Bécquer y su arpa del salón en el ángulo oscuro, el mexicano presenta un piano que nadie toca y describe en más detalles que el especulativo Bécquer, lo que las cuerdas del empolvado instrumento guardan. Las últimas dos estrofas asemejan el piano a la voz poética y dice: "Así es mi alma como ese piano: \ mis sueños duermen, y alegre en vano \ pasa cantando la juventud" (31–33). Añadiendo su agotamiento artístico, que como el piano que nadie abre para mejor oír su música, se siente sepultado por la tapadera que es la inhabilidad de crear: "Baten mi casa vientos adversos, / como esas notas están mis versos, / bajo la tapa del ataúd" (34–36). Sin embargo, alguien volverá a tocar el piano y su música renacerá. El poeta, entonces, pide que nazca otra vez la inspiración que inevitablemente rescatará al artista de su agotamiento creativo, que como la mano que toque el piano, así ésta sacará versos y saldrá de la inercia artística: "Pero mañana, graciosa mano / las blancas teclas del mudo piano / saltando alegre recorrerá:\ dejar que vuelva la Primavera, / la casta novia que el alma espera, / y amante el verso despertará!" (37–42), proclama.

De la misma forma, Leopoldo Díaz en "Lejos de toda pompa. . ." describe en la primera estrofa al poeta refugiándose en la soledad con su arte, actividad que interpreta como la de un escultor que labra su escultura en la soledad donde se refugia del resto del mundo y su preocupación viene a ser lo que tiene enfrente. Este refugio en el arte mediante el olvido lo manifiesta también el poema "El poeta bohemio" del también modernista colombiano Ismael Enrique Arciniegas, donde un poeta, que perdido por los efectos del alcohol, sale de la taberna: "desencajado, la pupila inquieta / y trémulo el andar, roto el vestido" (1–2). Su apariencia es como la de un pordiosero borracho, pero aún poeta ("lleno de ensueños abstraído" v. 3) y siempre con sus virtudes poéticas y capacidad creadora. Con su embriaguez ha escapado en su mente de la realidad, pero su apariencia demuestra su triste realidad, pues se puede ver en su actitud: "Y maldijo los cantos de su lira, / y llamó la virtud un nombre vano, / humo la gloria y el amor mentira" (9–11). En su vida de poeta, sin duda rechazado y no entendido en la sociedad, el alcohol lo ampara, pues su arte ya no puede suplir las demandas. Después de desplomarse, solo y abandonado, de ebriedad o quizá muerte, indica el final del poema: "traía el aura del jardín cercano / fragancias de jazmines y de rosas" (13–14). Incluso al final, por gracia del arte le llega una fragancia pura e iluminadora que en este caso llega a socorrer al artista.

En el poema "Ars", además de buscar un arte sincero, bello y puro, el colombiano José Asunción Silva también presenta el arte como refugio de la vida de penumbras. En la segunda y la tercera estrofa indica qué se debe hacer en y con el arte:

> ¡Allí verted las flores que en la continua lucha,
> ajó del mundo el frío,
> recuerdos deliciosos de tiempos que no vuelven,
> y nardos empapados en gotas de rocío. (5–8)

El arte para Silva, entonces, es el refugio de las desilusiones de la vida y en él se puede poner tanto lo agradable como lo desagradable. Al mismo tiempo el arte aparece como una guarida que puede con todo y con sólo un poco alivia el dolor de la existencia:

> Para que la existencia mísera se embalsame
> cual de una esencia ignota
> quemándose en el fuego del alma enternecida
> de aquel supremo bálsamo basta una sola gota! (9–12)

De igual manera, el peruano José Santos Chocano en "Nostalgia", poema incluido en *Fiat Lux* (1908), desata una nostalgia hacia la vida bohemia y precipitada de la cual sólo el verso puede dar cuenta. Sin embargo, ahora el poeta quiere vivir más despacio, que sus versos no sean tan rápidos, es decir, que no tenga que recurrir a una estructura poética de presteza para representar su vida con las mismas características. El desarraigo con la sociedad de la época que el artista siente es percibible también, según revelan dos versos: "Quien vive de prisa no vive de veras: / quien no echa raíces no puede dar frutos" (5 –6). La vida, pues, ha sido una de viajes y en constante movimiento y ahora a llegado a producir un sentimiento de no pertenecer a ningún lugar. Entonces, para aliviar esta situación hay que buscar permanencia y pertenencia a alguna región. Así afirma Santos Chocano, refiriéndose tanto a l vida como a la creación artística:

Quisiera ser árbol mejor que ser ave,
quisiera ser leño mejor que ser humo;
el viaje que cansa,
prefiero el terruño. (11–14)

Este deseo de una realidad más tangible apunta a un refugio en el arte, dejando a un lado el escape que ha intentado con sus viajes e ilusiones que como el humo se han desvanecido. Pero entremetido entre este deseo se encuentra la confirmación del duro trabajo del arte:

Miro la serpiente de la carretera
que en cada montaña da vueltas a un nudo;
y entonces comprendo que el camino es largo,
que el terreno es brusco,
que la cuesta es ardua,
que el paisaje es mustio. . . (21–26)

Aunque estos versos describen la vida del poeta, conectan con el arte al ser la vida misma la inspiración artística. Después de estas quejas de la vida, de hombre y de poeta, se suelta abiertamente el grito de fatiga: "¡Señor! Ya me canso de viajar, ya siento / nostalgia, ya ansío descansar muy junto / a los míos" (27–29). La vida bohemia no ha podido satisfacer al poeta y ahora más que nunca busca otro refugio en su tierra y con su gente donde se pueda sentir aceptado, pero siempre amparado por el arte.

La vida de los modernistas les presenta un desafío del cual no se pueden alejar: enfrentar a una sociedad de espaldas al arte, más específicamente la poesía, y tratar de alcanzar el exponente más alto en su ocupación. Bajo estas circunstancias elaboran una poesía que rompe con la tradición y buscan un arte puro, cuando no sublime, que se evidencia con la preocupación latente con la belleza y sinceridad del arte. Con estas cualidades aspiran a la creación y representación de la voz humana, de ahí que no se trate de un arte pasajero o de contenido temporal. La eternidad de la palabra escrita en la poesía es algo que los modernistas daban por descontado y con sus creaciones ansiaban eternidad, que se aseguraba con el duro trabajo que dedicaban a su oficio. La conciencia de la eternidad del arte, entonces, los obliga a laborar arduamente para sacar un producto final con suficiente peso para perdurar, actividad que se vuelve más dura frente a la sociedad que trivializa la poesía, cuando no la rechaza del todo. Con esta dedicación tan necesaria para el arte se guarecen del desprecio de la sociedad y producen aún un arte más cercano a la perfección artística que buscan. De ahí que la poesía de Casal y Darío sean buenos ejemplos del Modernismo al sufrir éstos el desprecio y la marginación de la sociedad, ya sea por aislamiento voluntario y/o forzado o por desarraigo en su tiempo.

Estas condiciones que los modernistas sufren fomentan la poesía y sus características más sobresalientes, como afirma José Olivio Jiménez al explicar que la:

> Posición decadente frente a la vida y preciosismo en el arte, y junto a ello, constructiva tesitura existencial (individual e histórica) en el verso, no son sino dos formas naturales de reaccionar, por el escritor y el artista, frente a la común asunción del vacío y las limitadoras circunstancias sociales de la época, que de modo tan crítico, una y otras, se hicieron patentes en el siglo americano. (*Antología* 26)

CAPÍTULO 5: El eroticismo

Antes que nada tenemos que advertir que este capítulo no trata de recoger la poesía amorosa del Modernismo, al ser este un tema muy vasto, y no hay una escasez de libros que la traten, como por ejemplo la Antología de la poesía erótica de Carlos Guillermo Holzcan de 1967, y *Primera antología de la poesía sexual latinoamericana* de Alfredo Tapia Gómez de 1969, por mencionar algunas de la época del inicio de la revalorización del Modernismo. Lo que se intenta hacer con estos poemas elegidos es presentar la visión de los modernistas hacia lo erótico y cómo perciben este aspecto humano en toda su extensión. Claramente este tema también predomina en el Modernismo y, como el arte, se ve ligado en muchas ocasiones a una búsqueda intensa de consuelo ante el dolor existencial, el terror a la muerte y el maltrato de la sociedad hacia el artista. Pero hay, sin embargo, manifestaciones más sobresalientes que son las que se salen del orden y la moral institucionalizada y presentan un amor "prohibido" bajo la moral patriarcal y católica.

En esta época histórica hay muchos ingredientes que moldean la poesía que, como hemos visto, viene a ser refugio para muchos. En el ámbito de la poesía se entra en una liberación femenina que también toca el tema del erotismo manifestado en boca de la mujer, que con ello se convierte en una legitimación del cuerpo femenino y la liberación de su voz ante temas "prohibidos" en una sociedad burguesa y ubicada en el patriarcado tradicional. Así pues, podemos encontrar una lucha abierta contra la opresión y censura en el verso de la uruguaya Delmira Agustini, quien rompe con la mordaza y libremente expresa sus deseos, convirtiéndose como hembra en la protagonista del acto erótico.

Este amor prohibido también lo presenta Julián del Casal, pero de una forma más oculta al tratarse de un homoerotismo, que de forma aún más marcada que en Storni, no puede expresar libremente, pues la censura es mucho más estricta que la de la mujer rebelde, de ahí que la angustia de Casal sea mucho más intensa que la de Storni y que su desarraigo en la sociedad sea más evidente, como hemos visto en los capítulos anteriores. Pero el tema de lo "raro" como integrante de la bohemia finisecular, no es simplemente el intento homoerótico de expresar por medio de su arte lo que siente en sus entrañas. Amado Nervo también trata este tema pero de una forma más directa que Casal, entrando en un amor hacia un ser que es verdaderamente raro: el andrógino poseedor de cualidades masculinas y femeninas que provocan atracción.

Estos enfoques abiertamente eróticos son innovadores en la historiografía literaria hispánica. Sin embargo, también se destacan por otras visiones del amor y la más importante es el amor como refugio frente a los golpes de la vida. Estos golpes van desde la angustia existencial, el desdén que la sociedad les aporta, la incertidumbre de la vida y toda inquietud que se les presenta, donde el amor les ofrece un escape y un refugio. Muy cercano a este amor de refugio se encuentra la visión del amor junto con la muerte (Eros y Thanatos) donde se puede ver una mezcla del amor y la muerte que intriga al modernista, quien consciente de la muerte, combina la experiencia sexual con el paso hacia el final.

Pero aunque los modernistas presentan estas avenidas, hasta cierto punto enmarcadas en la modernidad, eso no quiere decir que se alejen totalmente del amor más heterosexual. Claramente podemos ver manifestaciones de un amor donde los dos géneros llenan sus deseos eróticos y con sus instintos naturales buscan juntos la felicidad. Al mismo tiempo, algunos modernistas presentan una denuncia airada hacia el erotismo sexualizado que amenaza con destruir los sentimientos legítimos de un ser hacia otro. El romance erótico viene a ser un acto de conveniencia y necesidad sin calor ni pureza, que es consecuencia de la modernidad y el progreso materialista que deja a un lado lo sentimental para poder atender la vida de ajetreo donde lo que importa es la productividad.

La mujer como protagonista en el amor

Esta mujer protagonista en los amores aparece en los poemas de Agustini, "Visión", "Serpentina", "El intruso" , "El cisne" y "Fiera de amor", todos incluidos en *Los cálices vacíos* (1913) y "Otra estipe", donde la mujer es la que no sólo siente y manifiesta sus deseos eróticos, sino que también busca, ya sea en su imaginación o en sueños, la satisfacción de éstos. En "Visión" Agustini legitima el deseo erótico de la mujer cuando a manera de contar un sueño describe sus ardientes deseos de tener una relación física con un hombre y la reacción de su propio cuerpo al anticipar el eminente contacto masculino.

El poema comienza presentando la pregunta sobre si la presencia del varón tan cerca de ella es realidad fue sueño o ilusión: "¿Acaso fue en un marco de ilusión,/ en el profundo espejo del deseo, /o fue divina y simplemente en vida / que yo te vi velar mi sueño la otra noche?" (1-4), se pregunta, con ello ya confirmando su descomunal ardor sexual que borda en la alucinación. Además, con esta declaración desde el principio del poema legitima el antojo sexual de la mujer, aunque se pregunte si fue sueño o realidad, demostrando también que sus deseos extraordinarios trastornan sus sentidos. Este escape de la realidad se desarrolla más a través del poema donde describe el acercamiento del cuerpo masculino hacia su ardiente cuerpo femenino nueve veces con la misma frase: "te inclinabas [a mí]", con las diferentes percepciones sensoriales que ella sintió al anticipar el contacto físico. Su estado lo describe como:

> Y era mi mirada una culebra
> apuntada entre zarzas de pestañas,
> al cisne reverente de tu cuerpo.
> Y era mi deseo una culebra
> glisando entre los riscos de la sombra
> ¡a la estatua de lirios de tu cuerpo! (35–40)

Evidentemente, como queda indicado con el símbolo erótico/ fálico de
la culebra, ella es la protagonista en este encuentro donde actúa en su
deseo y explora el cuerpo masculino ("el cisne reverente de tu cuerpo"
y "la estatua de lirio de tu cuerpo", ambos versos tienen connotaciones
fálicas tanto como físicas. Además, ya claramente indica el objeto de su
atención: la "mirada apuntada entre zarzas de pestañas al cisne
reverente de tu cuerpo"; el pene del hombre, pues). Con estas
indicaciones también está invirtiendo el papel masculino y femenino en
el acto erótico al ser claramente la mujer la que disfruta del cuerpo
masculino para su propio placer y deja al hombre como secundario,
según indica en este juego amoroso de acercamiento y anticipación de
deseo, al describir el clímax del momento:

> Tú te inclinabas más y más. . . y tanto,
> y tanto te inclinaste,
> que mis flores eróticas son dobles,
> y mi estrella es más grande desde entonces,
> toda tu vida se imprimió en mi vida. . . (41–45)

Se puede ver una descripción erótica de la reacción del cuerpo femenino
en sus partes más sensibles al anticipar el eminente acto sexual; es
como una erección por parte de la mujer, quien está lista para servirse
del cuerpo del hombre para saciar sus deseos. Se trata, en fin, de una
descodificación del concepto patriarcal de la función sexual
hombre/mujer. Sin embargo, esta profunda fantasía que se manifiesta en
el sueño, la ilusión o el recuerdo, desaparece al abrir los ojos a la
realidad. Es entonces cuando el poema concluye:

> Y esperaba suspensa el aletazo
> del abrazo magnífico. . .
> ¡Y cuando,
> te abrí los ojos como un alma, y vi
> que te hacías atrás y te envolvías
> en yo no sé qué pliegue inmenso de la sombra. (52–57)

Este momento de ardiente erotismo, se vuelve agrio en el instante
preciso en que la mujer esperaba "el aletazo" y sólo queda la memoria,
con lo que también apunta a ese trastorno del papel de los participantes,

por ser la mujer la que desea satisfacción como protagonista, mientras que el hombre, pasivo y tímido, se aleja antes de darle el "aletazo" final, demostrando una clara incapacidad de satisfacer a la mujer. En realidad, si queremos tomar esto un poco más lejos, hay en el poema, entre líneas, evidencia que en este recuerdo, el hombre la "pierde temprano" y ya saciado su propio ardor sexual, deja a la mujer "colgando" sin recibir satisfacción, excepto la dilatación de su cuerpo en candente anticipación. Tal es el atrevimiento de Agustini en su poesía erótica, como veremos en otros poemas.

En "Serpentina", Agustini hace uso otra vez más del símbolo fálico de la serpiente[13] para describir a la mujer que anhelante de una satisfacción sexual. Aunque la situación todavía ocurre en sueños, claramente es un grito de necesidad erótica por un deseo que como hembra no puede contener:

En mis sueños de amor ¡Yo soy serpiente!
Gliso y ondulo como una corriente;
dos píldoras de insomnio e hipnotismo,
son mis ojos; la punta del encanto,
es mi lengua. . . ¡y atraigo como el llanto! (1–5)

Este protagonismo existe en los sueños y en la imaginación a tal nivel que ella no puede dormir por imaginarse en su calor erótico saciada por el cuerpo del varón, aunque la realidad la desilusione. Así pues, el cuerpo de la mujer se presenta como sediento de placer y ella es una activa participante en la búsqueda: "mi cuerpo es una cinta de delicia" (7), afirma Agustini. La interpretación de estos sueños la presenta el mismo poema en la última estrofa:

Si así sueño mi carne, así es mi mente;
un cuerpo largo, largo como de serpiente,
vibrando eterna, ¡voluptuosamente! (15–17)

Esta conclusión no sólo da legitimidad del cuerpo de la mujer como fuente de placer, sino también su mente, dándole voz para expresar los deseos prohibidos, aunque recurra a los sueños para manifestar estas ansias del anticipo de la llegada del varón. Como el símbolo fálico de la serpiente indica, es ella la que busca el amor (ella es la serpiente), la que tiene el calor y el deseo ardiente de saciar su sed erótica. Hasta cierto punto, lo mismo como el poema anterior, está poniendo boca abajo el papel de hombre que tradicionalmente "usa" a la mujer para su satisfacción sexual, pues Agustini presenta a la mujer como la que requiere de este cuerpo masculino para su satisfacción, sin importarle el hombre en sí: es un deseo totalmente físico.

Algo similar ocurre en "El cisne" donde la mujer contempla como símbolo erótico al cisne, imagen que usa como el cuerpo/falo del hombre. Otra vez, es ella la que busca el contacto con él. La experiencia erótica que imagina se puede ver en los siguientes versos:

Ningunos labios ardieron
como su pico en mis manos;
ninguna testa ha caído
tan lánguida en mi regazo;
ninguna carne tan viva
he padecido o gozado;
viborean en sus venas
filtros dos veces humanos. (21–28)

Esta ilusión con el ave se hace aún más satisfactoria que con un hombre, al ser el cisne más cumplidor en las necesidades y deseos de la mujer, tal y como mitológicamente demuestra la transformación de Zeus en cisne para conquistar a Leda. Este ave lujurioso lo describe como el que puede en realidad satisfacer sus deseos: "Del rubí de la lujuria / su testa está coronada" (29-30), es decir, que quiere exactamente lo que ella quiere. La mujer, entonces, entra en su condición de protagonista ante este símbolo de placer erótico al indicar que:

Agua le doy en mis manos
y él parece beber fuego;
y yo parezco ofrecerle
todo el vaso de mi cuerpo. . .
Y vive tanto en mis sueños
y ahonda tanto en mi carne. (33–38)

Esta relación imaginaria la lleva al máximo deleite y deseo de continuar con el contacto que han establecido. Bajo estas condiciones llega a interrogarse si se trata entonces de un amor verdadero o si la imaginación debido a la intensidad del deseo, así como en el primer poema analizado, está transtornado sus sentidos:

[. . .] que a veces pienso si el cisne,
con sus dos alas fugaces,
sus raros ojos humanos
y el rojo pico quemante
es sólo un cisne en mi lago
o es en mi vida un amante. (39–44)

El cisne, entonces, representa al hombre que ella quiere que satisfaga sus deseos eróticos, relación que avanza en el deseo hasta lo físico: "Pero en su carne me habla / y yo en mi carne le entiendo" (49–50), concluye la penúltima estrofa, confirmando que esta relación solo se puede comprender desde el punto de vista de lo carnal. Así se desarrolla la relación, entre deseo y contacto, como indican los siguientes versos:

—A veces ¡toda! soy alma;
y a veces ¡toda! soy cuerpo.
Hunde el pico en mi regazo
y se queda como muerto. (51–54)

Una segunda interpretación del último verso, además de profundizar en el amor y la atracción, también produce una descripción del acto erótico en sí, que es lo que en definitiva está en la mente de la mujer, y así lo manifiesta. Esta manifestación de deseo erótico inspirada por el cisne no es nada más que una manera de ocultar al amante, como se ha sugerido, donde se invierten los papeles dada la situación física. La conclusión del poema presenta muy bien este juego de la mente:

en el sensitivo espejo
del lago, que algunas veces
refleja mi pensamiento,
el cisne asusta, de rojo,
y yo, de blanca, doy miedo. (56–60)

El cisne blanco es rojo, por su efecto tremendamente erótico que tiene en la mujer; y ella es blanca, por la inversión como protagonista, pero llena de la blancura del cisne.

Esta inversión de los códigos patriarcales en el ámbito de las relaciones eróticas se puede ver mejor en "El intruso", poema que viene a culminar este deseo de amor físico que ya no ocurre en sueños, ni en ilusión, sino en la noche del encuentro. Es un acto donde la mujer satisface todo su deseo erótico. Estamos ante el más atrevido de todos sus poemas, pues en él se pueden hacer dos lecturas: una del 'intruso' que entra en su casa donde comparten una noche amorosa y ella todavía guarda un grato recuerdo, y la otra del acto erótico descrito en detalle:

> Amor, la noche estaba trágica y sollozante
> cuando tu llave de oro cantó en mi cerradura;
> luego, la puerta abierta sobre la sombra helante,
> tu sombra fue una mancha de luz y de blancura.
>
> Todo aquí lo alumbraron tus ojos de diamante;
> bebieron en mi copa tus labios de frescura,
> y descansó en mi almohada tu cabeza fragante;
> me encantó tu descaro y adoré tu locura. (1–8)

En los versos de la primera estrofa es posible ver la descripción del falo (la llave), la vagina (la cerradura), el seno (la almohada), cuya doble lectura apunta al mismo fin: la mujer finalmente satisface sus deseos eróticos, como indica la segunda estrofa al describir lo que pasa después: el descanso posterior del placer, donde confiesa que disfrutó el "descaro" del hombre en la actividad, apuntando a esa inversión de los papeles de hombre y mujer, como ocurría en los anteriores poemas de Agustini.

Pero esto es algo que pasó en esa noche de gozo y lo que ahora guarda es sólo un recuerdo del cual todavía deriva placer de ese cuerpo masculino que finalmente se inclina suficientemente para que ella sienta ese aletazo que la había dejado en suspenso anteriormente, como queda indicado en los siguientes versos:

> Hoy llevo hasta en mi sombra tu olor de primavera
>
> y tiemblo si tu mano toca la cerradura

y bendigo la noche sollozante y oscura
que floreció en mi vida tu boca tempranera. (11–14)

Este temblor cuando le toca su 'cerradura' también apunta al contacto
de los órganos genitales y el placer que esta actividad anticipa. Ahora,
esta satisfacción que el cuerpo masculino le provee y la forma como la
mujer percibe al hombre es claramente una actitud moderna hacia el
acto erótico, sin embargo, todo se socaba con dos versos del poema:

Y hoy río si tú ríes, y canto si tú cantas;
y si tú duermes, duermo como un perro a tus plantas. (9–10)

Aquí se puede todavía comprobar el dominio de la mujer en los amores
si interpretamos esto como la atención que da al ser que la complace en
sus deseos sexuales. Sin embargo, la mujer termina siendo sumisa
después de haber sido presentada como una total rebelde en los
primeros tres poemas y las tres estrofas de este último, que al echarse
a los pies del amante vuelve otra vez a la situación compartida por el
patriarcado dominante.

En el poema "La otra estirpe" vemos también a la mujer
protagonizando en los amores cuando desde el primer verso indica:
"Eros yo quiero guiarte, Padre ciego. . ." (1), haciendo referencia a la
ceguera de Eros (Cupido), dios del amor. Declarándose ya la
protagonista en el amor con su deseo de guiar a Eros indica: "Pido á tus
manos todopoderosas, / su cuerpo excelso derramado en fuego / sobre
mi cuerpo desmayado en rosas" (2–4). Evidentemente, quiere el cuerpo
de un hombre, cuya identidad no se revela, literalmente sobre su cuerpo,
es decir, en el acto sexual. La segunda estrofa presenta sin
reservaciones su cuerpo femenino ardiente listo para recibir al cuerpo
masculino: "La eléctrica corola que hoy desplego / brinda el nectario de
un jardín de Esposas; / para sus buitres en mi carne entrego / todo el
enjambre de palomas rosas!" (5–8). Y por si la imagen anterior no
estuviera clara, concluye el poema con la reiteración que su cuerpo está
postrado, piernas abiertas, esperando ardientemente con sus órganos
genitales a total disposición del cuerpo masculino, según podemos ver:
"¡Así tendida soy un surco ardiente, / donde puede nutrirse la simiente,

/ de otra Estirpe sublimemente loca!" (14–16). Claro, se puede ver aquí la imagen del surco como la fertilidad y el poema se rinde a un simple deseo de la procreación. No obstante, la harta evidencia presente en la poesía erótica de Agustini desmiente totalmente esta noción y, reiterando, el poema declara la total entrega del cuerpo femenino para saciar sus deseos sexuales que ansiosamente espera el contacto sexual.

Volviendo atrás en el tiempo, Rubén Darío en "Era un aire suave. . .", poema de *Prosas profanas y otros poemas* (1896), presenta también a una mujer como protagonista en los amores, pero de una forma más tradicional, al ser la mujer la que decide a qué hombre va a aceptar. Antes de entrar en el análisis de los aspectos eróticos de este poema, cabe mencionar que esta composición ya ha sido estudiada en diversas ocasiones desde el punto de vista formal. "Era un aire suave. . ." representa un buen ejemplo del Darío erótico, engalanado por su musicalidad y lirismo. Pero como hemos venido haciendo, hay que ir más allá de la primera lectura. No hay duda que es un poema de belleza lírica innegable, de un lenguaje pintoresco, brillante y lleno de referencias mitológicas y símbolos culturales. Escondido en una descripción de una fiesta en la corte, el poema presenta el tema del eterno femenino, representado por la marquesa Eulalia. La marquesa deja a un lado a sus dos poderosos pretendientes y se va con un paje; con ello, esta mujer controla su propio destino en los juegos de amores y es ella la que tiene la última palabra.

Las descripciones de la marquesa la pintan como la que está encargada en el romance y su indiferencia hacia los dos pretendientes no puede ser más marcada:

> La marquesa Eulalia risas y desvíos
> daba a un tiempo mismo para dos rivales,
> el vizconde rubio de los desafíos
> y el abate joven de los madrigales. (9–12)

Entre la alegría de la fiesta nunca se presenta a una joven preocupada por sus pretendientes ni tampoco pensando en ellos. Y cuando éstos manifiestan sus disgustos, la indiferencia de la marquesa es evidente: "la divina Eulalia ríe, ríe, ríe" (32). Esta aparente tierna mujer es capaz de dar amor y destruir, según ilustran los siguientes versos: "La divina Eulalia, vestida de encajes, / una flor destroza con sus tersas manos" (39-40). Pero esto no merma su aparente felicidad y la actitud de fiesta continúa. Su decisión se presenta como una sorpresa: ella escapa de la fiesta y finalmente elige a su enamorado:

> la marquesa alegre llegará al boscaje,
> boscaje que cubre la amable glorieta
> donde han de estrecharla los brazos de un paje,
> que siendo su paje será su poeta. (53–56)

Su decisión, entonces, no es por uno de sus poderosos pretendientes de armas o de religión, sino por un paje que resulta ser también poeta. De esta forma Darío totalmente rompe con lo esperado: el de que la mujer se junte con un hombre rico y con poder. Además, la actitud de Eulalia es de completo desinterés por los que ha desairado: "Junto a los rivales la divina Eulalia, / la divina Eulalia, ríe, ríe, ríe" (59–60). Aunque esta risa sea artificial, es el efecto que tiene en los desairados lo que llama la atención.

Este ambiente claramente erotizado, en una corte se lleva a cabo un juego de amor donde el hombre se encuentra a la total merced de la mujer, sin importar su riqueza o poder. Ella es la que tiene el control y sin ningún reparo elige a un hombre insignificante en comparación con los que tenía que elegir. Pero, ¿dónde es que se encuentra el eterno femenino en esta historia de amor y desaires? Darío presenta la clave del poema en las últimas cinco estrofas de la composición con un grupo de interrogantes sobre el evento:

> ¿fue a caso en el tiempo del rey Luis de Francia? (61)
> ¿Fue cuando la bella su falda cogía
> con dedos de ninfa, bailando un minué? (65–66)
> ¿O cuando pastoras de floridos valles
> ornaban con cintas sus albos corderos? (69–70)
> ¿Fue en ese buen tiempo de duques pastores? (73)
> ¿Fue acaso en el Norte o en el Mediodía? (77)

Con estas preguntas abarca simbólicamente todos los tiempos y los lugares en la búsqueda de dónde y cuándo la marquesa Eulalia hizo sus hazañas del amor. La respuesta la presenta Darío en los últimos tres versos del poema:

> Yo el tiempo y día y el país ignoro,
> pero sé que Eulalia ríe todavía,
> ¡y es cruel y eterna su risa de oro! (88–90)

Como resulta evidente, Eulalia trasciende el tiempo y el espacio. Existe, ha existido y existirá en todas las épocas como símbolo del poder universal femenino. El poema en definitiva, presenta el eterno femenino, pero que a diferencia de la rebeldía de Agustini, mantiene el papel tradicional de la mujer y simplemente recalca quién tiene al final la palabra en el ámbito erótico. El mismo Darío escribió sobre este poema:

> En "Era un aire suave. . .", que es un aire suave, sigo el precepto del arte poética de Verlaine: 'De la musique avant toute chose.' El paisaje, los personajes, el otoño, se presentan en ambiente siglo dieciochesco. Escribí como escuchando los violines del rey. Poseyeron mi sensibilidad Rameau y Lulli. Pero el abate joven de los madrigales y el visconde rubio de los deafíos, ante Eulalia que ríe, mantiene la secular felinidad femenina contra el viril rendido; Eva, Judith y Ofelia, peores que todas las "Sufragettes". (*Historia de mis libros* 64)

Así pues, el poema presenta al hombre a la total merced del poder femenino y tiene que aceptar lo que Eulalia dicta, tal es el poder del amor de ambos géneros.

El amor raro

El amor tradicional, a veces planteado con cierta rebeldía, no es todo lo que los modernistas tratan, según hemos visto. Así pues, Julián del Casal en "Rondeles", presenta el tema del erotismo desde un punto de vista singular en su época. Se trata de un amor oculto porque, como en el caso del amor en Agustini, la sociedad no le permite expresarlo abiertamente. Este poema entra en el tema del amor vía lo indirecto. Los primeros cuatro versos plantean la situación:

> De mi vida misteriosa,

tétrica y desencantada,
oirás contar una cosa
que te deje el alma helada. (1–4)

Esta "cosa" luego se describe como "la extraña cosa", "el secreto de mis males" (dos veces), "mi honda melancolía", "mis tedios mortales". Al ser revelado el secreto su efecto será de destrucción para el propio poeta. Sin embargo, esto no podrá pasar hasta que el poeta muera al ser imposible revelar en vida tal secreto. Entonces, esta relación distanciada, de alta renuencia a ponerse en contacto, viene a ser una "tristeza de amarte, / el dolor de comprenderte" (24–24), que se hace ver tres veces en el poema. La timidez se manifiesta más por el hecho de que no se indica el género de la persona amada o del que ama, mientras se describe la relación como inapropiada ya que después que se sepa el secreto se destruirá todo.

Una primera lectura muestra a una persona que ama a otra, pero que al mismo tiempo tiene obvios deseos, probablemente homoeróticos que son, en último término, el secreto. Esto se puede interpretar en las palabras como: "el secreto de mis males [. . .] mis tedios mortales [. . .] al oír la extraña cosa". Estos sentimientos, entonces, no se pueden divulgar en la época, es algo que 'no se dice', y sólo podrán ser revelados después de la muerte del que sufre este 'mal', y aun entonces dejará el alma helada al escucharlo, como repite varias veces el poema. Sin duda, la vida bohemia de Casal, con su desmesurado intento de atentar contra la burguesía mono-heterosexual de la Habana de fin de siglo era para él una barrera que no le permitía exponer abiertamente sus deseos y experiencias homoeróticas. De ahí que tenga que ser un secreto y, es más, de sus males. Esto explica la timidez de entrar en el tema y la tragicidad evidente que anticipa el saberse apartado de la moral imperante del momento. Ahora, llegamos a esta conclusión partiendo del conocimiento de los deseos sexuales del poeta en una sociedad totalmente intolerante frente a cualquier actitud fuera de lo heterosexual. Casal se enfrenta con trágico dolor a la imposibilidad de tener un comportamiento o forma de ser que se salga de los parámetros establecidos por esta sociedad dominante que valora sus costumbres "morales" más que la de otros. Lo mismo cabría decir de un amor que no necesariamente fuera homoerótico. Esta sociedad también rechazó cualquier amor interracial, casos que serían un secreto, un mal, cosa extraña, y que igualmente atentarían contra la burguesía. Pero claramente se trata de un amor extraño que no puede divulgarse porque la sociedad no lo permite.

El caso de Amado Nervo en el poema "Andrógino", incluido en *Poemas* (1910), es interesante porque trata de un amor que también causa perplejidad. Como el nombre del soneto indica, el afecto de este amor es un ser que manifiesta cualidades masculinas y femeninas: "con tus neutros encantos, tu faz de efebo, / tus senos pectorales" (3-4). Estas peculiaridades también traen con ellas un cambio: "sombra y luz, yema y polen a un tiempo fuiste, / despertando en las almas el crimen nuevo" (5-6). Esta descripción de hermafrodita al mismo tiempo se califica como crimen nuevo, es decir que claramente apunta a algo que será censurado por la sociedad, como ha indicado ya Casal. Continuando con los órganos femeninos y masculinos, se puede ver que bien cumple con las cualidades de ambos géneros sexuales, como se indica en los dos siguientes versos: "virilidades de dios mancebo, / [. . .] con mustios de halagos de mujer triste" (7-8). Es precisamente por estas cualidades dobles que ha existido el amor hacia este ser:

> Yo te amé porque, a trueque de ingenuas gracias,
> tenías las supremas aristocracias:
> sangre azul, alma huraña, vientre infecundo. (9–11)

Esto, sin embargo, es un producto de los tiempos, que ha forjado la condición humana al dar un paso hacia adelante, trayendo lo que había censurado en el pasado, que ahora se manifiesta, como concluye el último terceto:

> porque sabías mucho y amabas poco,
> y eras síntesis rara de un siglo loco
> y floración malsana de un viejo mundo. (12–14)

El amor, entonces, es capaz de hacer comprender a esos que salen sin adaptarse a las normas de la vida pero que son productos de esta

El eroticismo 171

misma. Otra lectura válida[14] de este poema es el surgimiento del homoerotismo que presenta, por decir, a un hombre que se desea como mujer, eso es, que cumple con lo que el que admira quiere, pues tiene su "vientre infecundo" y un poco de hombre y mujer, pues ambos resultan atractivos. Esta lectura, entonces, apuntaría a algo escondido en lo "raro", pero que a diferencia del caso de Casal, se puede declarar el amor por este ser porque verdaderamente acomoda ambos sexos; no obstante, va contra lo heterogéneo de la burguesía a la cual se le presenta una alternativa sobre lo tradicional del amor: es, en definitiva, algo "raro". El atentado contra la burguesía mono-heterosexual, entonces, llega por la vía de mezclar las cualidades e igualar la experiencia erótica con una mujer o con un hombre, que resulta mitigante de las normas establecidas al indicar que es lo mismo que un hombre o mujer sea atraído/a físicamente por cualquier sexo. Aquí radica, en definitiva, la modernidad del erotismo modernista cuya mejor expresión prosística puede hallarse precisamente en *Los raros* (1896) de Rubén Darío.

Otro sentimiento raro, es decir, inexplicable, lo presenta Delmira Agustini en su poema "Lo inefable", publicado en *Los cálices vacíos* (1913). Es muy curioso porque presenta un sentimiento interno que la destruye pero que no es ni la vida, ni la muerte, ni el amor:

Yo muero extrañamente. . . No me mata la Vida,
no me mata la Muerte, no me mata el Amor;
muero de un pensamiento mudo como una herida. (1–3)

Después de interrogar si hay alguien más que haya sentido tal inexplicable dolor, describe el fenómeno que la mata como; "un pensamiento inmenso, que se arraiga en la vida, / devorando alma y carne" (5-6), pero que no alcanza a realizarse en nada. La tremenda e indescriptible inquietud existencial de algo divino que no puede alcanzar la lleva a exclamar:

¡Cumbre de los martirios. . .! ¡Llevar eternamente
desgarradora y árida, la trágica simiente
clavada en las entrañas como un diente feroz! (9–11)

Encontrar una respuesta para esto sería algo que tampoco se puede explicar: "¡[. . .] Ah, más grande no fuera / tener entre las manos la cabeza de Dios!" (13–14). Agustini apunta a un sentimiento interior del que está segura Dios es el responsable ya que siente la presencia como un dolor, de ahí que indique que es la cumbre de los martirios. Según Acereda, en este poema, "la poeta aspira a la divinidad y plantea la chocante idea de ella como esposa y madre de Dios mismo" (*El Modernismo* 349); que vendría a complementar el título del poema: algo inefable. No obstante, estamos ante un poema, que como los dos anteriores, presenta un sentimiento raro.

El amor de refugio

El erotismo de Darío en "¡Carne, celeste carne de la mujer!. . .", publicado en *Cantos de vida y esperanza* (1905), presenta el cuerpo de la mujer como el último escape del hombre a lo absoluto, en la unión final, tanto carnal como espiritual. Según Hellén Ferro, "la influencia paulatina de naturalismo y del realismo en la novela – Emilio Zola y Paúl Bourget– permiten que la imagen de la mujer idealizada por el Romanticismo sea sustituida por una figura de carnalidad directa" (93). Esto es evidente en varios de los poemas elegidos para este estudio donde la carnalidad de la mujer proviene no sólo de boca del hombre, sino también de la misma mujer. Además, el acto amoroso también se manifiesta como incentivo para vivir una vida que normalmente está llena de pesares y el cuerpo de la mujer es un refugio:

La vida se soporta,
tan doliente y tan corta,
solamente por eso:
roce, mordisco o beso
es ese pan divino
para el cual nuestra sangre es nuestro vino. (3–8)

La constante búsqueda de este momento de placer es lo único que justifica la existencia absurda y, portadora del vino natural, la sangre busca ese pan para comer y embriagarse en el olvido del amor. Además, en el cuerpo de la mujer mediante el momento del amor se encuentra la felicidad absoluta, la cumbre del placer posible en la vida:

> Pues en ti existe primavera para el triste,
> labor gozosa para el fuerte,
> néctar, Ánfora, dulzura amable.
> Porque en ti existe el placer de vivir, hasta la muerte
> y ante la eternidad de lo probable. . . ! (40–45)

Este efecto que tiene el cuerpo de la mujer es variado y todos pueden beneficiarse de él: el triste puede encontrar felicidad; el fuerte puede sacar placer de su potencia; el que teme la muerte puede encontrar eternidad. Al mismo tiempo, el cuerpo de la mujer sirve como inspiración, que va desde el arte hasta la vida misma, la sensibilidad de los sentidos y la libertad, como indican los siguientes versos:

> En ella está la lira,
> en ella está la rosa,
> En ella está la ciencia armoniosa,
> en ella se respira
> el perfume vital de toda cosa. (9–13)

Todo esto hace de la relación amorosa entre el hombre y la mujer el máximo exponente de sentimiento que alcanza el alma y, como el arte, divinifica:

> Gloria, ¡oh Potente a quien las sombras temen!
> ¡Que las blancas tórtolas te inmolen!
> Pues por ti la floresta está en el polen
> y el pensamiento en el sagrado semen. (26–29)

Pero Darío no presenta a la mujer como un simple objeto de placer; en verdad ella es la que permite la vida al referirse a ésta como "sublime que eres la existencia / por quien siempre hay futuros en el útero eterno" (30–31). La carne de la mujer, entonces, encierra el cuerpo y el alma de la raza humana que se prolonga mediante la mujer. Aunque Darío entre al acto del amor partiendo del cuerpo, está claro que esta actividad permite el refugio tanto del cuerpo como del alma, de ahí que se refiera al espermatozoide como el sagrado semen, que marca la cumbre del encuentro amoroso.

En el extenso y fundamental "Poema del otoño", composición incluida en *Poema del otoño y otros poemas* (1910), Darío hace un llamado a vivir la vida, a gozar de todo, incluso del cuerpo mediante el amor carnal, que es la mejor forma de llegar a la muerte. El tema central es el *carpe diem*, iniciado con la primera pregunta: "¿has dejado pasar, hermano, / la flor de tu mundo?" (2–3). Los lamentos por el pasado que no se ha aprovechado son inútiles, pero sí hay posibilidades de aprovechar lo presente por vía del amor, antes de que sea tarde pues el ser está ante una desaparición inminente, como se advierte:

> ¡si lo terreno acaba, en suma,
> cielo e infierno,
> y nuestras vidas son la espuma
> de un mar eterno. (53–56)

Después de las advertencias de una vida pasajera, directamente se hace un llamado por todo el poema a gozar del momento: "Cojamos la flor del instante" (61); "mas coged la flor del instante" (73). Y al tomar estos placeres de la vida, lo que queda es disfrutar de éstos, como se indica: "Goza del beso de la aurora" (99); "Gozad de la carne" (117); "gozad del sol" (121); "gozad del canto (127)"; "Gozad de la tierra" (129); para concluir con la verdadera razón por la cual hay que hacerlo: "Gozad, porque no estáis aún / bajo la tierra" (131–32). El gozo viene a ser un refugio ante la vida por una muerte anunciada. De la misma forma, en el poema se puede ver que mediante el amor se transciende el final de la existencia, como es mostrado en la siguiente estrofa:

> vive el bíblico Adán robusto,
> de sangre humana,
> y aún siente nuestra lengua el gusto
> de la manzana. (145–48)

Y es a través del acto del amor, específicamente en el placer sexual, que se mantiene la existencia y, como quedó indicado en el poema anterior "Carne celeste. . .", y reiterado aquí: por medio de la procreación se forma parte de la infinidad del universo:

> Pues aunque hay pena y nos agravia
> el sino adverso,
> en nosotros corre la savia
> del universo. (157–60)

A este destino adverso sólo vale la pena enfrentarse porque existe el amor y es el amor el que permite la perseverancia.

El poder del amor es superior a todo, capaz de consolar hasta el más triste y, aunque ya hayan pasados los mejores años de la vida, éste siempre puede traer la felicidad, según afirma:

> ¡aún hay promesas de placeres
> en la mañanas!
> Aún puedes casar la olorosa
> rosa y el lis,
> y hay mirtos para tu orgullosa
> cabeza gris. (9–12)

Con todas estas posibilidades del amor, Darío lo presenta como el refugio más codiciado en el momento de mayor dolor: el final de la existencia, que como ya hemos indicado, es un terror descomunal para el nicaragüense, según revela la última estrofa:

> En nosotros la vida vierte
> fuerza y calor.
> ¡Vamos al reino de la muerte
> por el camino del amor! (173–76)

En este poema del otoño inevitable, a través del amor se aseguran futuras primaveras y los amantes caminan hacia la muerte habiendo dejado ya las semillas para otras generaciones que vivirán por y del amor.

Esta activa búsqueda del amor como refugio de Darío se profundiza en "Por un momento, oh cisne. . .", presentado en *Cantos de vida y esperanza* (1905), donde el poeta nicaragüense hace uso del símbolo erótico del cisne, con su elegancia y blancura, para presentar el deseo de entablar relaciones físicas con una amante, dejando a un lado sus sentimientos de renuencia. El segundo cuarteto presenta esto como una necesidad de hacerlo antes que pierda la oportunidad:

> Es el otoño. Ruedan de la flauta consuelos.
> Por un instante, oh Cisne, en la oscura alameda
> sorberé entre dos labios lo que el Pudor me veda,
> y dejaré mordidos Escrúpulos y Celos. (5–8)

Otra vez, hace alusión a ese eminente fin, el otoño que anuncia el invierno, como motivo para llevar a cabo sus ilusiones eróticas y anticipa el placer del instante del orgasmo que le dará refugio de los otros quehaceres de la vida, incluso del miedo que le prohíbe buscarlo. Esta renuencia a entrar en amores contradice la determinación de los poemas anteriores donde es el objetivo principal. Esto se puede explicar por la confusión del Darío creyente y el Darío pagano que busca refugio en diferentes partes. Como ya hemos mencionado, el arte, el alcohol, lo divino (como veremos) también amparan al poeta. Si recordamos lo apuntado en este mismo capítulo sobre Delmira Agustini, el símbolo císnico conecta, además, la heterogeneidad de la poética modernista con la homogeneidad de unos intereses compartidos por el Modernismo hispánico.

El tema del *carpe diem* también lo trata Manuel Gutiérrez Nájera en "A un triste", poema incluido en *Poesías* (1896), donde expone la importancia de coger el momento y disfrutar de la vida, y de las posibilidades del amor. En oposición a "Amor de ciudad grande" de Martí, Nájera habla de un amor que aunque pasajero, superficial y, hasta cierto punto impuro, se debe aprovechar porque es, sobre todo, amor que conlleva muchas posibilidades. Este "triste", al que se le dedica el poema, puede escapar de su tristeza con dejar de aborrecer el amor y tomar de este todo lo que tenga que ofrecer: ¿"Por qué de amor la barca voladora / con ágil mano detener no quieres?", es la primera pregunta. Mientras se contempla si se detiene la barca o no, la vida pasa y la juventud no vuelve:

> A no volver los años juveniles

[. . . . .]

triste vejez, como ladrón nocturno,
sorpréndenos sin guarda ni defensa,
y con su extremidad de su arma inmensa
la copa de placer vuelca Saturno. (5, 8–11)

La vejez, entonces, sorprenderá al que titubea en casos de amores, que una vez desperdiciados, ya no se pueden aprovechar; se vuelca la copa. Lo único que se puede hacer es vivir la vida, como se le aconseja al triste: "¡Aprovecha el minuto y el instante!" (13), pues es lo único que puede controlar el ser humano. A diferencia de los otros poemas donde se expresa el deseo de morir en pleno orgasmo, o llegar a la muerte por vía del amor, Nájera presenta el amor como necesario para apaciguar la tristeza de una vida pasajera; es decir emprender el viaje, que es la vida misma, hacia la muerte cabalgando en el amor de cualquier forma en que éste venga. Por ello, el poema concluye con un llamado al triste a que se una a este viaje disfrutando del amor:

Deja, por fin, la solitaria playa,
y coronado de fragantes flores
descansa en la barquilla de las diosas.
¿Qué importa lo fugaz de los amores?
¡También expiran jóvenes las rosas! (22–26)

Entrar en esta barca de amor es salvarse de la soledad de una vida que en ambas escenas conduce a la muerte, muerte que no solamente puede llegar en la vejez, sino también en la juventud. Entonces, ¿por qué no disfrutar del amor? es la gran pregunta de Nájera, especialmente cuando surge la oportunidad:

Hoy te ofrece rendida la hermosura
de sus hechizos el gentil tesoro,
y llamándote ufana en la espesura,
suelta Pomona sus cabellos de oro. (12–16)

Por este mismo camino van Delmira Agustini en "Explosión" y Julián del Casal en "Galatea" cuando presentan el amor como lo que reanima y sensibiliza. La poeta comienza su poema bendiciendo la vida si es amor. Confiesa: "Quiero más vida para amar! Hoy siento / que no valen mil años de la idea / lo que un minuto azul del sentimiento" (2–4), concluyendo que el amor idealizado, conceptualizado, anticipado o imaginado, no tienen caso y lo que verdaderamente vale en la vida en el acto en sí. Así pues, la segunda estrofa presenta el goce que hay en la vida una vez que ha llegado el amor: "Mi corazón moría triste y lento . . ./ Hoy abre en luz como una flor febea; / ila vida brota como un mar violento / donde la mano del amor golpea" (5–8). Reanimada por el amor, entonces, ve partir su tristeza, soledad y dolor, para exclamar en los dos últimos versos: "Mi vida toda canta, besa y ríe! / Mi vida toda es una boca en flor!"(13-14). Esta declaración confirma que el acto del amor reanima la vida. Casal, por su parte, presenta el amor como la fuerza que apacigua hasta a las fieras. El primer cuarteto describe a la diosa marina, Galatea, tendida durmiendo en su gruta adornada por la naturaleza. Mientras la diosa duerme, está siendo observada desde la distancia a la orilla del mar por su perpetuo pretendiente: "Polifemo, extasiado ante el desnudo / cuerpo gentil de la dormida diosa, / olvida su fiereza, el vigor pierde". El cuerpo femenino desnudo apacigua las fieras; las gentiliza. Luego Polifemo sufre los efectos del deseo y el ardor sexual: "y mientras permanece, absorto y mudo, / mirando aquella piel color de rosa, / incendia la lujuria su ojo verde" (9–14), concluye el poema.

Enrique González Martínez, por su parte, en el poema "Parábola de la carne fiel", publicado en *Parábolas* (1919), presenta el encuentro sexual como refugio de la vida del poeta, del ser efímero, y del hombre angustiado por la vida. El cuerpo de la mujer alivia sus dolores al decirle: "[. . .] Yo te ofrezco un sitial / cerca del mío; siéntate, pobre carne dolida / que hueles a mi santa noche primaveral" (6-8). Este triunfo de llegar al encuentro, al que califica como de "la carne pecadora" (3), guía al hombre y da propósito a la vida:

Me diste el sabor íntegro de la virtud completa
la dualidad que mira de frente al porvenir
fundiste en tus crisoles: al hombre y al poeta,
en un afán de canto y un ansia de vivir. (17–20)

Sin embargo, este placer no puede ser eterno, pero su final sólo debe llegar cuando el cuerpo ya no pueda disfrutar del amor y de lo que éste le permite hacer:

> Tú morirás un día, ¡oh, carne pecadora!
> cuando el silencio al alma no sepa ya cantar,
> cuando la esfinge muda, cogiendo la sonora
> lira de nuestras manos, la precipite al mar. (21–24)

Pero por ser la vida efímera, el acto erótico se debe aprovechar como si fuese la última vez, según concluye el poema pidiendo que los cuerpos gocen mientras puedan:

> Mas hoy ven a mi lado y goza de mi fiesta;
> bebe en mi propio vaso la ola de carmín
> en que fermenta el ósculo. . . ¡Acaso será ésta
> la última postrimera copa del último festín! (25–28)

El sexo, pues, se debe disfrutar como si fuese la última vez que se hará porque es el máximo placer alcanzable y por lo que se rompe el cuerpo es su búsqueda.

Para Luis Gonzaga Urbina en "Plegaria", poema incluido en *Ingenuas* (1902), tampoco no existe ninguna renuencia para entrar en amores y disfrutar al máximo. Este descomunal deseo erótico lo manifiesta mediante un rezo pagano donde desea encontrar a una mujer para gozar del amor y olvidarse del dolor de la vida. Este poema hace hincapié en el amor carnal y totalmente temporal. Contrario al amor puro de Martí, y conectando con el amor pasajero de Nájera, Gonzaga Urbina pide "Que un cuerpo de bacante, tibio y blanco, / mi amor impuro encuentre" (1–2). Esta mujer incansable buscadora del placer carnal (una equivalente de Baco), además, tiene que tener un cuerpo esbelto, que instigue los deseos de placer físico de tal forma que el poeta desea sentir que la mujer está "implorando obscenas / caricias locas de mi amor impuro" (11–12). Las descripciones del cuerpo también conectan con ésas de Agustini, cuyo erotismo corporal abre la reivindicación de la mujer:

> Que en los senos, de albura nacarada,
> se yerga, rojo y alto, pezón breve,
> como rosa de púrpura clavada

en un alcor de nieve. (13–16)

Estas minuciosas descripciones del cuerpo de la mujer como un monumento de placer y belleza física para saciar el deseo erótico del hombre, ponen clara la intención: disfrutar de lo carnal e impuro, como anuncian los siguientes versos:

> Que venga hasta mi alcoba, de improviso,
> el mármol hecho carne; que del friso
> las figuras eróticas se muevan;
>
> Que torne el alma a la escultura inerte,
> y que sienta en mi ser que se renuevan
> las juveniles ansias. (17–22)

Sin embargo, en el poema encontramos que este deseo de gozo físico, con una mujer de específicas características corporales, emana del dolor existencial del poeta y la búsqueda de un amor verdadero que no ha podido encontrar, a pesar de laborar intensamente por ello:

> estoy rendido de ir tras el ideal
> búscame un nido
> donde sacie mi ardor sin devaneos,
> la idea y el dolor me han consumido
> ya sólo me quedan los deseos. (27–31)

Agotado por la búsqueda del amor puro e ideal, se rinde y clama por un amor totalmente carnal e impuro, que con cuyas características requeridas se vuelve imposible, de ahí que desee la perfección física.

Este último verso también apunta a un hastío existencial que el amor puede mermar, al proveer el refugio óptimo para el dolor de la vida y el horror de la muerte. Así pues, el deseo primordial que precipita la búsqueda de este cuerpo femenino es para llegar al final de la vida en el momento de mayor placer:

> Que la muerte
> me sorprenda, en un grito de entusiasmo
> – ya libre del dolor y de la duda –
> en el supremo instante en que el espasmo

mis miembros y mi espíritu sacuda. (22–26)

Esta postura, como otras aquí mencionadas, no es nueva de los modernistas, lo que sí es innovador es que representan el máximo refugio mediante el placer del orgasmo que al mismo tiempo entumece los sentidos para enfrentar la muerte. Para Urbina, entonces, morir en pleno orgasmo cuando éste haya aliviado el dolor y la incertidumbre de la vida es la cumbre del amor impuro. Pero esto solo se puede hacer con una mujer específica, como clama el último verso: "Quiero una bacante" (36), indicando que la experiencia debe ser totalmente carnal y dejando enteramente a un lado lo espiritual.

El caso del colombiano Ismael Enrique Arciniegas en "Siempre", poema publicado en *Cien poesías* (1911), se asemeja al del mexicano González Martínez al presentar un acto del amor que supera todo en el mundo, incluso el arte. De igual manera, es refugio de las penas de la vida, como se indica: "tú has sido en mi senda de mudos pesares / rosal florecido de amor y consuelo" (3–4); y no es sólo consuelo, sino que da significado a la existencia:

> Sólo por amarte comprendo la vida;
> tan sólo por verte perdona la herida
> de males que hieren sin tregua ni calma. (9–11)

Este acto humano es lo máximo que se puede anhelar y llegar a solidificarlo instiga desde inspiración hasta éxito en la vida. La mujer, entonces, viene a ser el deseo más valioso del hombre:

> ¡La perla más blanca de todos mis mares,
> la estrella más dulce de todos mis cielos,
> la flor más gloriosa de los azahares,
> el premio más grande de ocultos anhelos! (5-8)

Estas calificaciones de la mujer amada claramente apuntan a un motivo para todo en la vida: es ella el propósito y el resultado de todo, como lo indica el último terceto: "Por ti hay nuevas rosas sobre los senderos, / y como jazmines, temblantes luceros / despliegan sus broches de luz en el alma" (12–14), conectando así con la visión de la mujer que Darío presenta. El amor/mujer es, en definitiva, lo que permite la existencia.

Amor y muerte (Eros y Thanatos)

Aunque los poemas anteriores han tratado el amor relacionado con la muerte para los fines y por las razones que hemos indicado, no entran en el amor mezclado con la muerte, como es el caso de José Asunción Silva en "Poeta, di paso", de *Poesías* (1908), donde junta lo fúnebre con lo erótico en una ambientación necrofílica. El encuentro amoroso se describe en tres instantes que se recuerdan por un beso. El primero se lleva a cabo en la oscuridad, "[. . .] la luna no vertía / ahí ni un solo rayo. Temblabas y eras mía" (3–4), y lo recuerda bajo el título, "los furtivos besos" (2), que presenta la escena de un encuentro de amor físico: "Temblabas y eras mía. / Temblabas y eras mía bajo el follaje espeso" (4–5). Para al final del encuentro hacer aparecer una claridad de la luna que sale entre la niebla aparentando el inicio del día. El segundo encuentro lo recuerda como "los íntimos besos" y presenta otra escena de pasión carnal con detalles más íntimos: "desnuda tú en mis brazos fueron míos tus besos; / tu cuerpo de veinte años entre la roja seda" (17–18). En este caso el final de la descripción apunta que "Apenas alumbraba la lámpara sombría / los desteñidos hilos de la tapicería" (21–22), anticipando que la oscuridad avanza cada vez que se encuentran. La tercera descripción se titula "el último beso" y presenta el velorio del cadáver de la amada. En este encuentro el contacto físico se describe como: "¡Y estaba helada y cárdena tu boca que fue mía!" (33), y la luz que presencia el encuentro es una de "la llama de los cirios temblaba y se movía" (30), representando muy bien el ambiente de luto en el velorio de la finada.

Los tres encuentros parten de la memoria, "¡La sombra! ¡Los recuerdos!" (3); "¡ah, de las noche dulces me acuerdo todavía!" (14) ; y "¡Ah, de la noche trágica me acuerdo todavía!" (23). Con estas afirmaciones el poema viene a ser un gozo del recuerdo que se olvida de la condición yerta de la amada. También aquí se presenta el amor como algo que transciende el final de la existencia, aunque aquí llegue hasta besar los labios fríos del cadáver y disfrutar el recuerdo del pasado. El refugio, pues, se manifiesta en el recuerdo del amor pasado, que mitiga el dolor de la muerte de la amada, ahora yerta y sin calor. Pero curiosamente, al presentarlo como algo totalmente físico, en vida y en muerte, apunta a un amor superficial e impuro donde reina el recuerdo del aspecto físico, de ahí que recuerde sólo los encuentros sexuales.

Julio Herrera y Reissig también adelanta este mismo tema del amor mezclado con la muerte en "El suicidio de las almas" de 1908, pero publicado en *Los parques abandonados* (1919), donde con filosofías orientales se presenta el encuentro de dos amantes que comparten el mismo deseo de amor que se desprende del sentimiento de que la vida terminará: "Sentimos ambos la apremiante y ruda / fricción de perecer" (1–2), se lamenta en dos versos. Entre estas condiciones se busca llegar a la pureza mediante el acto amoroso de las almas, que se describe de forma extraña: "En acres lloros de mi esencia activa / te di a beber, como una esponja aciaga, / hiel y sal: vida muerta y muerte viva" (9-11). El poeta está así aludiendo a que con el acto erótico se ha dado un paso irreversible hacia la muerte. Sin embargo, el resultado final de esto es la unión amorosa: "Y en el dislocamiento del exceso, / tal como en una fabulosa daga, / ebrio de Dios, me traspasé en tu beso" (12–14). Es como un amor que mata, pero no por pasión sino porque conduce a la muerte.

Esta mezcla de amor y muerte también la trata el argentino Leopoldo Lugones en su poema "Delectación amorosa", incluido en *Los crepúsculos del jardín* (1905), donde dos amantes se unen en amor tanto física como espiritualmente, juntándose en una vida que sin duda los conduce hacia la muerte. Los últimos cuatro endecasílabos resumen esta experiencia de forma física y espiritual:

> Tus rodillas exangües sobre el plinto
> manifestaban la delicia inerte,
> y a nuestros pies un río de jacinto
> corría sin rumor hacia la muerte. (11–14)

Ya absueltos por el orgasmo los dos pueden contemplar la muerte.

El amor, junto al dolor, la vida y la muerte lo presenta también el poema "Boca a boca" de Delmira Agustini (*Los astros del abismo*). La primera estrofa presenta ya la fatalidad del amor cuando describe la boca del amante: "Copa de vida donde quiero y sueño / beber la muerte con fruición sombría, / surco de fuego donde logra Ensueño / fuertes semillas de melancolía" (1–4). Este deseo amoroso es concebido como sufrimiento, sin embargo, atrae a la perdición, según reza el verso ocho: "¡Verja de abismo es tu dentadura!", exclama. La atracción irresistible se describe cada vez más sombría y el dolor y el placer marchan juntos. "Sexo de alma triste de gloriosa, / el placer unges de dolor; tu beso, / puñal de fuego en vaina de embeleso, / me come en sueños como un cáncer rosa" (9–12), le declara, indicando con ello que el amor esconde o disfraza su fatalidad: es puñal en vaina o un cáncer más tolerable, pero siempre fatal. Le llama también a este amor "Joya de sangre y luna"(13), es decir, dolor y alegría; "nectario de miel y su veneno"(15), o sea, el placer y lo fatal del amor; "vampiro vuelto mariposa al día"(16), por el doble filo del amor que sangra y que adorna, que hunde los colmillos o que tímidamente roza el cuello. Este amor es también opuesto y complementario: "Tijera ardiente de glaciales lirios" (17); punzante y apacible: "panal de besos, ánforas vivientes / donde brindan delicias y delirios / fresas de aurora en vino de Poniente..." (18–20). Esta experiencia de dolor y placer es claramente sentida, pero por ello o a pesar de ello, deseada: "Pico rojo del buitre del deseo / que hubiste sangre y alma entre mi boca, / de tu largo sonante picoteo / brotó una llaga como flor de roca" (25–28), para luego indicarle al amado: "[. . .] Si otra vez mi vida / cruzas, dando a la tierra removida / siembra de oro tu verbo fecundo, / tú curarás la misteriosa herida" (29–32). Podemos ver, pues, que la herida causada por el amor es también curada por éste. El poema concluye con la contraposición de los símbolos que re enfatizan la fatalidad del amor: "Lirio de muerte, cóndor de vida, \ ¡flor de tu beso que perfuma el mundo!" (33–34).

Amor puro, amor impuro y el furor sexual

En total contraste con las vías eróticas antes mencionadas, José Martí en "Amor de ciudad grande", publicado en *Versos libres* (1882), aboga por un amor más profundo y duradero, pues el que ve en su época moderna ha perdido su profundidad y con ello toda sinceridad. Esto es culpa del progreso económico y urbano, representado por la ciudad grande donde la vida acelerada marca el paso de todas las actividades del hombre. "De gorja son y rapidez los tiempos", advierte el primer verso. Este ajetreo de la vida de la ciudad socaba las relaciones amorosas y las convierte en pasajeras, como asegura el poema: "¡Así el amor sin pompa ni misterio / muere, apenas nacido, de saciado" (6–7), enfatizando también que "muere / la flor el día en que nace" (14–15), fenómenos que causan que el sentimiento se debilite y el interior de los seres se encuentra vacío de amor:

> [. . .] ¡Si los pechos
> se rompen de los hombres, y las carnes
> rotas por tierra ruedan, no han de verse
> dentro más que frutillas estrujadas! (9–12)

En este trajín urbano el amor ha perdido el valor y la sensibilidad amorosa se convierte en una inconveniencia y se sustituye por lo que se puede: "se ama de pie, en las calles, entre el polvo / en los salones y las plazas" (13–14). Por la situación, pues, ha desaparecido todo lo relacionado con el amor: sorpresas, ilusiones, inquietudes, cortejos, placeres y desengaños porque el estilo de vida no lo permite: "¿quién tiene / tiempo de ser hidalgo?" (26–27), lamenta. Este ambiente y esta actitud crea un amor superficial, provisional, insincero y efímero:

> ¡O si se tiene sed, se alarga el brazo
> Y a la copa que pasa se la apura!
> ¡Luego, la copa turbia al polvo rueda,
> y el hábil catador --manchado el pecho
> de una sangre invisible-- sigue alegre,
> coronado de mirtos, su camino! (30–35)

Lo que más se lamenta es que este amor superficial se interpreta como alegría; la cumbre del encuentro entre el hombre y la mujer, pero que en realidad cada vez que ocurre está disminuyendo más esa cumbre que se le atribuye al acto de intimidad.

Habiendo minimizado los sentimientos hacia el amor, lo que sigue es la pérdida de aprecio por el cuerpo humano, así pues, la situación de la mujer no es una de aprecio sino de falta de respeto, aspecto que también comparte el hombre al haber hecho del cuerpo de ambos algo mecánico, que obedece instintos de forma práctica. Así cree Martí, los sentimientos se precipitan y no alcanzan a desarrollarse de forma natural:

> No son los cuerpos ya sino desechos,
> y fosas, y jirones. ¡Y las almas
> no son como en el árbol fruta rica
> en cuya blanda piel la almíbar dulce
> en su sazón de madurez rebosa,
> sino fruta de plaza que a brutales
> golpes del rudo labrador madura! (36–42)

Al formarse de golpe los sentimientos, bajo presión y confusión por el ajetreo de la ciudad, carecen de legitimidad. Todas estas condiciones y actitudes que rodean el amor de ciudad grande causan una falta de espíritu pues éste, "como liebre azorada [. . .] se esconde" (47). La situación espanta a Martí porque la ciudad "toda está llena / de copas por vaciar o huecas copas" (52–53), y su miedo no le permite tomar de éstas. Pero Martí concluye el poema indicando que esta es la realidad, aunque él no se atreva a meterse en ella:

> ¡Tomad vosotros, catadores ruines
> de vinillos humanos, esos vasos
> donde el jugo de lirio a grandes sorbos
> sin compasión y sin temor se bebe!
> ¡Tomad! ¡Yo soy honrado, y tengo miedo! (61–65)

En este poema, entonces, Martí busca más respeto para el cuerpo y el espíritu mediante la revalorización del encuentro entre ambos sexos y mira con dolor la disminución del valor de este acto íntimo. Esta situación lo hace recurrir a la nostalgia del amor de antaño, cuya sinceridad y pureza favorecía el crecimiento de los sentimientos. Pero no siendo ciego Martí a la realidad de su tiempo, y sabiendo muy bien que no puede regresar al pasado, el cubano reconoce que la situación real no puede acomodar otro tipo de amor, de ahí que invite a los demás a servirse de este amor pasajero.

Este amor impuro que denuncia Martí lo presenta el poema de

Manuel Gutiérrez Nájera "Para un menú", incluido en *Poesías* (1896),
donde califica lo erótico como algo totalmente pasajero y superficial:

> Las novias pasadas son copas vacías;
> en ellas pusimos un poco de amor;
> el néctar tomamos. . . huyeron los días. . .
> ¡Traed otras copas con nuevo licor! (1–4)

Esta actitud hacia el amor claramente demuestra un época donde éste
no se desarrolla y, como beber una copa, después del efecto de ansía
otra. Esta realidad ha desvalorado la actividad erótica y ya no puede
distinguirse entre placer de un trago y la reunión erótica, como confirma
el final del poema:

> La copa se apura, la dicha se agota;
> de un sorbo tomamos mujer y licor. . .
> Dejemos las copas. . . Si queda una gota,
> ¡que beba el lacayo las heces del amor! (13–16)

Es más, si sobran mujeres que 'no pueda beber', pues, que se las 'beba'
el criado para que no se echen a perder.

Esta situación de trivialidad erótica, Leopoldo Lugones en el poema
mitológico "Océanida", del libro *Los crepúsculos del jardín* (1905), la
describe como: "El mar, lleno de urgencias masculinas" (1), donde
concluye el soneto con una descripción del encuentro sexual, que
rivaliza las descripciones de Agustini:

> Palpitando a los ritmos de tu seno;
> hinchóse en una ola el mar sereno;
> para hundirte en sus vértigos felinos
> su voz te dijo una caricia vaga,
> y al penetrar entre tus muslos finos,
> la onda se aguzó como una daga. (9-14)

Estas necesidades del hombre, y claramente de la mujer al describir un
encuentro de consentimiento mutuo, hacen del amor una acción
superficial donde solamente se busca saciar el ardor sexual. Según
podemos ver, la preocupación de los modernistas por la pérdida de la

pureza del amor se manifiesta desde el asombro ante la situación, el ingreso o el deseo de ingresar en este nueva forma de amar, hasta la idealización del amor impuro.

El caso de Julio Herrera y Reissig es interesante porque complementa la visión del amor martiano y la de Lugones en "alma venturosa", mientras está en total discordia con los amores de un rato del otro grupo. En "El camino de las lágrimas" de 1908, pero publicado póstumamente en *Los parques abandonados* (1919), el poeta uruguayo presenta el encuentro de dos enamorados que se consuelan de las tristezas de la vida en el acto amoroso donde encuentran significado mutuo, tanto de la vida misma como del amor. La reunión que fijan es para tratar de aliviar las desilusiones de la existencia que roba al ser de la felicidad y solo el amor puede suplir estas faltas:

> Citándonos, después de oscura ausencia,
> tu alma se derretía a largo lloro,
> a causa de quién sabe qué tesoro
> perdido para siempre en su existencia. (1–4)

Ante esta situación, el consuelo llega por vía del amor: "Decíate lo mucho que te adoro / y cómo era de sorda mi dolencia" (7–8). Al compartir el dolor, encuentran un poco de alivio que se incrementa al llegar la unión amorosa:

> Y al estrecharte murmurando aquellas
> remembranzas de dicha a que me amparo,
> hallé un sendero matinal de estrellas
> en tu falda ilusión de rosa claro. (11–14)

Así pues, los dos amantes se refugian en un amor puro que los ampara y les ilumina la existencia.   De la misma forma, Leopoldo Lugones en "Alma venturosa" poema publicado en *Las horas doradas* (1922), presenta un amor sincero y puro entre un hombre y una mujer que se acerca a un erotismo espiritual. El amor es recíproco y los dos amantes, tanto con el cuerpo como con el alma, entienden el poder de éste: es la comprensión absoluta entre los dos. Es interesante notar que para Lugones la definición del amor parte de la necesidad y deseo de estar junto a esa persona:

> Al promediar la tarde de aquel día,
> cuando iba mi habitual adiós a darte,
> fue una vaga congoja de dejarte
> lo que me hizo saber que te quería. (1–4)

Esta definición apunta a un amor que va más allá del placer carnal al señalar la necesidad de la compañía que los seres necesitan, confirmando la pureza y sinceridad de éste.

En contraste, el poema de José Martí, "Quiero a la sombra de un ala", incluido en *Versos sencillos* (1891), presenta otra historia de amor puro pero que carece de la recepción buscada. Se trata de una situación de amor entre un hombre mayor y una adolescente, "la niña de Guatemala", quien trata de iniciar su amor con él, pero éste no la ve como alguien que puede amar de la misma forma:

> . . .Ella dio al desmemoriado
> una almohadilla de olor;
> él volvió, volvió casado:
> ella se murió de amor. (9–12)

Esta indiferencia del hombre fue para la chica algo intolerable pues su intenso amor se vio totalmente ignorado y el suicidio es la única forma que ella encuentra para lidiar con la situación:

> . . .se entró de tarde en el río,
> la sacó muerta el doctor:
> dicen que murió de frío:
> yo sé que murió de amor. (25–28)

Este suicidio por el desaire genera la pregunta de por qué Martí indica que esta chica ha sido su mayor amor, pero que dejó morir: "¡la frente / que más he amado en mi vida!" (21–24); que contradice sus acciones al ignorar completamente la declaración de amor que la chica le hizo. En el penúltimo cuarteto el sujeto poemático da otras indicaciones de este amor: "besé su mano afilada, / besé sus zapatos blancos" (31–32). Ahora, lo que Martí presenta en este poema es una atracción amorosa de parte de la chica hacia un hombre que sin duda la quiere. Este amor, sin embargo, adquiere características paternofiliales, de ahí que bese su frente, sus manos, sus zapatos blancos, y que sea la frente que más ha querido en su vida, no los labios. El poema concluye: "¡nunca más he vuelto a ver / a la que se murió de amor!" (35–36). Como es evidente, el amor se manifiesta en varios planos y cuando se trastornan producen sufrimiento. No obstante, en este caso se trata de un amor completamente puro, aunque mal correspondido.

Estos diferentes puntos de vista hacia el amor que se presenta en los modernistas, de cuya expresión total lo dicho aquí es tan sólo una somera ejemplificación, sirven para ilustrar las condiciones de la época claramente reflejada en la poesía. Un buen ejemplo de esto es el amor como refugio donde el artista busca amparo ante una situación que le causa dolor, ya sea por ser artista o por su penuria existencial. Del mismo modo, los modernistas presentan el amor como algo que libera al ser humano de las penas de la vida y le permite un nivel de gozo capaz de entumecer los sentidos para enfrentarse a la muerte inevitable que en el horizonte atormenta. Pero no se trata sólo de olvidar la muerte sino de por medio del amor llegar preparado para ésta. Lo mismo se puede decir del amor como marcapasos de la vida, ilustrado por el llamado a gozar del amor antes del fin de la vida terrena, ya sea de súbito o por el destino humano a perecer.

Otras manifestaciones se desprenden de la libertad que el amor es capaz de proporcionar. Una vez alterada la situación por la llegada de la modernidad a América Latina, muchos se sirven de este amor desleal que viene con el materialismo del progreso, que al destruir lo original, lo reemplaza con lo conveniente. Pero esta época viene a ser una batalla para algunos, como la mujer y un amor denominado "raro". Estas dos maneras de manifestar el amor, que, prohibida su expresión ante una sociedad que rechaza lo desconocido o extraño, toma voz en la poesía. Estamos aquí ante una voz muy liberada en el caso de Storni, callada y oculta, pero denunciadora, en Casal y, atrevida pero disfrazada en Nervo. El amor, entonces, presenta muchas posibilidades en un movimiento artístico y una época que se juntan en la encrucijada de los siglos donde se comienza a abandonar lo tradicional para entrar en nuevos caminos, es decir, en lo moderno.

Así las cosas, el furor sexual es constante en la poesía amorosa del Modernismo. Como hemos visto ya en diferentes contextos, Rubén Darío[15] y Delmira Agustini son unos de los más prolíficos en esta área. El amor trastornado, o no ideal, como también el desamor son temas tratados también. Podemos añadir a Alfonsina Storni al furor sexual como manifestado en el poema "¿Te acuerdas?. . ." donde describe el encuentro íntimo: "Mi boca con un ósculo travieso / buscó a tus golondrinas, traicioneras, / y sentí sus pestañas prisioneras / palpitando en las combas de mi beso" (1–4). Después de la descripción de las primeras caricias, los primeros besos y el deseo ardiente, confiesa: "Me libró la materia de su peso. . . / Pasó por mí un fulgor de primaveras / y el alma anestesiada de quimeras \ conoció la fruición del embeleso" (5–8). Poseída, pues, en el ardor sexual se ve invadida por confusiones y sentimientos de aturdimiento que caen en una paz y tranquilidad: "Fue un momento de paz tan exquisito / que yo sorbí la luz del infinito" (9–10), confiesa, agregando que dicha experiencia le trae un nudo en la garganta: "y me saltó el deseo de llorar" (11), indica. El soneto concluye con la interrogante al amante si recuerda la tarde cuando sucedió el encuentro para luego describir el último instante: "y mientras susurrabas: ¡Mía! ¡Mía!' / como un niño me puse a llorar" (13–14).

Agregando más a lo que hemos presentado ya de Delmira Agustini, podemos recurrir al poema "La copa del amor" donde presenciamos una invitación a beber juntos la copa en un lenguaje que oscila entre descripciones de la naturaleza y el acto sexual detallado. Como es típico de Agustini, esto deja entre líneas el candente erotismo en su poesía, innegable, pero sutilmente disfrazado: "Bebamos juntos en la copa egregia! / raro licor se ofrenda a nuestras almas. / Abran mis rosas su frescura regia / a la sombra indeleble de tus palmas!". En la segunda estrofa nos damos cuenta de que la invitación a 'beber' es hacia la persona que la inició en el amor, es decir, Agustini describe una primera relación sexual: "Tú [despertaste] mi alma adormecida / en la tumba silente de las horas; / a ti la primer sangre de mi vida / en los vasos de luz de mis auroras!" (5–8). A manera de recordar más detalles, indica: "Ah! tu voz vino a recamar de oro / mis lóbregos silencios; tú rompiste

/ el gran hilo de perlas de mi lloro, / y al sol naciente mi horizonte abriste" (9–12). Ahora, agradeciendo este rescate lo invita otra vez a 'beber la copa'. La quinta estrofa describe sus grandes deseos para la reunión con el invitado: "¡Ah yo me siento abrir como una rosa! / Ven a beber mis mieles sobrehumanas; / ¡mi alma es la copa del amor pomposa / que engazará en tus manos soberanas!" (17–20). La copa y la rosa, pues, anticipan el encuentro: "La copa erige su esplendor de llama. . . \ ¡Con [qué] hechizo en tus manos brillaría! / Su misteriosa exquisitez reclama / dedos de ensueño y labios de armonía" (21–24). Hay que indicar que la copa, tanto como la flor, en Agustini en términos simbólicos, se asemeja al cisne en cuanto a su doble concepción de los órganos genitales masculino y femenino. Bajo esta lectura, la estrofa anterior es candente por su contenido sexual simbólicamente explícito. La estrofa final reitera la invitación a servirse de la copa y la rosa; "Tómala y bebe, que la gloria dora / el idilio de luz de nuestras almas; / ¡marchítense las rosas de mi aurora / a la sombra indeleble de tus palmas"!(25–28).

Los problemas con el amor aparecen también en diferentes poetas y van desde el desamor, la traición, el amor desmitificado (como ya hemos visto en diferente contexto en la impureza) y el amor no correspondido. Julián del Casal[16], por ejemplo, presenta en "Camafeo" la inhabilidad de amar, a pesar de tratarse de una bella mujer: "¿Quién no le rinde culto a tu hermosura / y ante ella de placer no se enajena, / si hay en tu busto líneas de escultura / y hay en tu voz acentos de sirena? (1–4), pregunta. Después de dedicar cinco estrofas más a la belleza y las virtudes de la mujer, concluye el poema: "Mas no te amo. Tu hermosura encierra / tan solo para mí focos de hastío... / ¿Podrá haber en los lindes de la tierra / un corazón tan muerto como el mío?" (25–28). Como podemos ver, la inhabilidad de amar es el obstáculo, no defectos de la mujer. En el poema "Post umbra", Casal presenta un amor maldito donde la mujer es causa del sufrimiento del hombre y que después de muerto, sigue sufriendo por las acciones de ésta. Las primeras tres estrofas plantean la muerte de la voz poética, "Cuando yo duerma, solo y olvidado, / dentro de oscura fosa" (1–2), ya indicando desde aquí el resentimiento ante la mujer: "por haber en tu lecho malgastado / mi vida rigurosa", lamenta. Continúa: "cuando en mi corazón, que tuyo ha sido, / se muevan los gusanos" (4–5), "cuando sienta filtrarse por mis huesos gotas de lluvia helada" (9–10); para luego conjeturar en la cuarta estrofa lo que hará la mujer: "una noche, cansada de estar sola / en tu alcoba elegante, / saldrás, con tu belleza de española, / a buscar otro amante" (13–16). Teoriza que la hermosura de la mujer provocará a los amigos del muerto a pretender sus amores y, conjetura el poema, uno de ellos logrará imitarlo a él para conquistar a esta "bella pecadora", tomando su lugar, así indica: "aquellos en que yo celebré un día / tus amores livianos, / tu dulce voz, tu femenil falsía, / tus ojos africanos" (25-28). Esta traición post umbra, pues, le deberá recordar al nuevo pretendiente lo que sucedió con el antiguo amante: "Otra vez, dolido de mi suerte / y con mortal pavura, / recuerde que causaste tú mi muerte, / mi muerte prematura" (29-32). Podrá recordar este amigo la inquietud y ansias eternas, como también "mis sueños imposibles de poeta" (35), indica. No obstante, nada de esta escena trágica tendrá efectos en la mujer quien sin importarle se entregará al otro: "Y, nuevo amor tu corazón ardiendo, / caerás en otros brazos, / mientras se esté mi cuerpo deshaciendo / en hediondos pedazos" (37-40), lamenta. Es en la última estrofa donde conecta el poema y nos damos cuenta que se trata de una conjetura fatalística sobre el amor y la mujer; "Pero yo, resignado a tu falsía, / soportaré el martirio", confiesa, para luego interrogar; ¿Quién pretende que dure más de un día / el aroma de un lirio?" (41-44). El amor efímero, pues, agrupado a la traición femenina y el sufrimiento de amar, agobian, sin embargo, se soporta por la trampa que es el amor mismo.

Siguiendo este hilo del amor doloroso, Nájera presenta en el poema "Carta abierta" un dolor en el amor que se deriva desde la rapidez de la vida moderna ("en este tren expreso en que viajamos, / aman siempre al vapor los corazones") que provee para un amor menos puro y con descansos ("que así como el trayecto que cruzamos / tiene el alma también sus estaciones") hasta la frustración misma de ser artista (¡Así es el hombre! Tántalo que tiene / la sed del ideal, la poesía") y la imposibilidad de poner bridas al amor, como el arte (¡Amor es un laúd, es una lira / que vibra en el espacio y enmudece: / amor es una Ofelia que suspira. . . / no la queráis tocar . . . ¡se desvanece!"). Además, en el amor nunca sabe lo que ha encontrado, a pesar de estar convencido de que cuando lo ve primero es lo ideal, tal como le ocurre al artista. La primera estrofa declara la ley del amor: "Tiene el amor su código, señora, / y en él mi crimen pago con vida; / ¡así es mi corazón! ama una hora, / es amado después, y luego. . . olvida" (1-4). El sufrimiento es con lo que se paga en la vida debido al deseo descomunal de amar: "Soñamos con amar, y nos agita / la volcánica lava del deseo" (17–18). Sin embargo, la fugacidad del amor y la constante búsqueda de éste hace que el deseo se vuelva tormento: "Hoy es una mujer que nos adora; / mañana una mujer que nos desdeña; / y mientras más por el amor se llora, / con más ahínco en el amor se sueña"(21–24). Pero, como ya hemos indicado, así es el hombre y busca el ideal como la poesía y "una mujer a su camino viene / y exclama el corazón: ¡ésa es la mía!" (27–28). No obstante, esta reacción es despistada y el amor fracasa: "Es suya esa mujer: los goces nacen, / la ve, la palpa, sus mejillas besa. . . / Las alas del querube se deshacen, / y exclama el corazón: ¡no!, ¡no es ésa!" (29–32). Entonces, el sufrimiento del amor que Nájera presenta en este poema va por la vía de la naturaleza de las personas, y no estrictamente por la mujer.

El amor desmitificado lo presenta también Evaristo Carriego en su poema "Una sorpresa" donde hay una total indiferencia ante la llegada de una mujer. El poema en sí nunca indica el género de la persona que llega, sin embargo, este soneto es parte de "Intimas", donde el resto de los poemas siguen el tema de una mujer y las diferentes impresiones del poeta. Así pues, el poema se inicia indicando que ha recibido una carta de una persona que indica su pronto regreso, lo que ha causado sorpresa a la voz poética. Al leer la carta, "'que por fin vas a verme . . ., que tan larga / fue la separación . . .' Te lo aconsejo, / no vengas, sufrirás una amarga / desilusión: me encontrarías viejo". (5–8). Ahora ya viejo, la anticipación y el deseo de ver a esta persona que lo abandonó no existe. De hecho, concluye que aunque algunos recuerdos traigan tristeza, es normal para la vejez, confesando: "no me puedo quejar: tranquilamente / fumo mi pipa y bebo mi cerveza" (13–14). La sorpresa es para los dos, el que recibió la carta se sorprende de que regresa la otra persona, pero al mismo tiempo, la frialdad con la que recibe dicha noticia y la indiferencia hacia la persona que regresa, son una sorpresa, sin duda, para la persona que vuelve.

Alfonsina Storni, por su parte, presenta el desamor en el poema "Lo inacabable", donde el amor no acaba, sino que sigue su rumbo, como la naturaleza, y sus ciclos de vida y muerte vagan por el mundo. El primer cuarteto declara ya que el amor muere, sin culpa del uno o del otro: "No tienes tú la culpa si en tus manos / mi amor se deshojó como una rosa: / vendrá la primavera y habrá flores. . . / el tronco seco dará nuevas hojas" (1–4). Es decir, ese amor que muere como la rosa, brotará en otra parte y en otro tiempo, y como indicado en la segunda estrofa, el sufrimiento refortalecerá la nueva vida. El curso natural a tomar, pues, es cada quien por su camino buscando nuevos lugares donde pueda germinar otro amor: "Tú seguirás tu ruta; yo la mía / y ambos, libertos, como mariposas / perderemos el polen de las alas / y hallaremos más polen en la flora" (5–8). Las palabras y los besos mueren, afirma, pero hay otras vidas porque siempre se busca un nuevo día. Sin embargo, "[. . .] ¿lo que fue? ¡jamás se recupera! / ¡Y toda primavera que se esboza / es un cadáver más que adquiere vida / y es un capullo más que se deshoja!" (17–20). Es hasta esta última estrofa donde cambia el tono de tranquilidad ante la pérdida del amor y lamenta que ningún amor es como el primer amor: irrecuperable, aunque cíclicamente vuelva a reproducirse una imitación.

Como hemos evidenciado, el tema del amor entre los modernistas cubre tanto las tradicionales preocupaciones, las experiencias personales y particulares a cada autor, las universalidades del amar y, los efectos de la modernidad en el amor tradicional. Además, la mujer, especialmente Delmira Agustini, poetizan muy atrevidamente los deseos femeninos y rompen el silencio tradicional impuesto por la sociedad. Con todo esto hemos ilustrado cuán variada y similar puede aparecer la poética modernista.

CAPÍTULO 6: Religiosidad y divinidad

Este tema también se presenta ligado a la conciencia existencial del poeta modernista donde con diversos enfoques busca aliviar la vida de penas. Amado Nervo y Rubén Darío se destacan por la extensa atención que dan a lo divino y a la religión, y en ambos se puede ver una preocupación por la falta de expresiones racionales para que el ser humano sostenga su fe. En una época de tanto cambio, las emociones religiosas de los modernistas marcan el paso a las alteraciones que la modernidad trae consigo, que van desde el progreso que altera la forma de vivir del artista hasta las luchas sociales por obtener más control y riquezas, con lo que se degenera la sociedad. Esto se puede ver en actitudes manifestadas por los poetas donde en un instante están a punto de perder toda fe y en otro están poniendo todas sus esperanzas en lo divino. Estos ciclos emocionales hacen de un período tumultuoso una crisis mayor, pues una y otra vez desilusiona al artista que busca respuestas para lo que su existencia no le provee ninguna. Pero con la situación en constante cambio aumenta la desesperación hasta el punto de pedir intervención divina, ya sea para arreglar el mundo o para dar fin a la existencia en la que sufre. El poder divino, entonces, resulta ser para muchos lo último que puede calmar la angustia de lo sin sentido.

La distancia entre Dios y el ser humano

Para algunos de los modernistas, en algunos casos, la presencia de Dios en la vida del ser humano no parece estar suficientemente cerca para mantener al hombre satisfecho en una vida de dolor. Este alejamiento del Creador provoca desesperación porque la vida no da ninguna otra esperanza y la espera se vuelve demasiado larga, como lo indica el poema de Amado Nervo "Y tú esperando", publicado en *El arquero divino* (1920). Aquí el tiempo y la naturaleza aparecen como un proceso lento y repetitivo que nunca lleva a ningún lugar. Esta monotonía sin fin la ilustra al indicar que pasan las noches, los días, la lluvia y las nubes. Mientras tanto, el hombre en su misma condición angustiosa sigue esperando, en tanto su vida sí pasa y cada vez cambia para lo peor: la vejez que lleva a la muerte. Pero esta espera se vuelve cada vez más dura, como indica el segundo cuarteto:

> ¡Tú, esperando y las horas no tienen prisa!
> ¡Con qué pereza mueven las plantas torpes!
> Las veinticuatro hermanas llevar parecen
> zuecos de plomo. (5–8)

Evidentemente, el tiempo para Nervo no lleva ninguna prisa y el hombre espera algo que no se hace ver y que ni siquiera da indicios de acercarse, como compara en el tercer cuarteto:

> Esa rosa encendida ya se presiente
> entre los gajos verdes de su justillo.
> Entre los gajos verdes su carne santa
> es un milagro. (9–12)

Después de estas comparaciones con la naturaleza y el tiempo, donde el capullo está a punto de convertirse en rosa, mientras el hombre aguarda con inquietud esta revelación final, ya no puede contenerse y por eso la última estrofa viene a ser un grito de desesperación hacia el responsable:

> ¡Pero cuándo veremos la rosa abierta!
> Dios eterno, tú nunca te precipitas;
> mas el hombre se angustia porque es efímero.
> ¡Señor, cuándo veremos la rosa abierta! (13–16

De este modo, el poema demuestra la desesperación porque Dios dé alguna señal que indique su existencia, que como una rosa que finalmente se abre, se deje ver y calme la angustia humana, pues el tiempo es largo y la espera por algo que dé paz se hace muy prolongada.

El hombre teme morir sin ver una prueba de la existencia de Dios, el cual no tiene ninguna prisa por evitarlo. La sincronía entre la vida humana y las manifestaciones de la divinidad no concuerdan pues el primero es efímero y el segundo es eterno, y es ésta la gran denuncia de Nervo. Cabe notar, además, que este poema también conecta con la angustia existencial tratada antes, pero aquí se espera consuelo con la presencia de Dios.

La distancia entre Dios y el ser humano Nervo también la trata en "Viejo estribillo", poema incluido en *El éxodo de las flores del camino* (1902), donde reclama la presencia de Dios para dar paz a los humanos, denunciando que lo que existe en la tierra, con toda su belleza, no es nada más que una ilusión. Dios, por otro lado, es la única realidad y debe aparecer como tal:

-¡Oh Señor! La belleza sólo es, pues, espejismo.
Nada más. . . Tú eres cierto, sé Tú mi último Dueño. (18–19)

Pero el problema es que Dios no se hace ver y no se puede localizar. Esta condición desespera al hombre, angustia que para Nervo se hace pregunta abierta: "¿Dónde hallarte, en el éter, en la tierra, en mí mismo?" (20) interroga desesperadamente. Pero esta incógnita sobre el ignoto lugar de Dios viene a ser otra pregunta, pues aunque se busque en todos los lugares no se ha encontrado. Al no hallar otra salida concluye: "Un poquito de ensueño te guiará en cada abismo, / un poquito de ensueño. . ." (21–22). A pesar de las aparentes manifestaciones de Dios mediante la naturaleza, sólo el ensueño es lo que puede hacerlo aparecer, el resto, como recalca el poema, es pura ilusión; espejismo. Aunque se afirma que Dios existe, por la distancia que Éste guarda entre el ser humano, sólo existe en la imaginación o la embriaguez, cosa que desespera al hombre que siente la necesidad de cerciorarse de la existencia y presencia del Creador cuando busca el significado de la vida.

En "Expectación", poema publicado en *Elevación* (1917), Nervo continúa con el tema del distanciamiento de Dios, pero a diferencia de los otros poemas, aquí espera la llegada del Salvador, seguro de que vendrá. Por eso, al final de la vida pone sus preocupaciones sobre la muerte en Dios, que es quien cree que debe socorrerlo como creyente. La primera estrofa habla del presentimiento de que algo viene y se pregunta si es la muerte lo que llega, por ventura del amor, que le causa terror: "Palidece mi rostro. . . Mi alma está conmovida, / y sacude mis miembros un sagrado temblor" (3-4). Este "algo solemne" que se aproxima, lo hace buscar refugio y lo encuentra en su creencia en Dios, como indica la última estrofa:

> Todo trémulo: mi alma de pavor llena está.
> Que se cumpla el Destino, que Dios dicte su fallo.
> Mientras yo, de rodillas, oro, espero y me callo,
> para oír la palabra que el Abismo dirá . . . (10–13)

A la hora de la muerte espera la llegada de Dios y todo lo que puede hacer es aguardar a que dicte su sentencia. Esta aparente resignación y docilidad del ser ante Dios se deriva de la esperanza de que con Él llegue la salvación, aunque el hombre y el Creador hayan permanecido distanciados durante toda la vida, aspecto que conecta con la siguiente etapa de este estudio que trata sobre Dios como el que puede rescatar a la humanidad de sus penas.

Esta angustia por lo efímero de la vida también la presenta Nervo en "A Kempis", poema incluido en *Místicas* (1898), donde Nervo se acongoja por el conocimiento de la realidad de la vida y se dirige al autor de un libro (Tomás de Kempis [1380-1471] autor de *Imitación de Cristo* aparecida en el año 1441) para reprocharle por haber indicado que lo que existe en la tierra es vano y que hay que poner todo en las manos de Dios:

> ¡Oh Kempis, antes de leerte, amaba
> la luz, las vegas, el mar Océano;
> mas tú dijiste que todo acaba,
> que todo muere, que todo es vano! (5–8)

Ahora que es consciente de la dura realidad de la existencia se ve lleno de angustia, de la misma forma que lo presenta Darío en "Lo fatal", poema de *Cantos de vida y esperanza* (1905), y que hacen otros poetas,

como antes se ha indicado. La diferencia aquí es que toda esta aflicción
la ha tratado de poner en las manos de Dios, pero ahora también se ha
enterado de la fugacidad de la vida:

> Mas como afirman doctores graves,
> que tú, maestro, citas y nombras,
> que el hombre pasa *como las naves,*
> *como las nubes, como las sombras.* . . . (13–16)

Habiéndose enterado de esto, no puede olvidarlo y su vida se ha vuelto
un dolor, como denuncia la última estrofa:

> ¡Oh, Kempis, Kempis, asceta yermo,
> pálido asceta, qué mal me hiciste!
> ¡Ha muchos años que estoy enfermo,
> y es por el libro que tú escribiste! (21–24)

El poema, entonces, es una angustia ante el futuro, debido a la
fugacidad de la existencia donde termina todo lo material, que es lo que
el hombre aprecia. El poeta se ve obligado a poner todo en manos de
Dios y esta idea divina se encuentra demasiado lejos para proveer alivio.
El mal que Kempis le ha hecho es asegurarle con referencias científicas
que el hombre está solo en una vida pasajera y lo que le queda es fe para
seguir creyendo. La tragedia del poeta modernista y, en especial aquí,
de Nervo, es que Dios no aparece más cercano. Esta abundancia del
tema que Nervo presenta, según José Olivio Jiménez, se puede explicar
como una "lucha interna entre la carne y el espíritu, la sensualidad y la
religiosidad, el impulso erótico y el afán de transcendencia, la fe rota y
la necesidad de creer, el desasosiego de los humanos límites (a veces
plasmado en logros poéticos meritorios: 'espacio y tiempo') y la voluntad
de una proyección de infinitud y paz para el espíritu" (*Antología* 258).
    Esta crisis con la divinidad también la presenta Rubén Darío en el
poema "Sum" *(El canto errante,* 1907), quien de acuerdo con José Olivio
Jímenez es el poeta que mejor que nadie, con su agónica poesía,
encarnó el espiritualismo modernista manifestado por un signo
dramáticamente dialéctico (*Antología* 258). En el poema antes citado, la
crisis con la divinidad Darío la presenta mediante una batalla entre el

escepticismo y la fe religiosa que hacen de su vida un tormento:

> Cuatro horizontes de abismo
> tiene mi razonamiento,
> y el abismo que más siento
> es el que siento en mí mismo. (5–8)

Lo que siente Darío es la falta de conocimientos que le den una razón para tener esperanzas en una vida donde sin ver a Dios no puede seguir adelante, desarraigo que lo lleva a la confesión y subsecuente ruego desesperado:

> loco de tanto ignorar,
> voy a ponerme a gritar
> al borde de los sepulcros:
> ¡Señor que la fe se muere!
> Señor mira mi dolor.
> *¡Miserere! ¡Miserere!* . . .
> Dame la mano, Señor. . . (17–24)

Como en los otros poemas, Darío también pide a Dios que le dé indicios de su presencia para restaurar su fe y con ello poder aliviar su dolor y angustia, pues se encuentra al borde del sepulcro en sus esperanzas, mientras que el Creador permanece en la lejanía, de ahí que le pida misericordia. Esta clara angustia ante lo divino emana por el hecho que el hombre se siente abandonado en un mundo que no provee material que merme la necesidad de creer en algo que explique la existencia. Al buscar y no encontrar esa esencia divina, surge el grito de desesperación que para Darío y Nervo viene cuando están al borde de abandonar la creencia; por eso es que advierten que la fe se muere cuando no reciben señales de la existencia de Dios.

Esta fe en peligro de fallecer también la presenta el poema "Soneto", publicado en *Poesías* (1908), de José Asunción Silva al cuestionar la fe mientras afirma que la existencia en la tierra es mitigada por la incertidumbre que el hombre vive porque Dios permanece alejado:

> Tiene instantes de horribles amarguras
> esta sed interior que al hombre agita,

ya del dulce señor la faz bendita
no sonríe del cielo en las alturas. (1–4)

Esta necesidad interior de creer en Dios se vuelve agria cuando no puede ver nada que le indique que la divinidad escucha sus ruegos. Entonces la creencia en Dios solo puede justificarse mediante la fe, pero que después de tanto sacrificio también resulta inútil. El ser humano termina sufriendo una vida dolorosa que lo hace creer en Dios como único medio de salvación, pero todo el gran esfuerzo que hace por encontrarlo termina sólo en cansancio y el reconocimiento de que el hombre es, en último término, un ser desvalido en una existencia efímera:

Nada logras, oh fe, cuando aseguras
quietud a su ansiedad, que es infinita
y otro mundo después do resucita
y halla en vida mejor, horas más puras,

sin columna de luz que en el desierto
guíe su paso a punto conocido
continúa el cruel peregrinaje.

Para encontrar en el futuro incierto
bajo una piedra el tenebroso olvido
tras las fatigas del penoso viaje. (5–14)

Después de este peregrinaje a tientas por la tierra, no se encuentra nada concreto que dé al hombre dónde apoyarse y seguir luchando. La fe y el sacrificio, entonces, no alivian el dolor humano, y como en el caso de Darío y de Nervo, está al borde de la muerte por no poderse nutrir de ninguna señal de la existencia de Dios en la vida humana. Sin embargo, el hombre se aferra a su creencia y continúa su peregrinaje a tropezones con la esperanza de ver un día la sonrisa divina. Aunque Dios no se manifiesta y la vida no presenta otra explicación que justifique la incertidumbre de la existencia humana, la divinidad es el único refugio del ser humano por habérsele inculcado como tal, pero la condición espiritual de los poetas modernistas genera una distancia entre poeta y divinidad.

En Manuel Gutiérrez Nájera vemos aún más el abandono de Dios en el poema "Después". Aquí, a manera de haber dado el paso después de la vida ("la sombra que ahogan los luceros. . ./ iesa es la que busco para mi alma"), Nájera presenta una descomunal desesperación existencial y espiritual donde la duda y el no saber el origen, rumbo y propósito de la vida se vuelven gritos interrogativos : "¿Qué mar me arroja? ¿De qué abismo vengo? / ¿Qué tremenda borrasca / con mi vida jugó? ¿Qué ola clemente / me ha dejado en la playa?" (11–14) pregunta. Además, no hay nadie que pueda acudir a su desgracia, según interroga: "¿En qué desierto suena mi alarido? / ¿En qué noche infinita va mi alma? / ¿Por qué, prófugo huyó mi pensamiento" (15–17). Describiendo la entrada en el camino de oscuridad buscando un lugar para su alma ("Poco a poco rasgando la tiniebla, / como puntas de dagas, / asoman a mi mente los recuerdos"), recuerda lo que fue la vida mientras avanza. En la quinta estrofa se presenta la desilusión del encuentro con Dios que anticipaba: "Señor, ¿en dónde estás? iTe busco en vano!. . ./ ¿En dónde estás, oh, Cristo?" (59-60), pregunta, para luego divulgar su soledad: "iTe llamo con pavor porque estoy solo, / como llama a su padre el pobre niño!. . ." (61–62). Sin embargo, en esta vulnerabilidad infantil que siente su súplica no le trae resultados y Dios permanece alejado: "iY nadie en el altar! iNadie en la nave! / iTodo en tiniebla sepulcral hundido!" (63-64), lamenta. Ante esta soledad y desesperación implora a llanto partido que se manifieste la Divinidad: "iHabla! iQue suene el órgano! iQue vea / el desnudo altar arder los cirios!. . ./ iYa me ahogo en la sombra. . . ya me ahogo! / iResucita, Dios mío!" (65-68). La estrofa final, no obstante, cuando llega finalmente la muerte, sugiere una aparencia de Dios: "iUna luz! iUn relámpago!. . . iFue acaso / que despertó una lámpara! / iYa miro, sí! iYa miro que estoy solo! / iYa puedo ver mi alma! (69–72). Sin embargo, hay también la posibilidad del peor abandono imaginable, como podemos apreciar en los siguientes versos: "Ya vi que de la cruz te desclavaste / y que en la cruz no hay nada. . . / Como esa son las cruces de los muertos, / los pomos de las dagas. . . / iY es puñal, sí, porque su hoja aguda / en mi pecho se encaja!" (73–78). Los últimos dos versos citados indican un asesinato por la misma cruz, como puñal, que ilustran la gran desilusión en el momento que más se buscaba el socorro divino. El Cristo que ha bajado de la cruz, entonces, no se ha acercado al suplicante, sino, alejado de éste. Al mismo tiempo, el tono de que hay cierta presencia de Dios vuelve: "Ya ardieron de repente mis recuerdos, / ya brillaron las velas apagadas. / Vuelven al coro tétrico los monjes / y vestidos de luto se adelantan. . ." (79-82), para luego describir: "Traen un cadáver. . . rezan. . ." y exclamar "¡oh, Dios mío, / todo los cirios con tu soplo apaga!. . ." (83-84). La distancia, el abandono y la falta de consuelo por Dios ante el hombre, entonces, llega hasta el momento en que el alma sale del cuerpo y busca la unión divina. Sin embargo, en este poema se oscila entre la presencia de la divinidad y el abandono para quedar aún suplicante de que aparezca y rescate al ser del sufrimiento tanto existencial como espiritual ante un Dios que linda en lo cruel.

En el poema "Él", Nájera presenta precisamente a un Dios cruel porque es quien manipula la vida de dolor y sufrimiento del hombre. La primera estrofa afirma: "Hay una sombra que la luz me oculta / del ángel de mi amor; / hay un espectro que mi ser sepulta / en tumba de dolor" (1–4). Este fantasma que causa dolor "No es malvado y destroza mi esperanza, / me da a beber la hiel; / siento al verle la sed de la venganza / y al verle. . . ¡soy crüel!" (5–8). El ángel bueno, pues, causa dolor en la vida, y esto turba la razón: "Mas cuando recogido en el santuario / de mi propio pensar, / me envuelvo en el reposo solitario, / y me pongo a llorar" (9–12), confiesa. El llanto, pues, es ante la inhabilidad de parar el sufrimiento existencial que se incomoda precisamente por lo que debe mermarlo: el ángel benevolente. Por eso confiesa: "veo tan débil, tan bajo y tan pequeño / a mi feliz rival, / que creo que en esta vida o este sueño / hay algo de fatal!" (13–16), aludiendo a que la culpa del sufrimiento tan grande no concuerda con este angelito de bondad que hace sufrir, indicio ya de que considera que hay alguien más grande detrás de éste. Afirma sobre el ángel: "No es él, no, quien destroza mi esperanza, / quien mata mi ilusión; / no le vibres el rayo de venganza, / no le odies, corazón!" (17-20). Después de describir cómo lo más pequeño nunca triunfa ante los más grande y poderoso, o no puede cambiar el resultado inevitable, concluye el poema con que el espectro: "Es abismo que corta mi camino / y separa a los dos . . ./ Pero es juguete débil del destino \ impulsado por Dios!" (33-36). Así pues, Dios es responsable por el sufrir del hombre y delega su crueldad a un pequeño ángel que cumple sus órdenes.

Algo similar presenta Nájera en el poema "To be", de clara resonancia Shakespeareana, donde contempla la vida de sufrimiento y la posibilidad de escaparla con el suicidio. El primer verso deja claro ya lo que es la vida: "¡Inmenso abismo es el dolor humano!" afirma, para luego interrogar: " ¿Quién vio jamás su tenebroso fondo?" (2). Pero aún más, el sufrimiento no cesa con la muerte: "La vida es dolor. Y es vida oscura, pero vida también, la del sepulcro" (12–13), lamenta, para luego afirmar: "La materia disyecta se disuelve; / el espíritu eterno, la substancia, / no cesa de sufrir [. . .]" (14–16). Ante esta terrible condena, pues, concluye que "[. . .] En vano fuera / esgrimir el acero del suicida, / el suicidio es inútil! Cambia el modo, / el ser indestructible continúa!" (19–19). La muerte, entonces, no elimina el sufrimiento porque el espíritu es eterno y solo cambia la forma de sufrir. El dolor es eterno y no hay muerte ante éste, según reitera: "Sí: ¡la vida es mal! Pero la vida / no concluye jamás [. . .]" (32–33), para luego delatar al responsable de tanto dolor eterno: "El dios que crea, / es un esclavo de otro dios terrible / que se llama el Dolor" (33–35). Evidentemente, el responsable de todo el sufrimiento humano es el Dolor, que en realidad equivale al Dios supremo del universo.

Julián del Casal, por su parte, presenta la lejanía de Dios en el poema "No es culpa mía" donde declara que la alternación entre la duda y la fe no son su culpa personal sino que, entre otras cosas, de la llegada de la modernidad, según podemos apreciar en la segunda estrofa: "Culpa es del siglo, que forja / sistemas de discreción, / y que no trae en su alforja / ni una afirmación" (5–9), declara. Además, la falta de encontrar algo irrefutable altera la fe: "Culpa es de la oscuridad / de la esquiva lobreguez, / del no dar con la verdad / ni una vez" (9–12), es decir, de que no se manifieste nada de la divinidad para refortalecer la creencia. Añade que la culpa de que la fe varíe también la tiene la inhabilidad de encontrar respuestas: "del silencio que responde / a nuestro ansioso ¿por qué?; / del vano preguntar: ¡dónde! / para que digan: ¡no sé!" (17–20). Esta distancia de Dios, pues, lo deja con "el alma yerma y desnuda" (23), pero a pesar de ello, siente un instinto de creer que "es como un *sí* que confirma\ mi raro *sí* de creyente / y que cuando niego, afirma / tímidamente" (29–32). La fe, cuando se manifiesta, viene a ser por una necesidad innata de creer en Dios, pero que el abandono de Éste hace que sea más por obligación que por convicción. El poema "Desolación" del mismo Casal presenta precisamente un alejamiento de la religión donde se deja de pensar y rendirle culto a Dios. Indica que en la capilla del antiguo convento de la aldea "Ya el incensario en el altar no humea / ni ardiente cirio ante la imagen brilla" (3–4). Además de no haber incienso o candelas en el templo, nadie busca refugio en Dios: "y a Dios no eleva el pecador la idea" (7) afirma. Pero no solo es el pecador que se ha olvidado de Dios, antes pues, hasta los que dedican su vida al culto del Señor han desaparecido: "Ningún monje sombrío, solitario, / arrebujado en su capucha oscura, / postrarse a orar, con su místico deseo" (9–11), lamenta. Y si por si esto fuera poco, hasta los que se oponen a la existencia de Dios se han olvidado de Él: "Y ha tiempo que resuena en el santuario / ni la plegaria de la joven pura, / ni la blasfemia horrible del ateo" (12–14). La gran tragedia espiritual aquí es la total pérdida de la necesidad de consuelo divino. Afirmar o negar a Dios tienen el mismo efecto al mencionar a Éste en cada caso, pero cuando ninguno de los dos bandos lo hace, Dios se ha suicidado por su propia indiferencia ante la crisis espiritual de la gente.

De la misma forma, en el poema "La mayor tristeza" Casal presenta la lejanía de Dios que no acude a socorrer al hombre en su vida de sufrimiento. Así afirma: "¡Triste del que atraviesa solitario / el árido camino de la vida / sin encontrar la hermosa prometida / que lo ayude a subir hasta el Calvario!" (1–4), lamentado al pobre que sufre por la vida sin una mujer amada que le sirva de apoyo. La segunda estrofa añade reiterando tal abandono: "¡Triste del que, en recóndito santuario, / le pide a Dios que avive la extinguida / fe que lleva en el alma dolorida / cual seca flor en roto relicario" (5–8). Conectando ambas estrofas, es triste, pues, vivir solitario sin una mujer que acompañe, como es tan triste pedir que Dios reanime la fe que ya se ha extinguido porque Éste no va a acudir al grito de socorro del que se ahoga en la desesperanza. Sin embargo, añade el poema, es aún peor para el que sufre sin creer que la compañía de una mujer o la creencia en Dios van a aliviar sus penas: "¡Pero más triste del que, a honda calma, / sin creer en Dios ni en la mujer hermosa, / sufre el azote de la humana suerte" (9–11), lamenta. Sin la creencia en Dios y sin el consuelo de una mujer hermosa, es decir en total soledad, cae en un abismo de angustia, según concluye el poema: "y siente descender sobre su alma, / cual sudario de niebla tenebrosa, / el silencio profundo de la muerte!" (12–14). Entonces, peor es no tener nada que ver con la Divinidad y sufrir siempre, injustamente, como lo que sufren los que han perdido la fe. Esta falta de creencia o desilusión en Dios y con la compañía de la mujer la manifiesta Casal también en el poema "La urna", donde indica: "Cuando era niño, tenía / fina urna de cristal, / con la imagen de María" (1–3), ante la cual hacía los rezos diarios. Ya más viejo, coloca detrás de la imagen de la virgen María, la imagen de una mujer amada que es la receptora de sus veros. Sin embargo, con el pasar del tiempo ambas pierden su influencia: "Muerta, ya mi fe pasada, / y la pasión que sentía, / veo, con mirada fría, / que está la urna sagrada / como mi alma: vacía" (11–15), concluye el poema, afirmando tanto la distancia de la compañía femenina como la divina que terminan drenado su alma.

Dios como único rescate y salvación

A pesar de que Dios aparezca alejado del ser humano y el hombre esté cansado de buscarlo para aliviar la incertidumbre de la vida, algunos poemas del Modernismo consideran a Dios como lo único que puede liberar a la humanidad de sus penas. Así pues, entre los modernistas se puede ver esta vía de esperanza de rescate, como lo indica Darío en "Canto de esperanza", incluido en *Cantos de vida y esperanza* (1905), donde el Darío creyente hace una súplica a Cristo para que venga a salvar a los humanos que, usando todos los medios posibles, se están destruyendo unos a otros. Del mismo modo, el futuro aparece completamente sin esperanzas, como afirma y presagia el primer verso: "Un gran vuelo de cuervos mancha el azul celeste" (1). Pero la situación es más grave, pues el fin de siglo ha traído pestes y "se asesinan los hombres en el extremo Este" (3), se lamenta Darío. Ante este estado de cosas se pregunta el nicaragüense: "¿Ha nacido el apocalíptico anticristo?" (4), pues observa que la situación presagia el día del juicio: "Se han sabido presagios y prodigios se han visto / y parece inminente el retorno del Cristo" (5-6). Pero la horrenda situación del hombre aterroriza más al ser que piensa en la situación humana:

> La tierra está preñada de dolor tan profundo
> que el soñador, imperial meditabundo,
> sufre con las angustias del corazón humano. (7–9)

Este dolor profundo hace que el ser que reflexiona se angustie, idea que conecta con los temas existenciales que hemos estudiado antes, y resulta imposible tener esperanzas en un mundo que vive de esta forma. De ahí que el poema se titule "Canto de esperanza", que en realidad es un llanto para que de algún lugar salga esperanza para este mundo que sólo ha producido elementos de destrucción: "Verdugos de ideales afligieron la tierra, / en un pozo de sombra la humanidad se encierra / con los rudos molosos del odio y de la guerra" (10–12), lamenta. La situación del mundo, para Darío, ha sido, es y será un tormento debido a la violencia humana porque el hombre trata de controlar a los demás y lo hace mediante la violencia; la fraternidad no existe y la situación se ha tornado incontrolable. Ante esto se vuelve a su creencia religiosa para buscar un posible alivio y pronuncia una súplica para pedirle rescate a Dios, que es el que puede resolver la situación:

> ¡Oh, Señor Jesucristo! ¡por qué tardas, qué esperas
> para tender tu mano de luz sobre las fieras
> y hacer brillar al sol tus divinas banderas! (13–15)

En otras palabras, Dios ha abandonado a los humanos en su miseria y se encuentra muy lejos de ellos. Al mismo tiempo, el hombre se ha olvidado de Él porque no se deja ver, e impera el desorden, el sufrimiento y esta sensación apocalíptica.

El penúltimo terceto cristaliza en una imploración total hacia Jesucristo para que aparezca y calme el sufrimiento:

> Ven, Señor, para hacer la gloria de ti mismo.
> Ven con temblor de estrellas y horror de cataclismo,

ven a traer amor y paz sobre el abismo. (19–21)

Habiendo perdido toda esperanza en el hombre para vivir sin violencia,
Darío clama a Dios para que salve a la humanidad de sí misma, pues
bajo las circunstancias Él resulta ser la única salvación. El poeta quiere
que Dios se acerque a la humanidad e imponga su poder divino y que
con ello cambie su existencia angustiosa en un mundo que claramente
detesta. Con la venida de Dios, Darío busca redención de su persona, tal
como confiesa:

> Y tu caballo blanco, que miró el visionario,
> pase. Y suene el divino clarín extraordinario.
> Mi corazón será brasa de tu incensario. (22–24)

Para Darío, esta manifestación del Dios lejano es suficiente para
entregarse y poner en sus manos todas sus angustias, pero como vemos
en el verso 19, la llegada de Dios no solo consolaría a los humanos, sino
que también glorificaría a la Divinidad misma, es decir, se autoafirmaría
y dejaría de una vez por todas de permanecer tan distanciado.

También el Julián del Casal de "Tras una enfermedad", publicado en
Nieve (1891), es un perfecto ejemplo del dolor del poeta que siente
también el desasosiego existencial de muchos de los modernistas. En el
momento de la mayor intensidad de su enfermedad, el poeta busca que
Dios lo rescate del padecimiento concediéndole la muerte. Después de
haber pagado su penitencia vía el sufrimiento, le declara a Dios:

> Ahora que mi espíritu presume
> hallarse libre de mortales penas,
> y que podrá ascender por las serenas
> regiones de la luz y del perfume;
>
> haz, ¡oh Dios! que no vean ya mis ojos
> la horrible Realidad que me contrista
> y que marche en la inmensa caravana. (5–11)

Evidentemente, el alivio del dolor sólo se lo puede proveer la muerte,
que es todo lo que pide de Dios; pero si Éste no puede aliviarle el dolor,
le pide también: "o que la fiebre, con sus velos rojos, / oculte para

siempre ante mi vista / la desnudez de la miseria humana" (12-14).
Ahora bien, lo que aquí parecen ser dos peticiones para aliviar su dolor,
son en realidad una sola: el poeta en definitiva pide que Dios le dé la
muerte para acabar con el sufrimiento de vivir, ya sea mediante la fiebre
(la pérdida del razonamiento) o con su poder divino, pues su vida es una
enfermedad personal e incomodada por el sufrimiento humano. Este
caso de Casal concuerda con el de los demás que piden que Dios baje
a socorrerlos del dolor, pero aquí se hace por vía de la "descreación" por
parte del que lo creó para sufrir. Contrario a Darío, Casal no pide rescate
por medio de la salvación ni redención, sino que simplemente desea que
le dé fin a su vida para eliminar la enfermedad de existir. Esta actitud
nos lleva a ese terror de la muerte presentado en "Nihilismo", del mismo
poeta cubano, y otros poemas donde su meditación existencial oscila
entre un suicidio que no comete sólo por el miedo de morir. Aquí, al ser
la muerte implementada por Dios, elimina sus dos penas: la vida y la
muerte.

En el poema "Envío", Casal también pone su esperanza en Dios para
que lo salve con la muerte de la batalla que es el vivir: "¡Oh, Señor!, Tú
que sabes mi miseria / y que en las horas de profundo duelo, / yo me
arrojo en tu gran misericordia" (1–3) exclama, para luego implorarle:
"purifica mi carne corrompida / o, liberando mi alma de mi cuerpo, / haz
que suba a perderse en lo infinito" (4–6). Le pide a Dios, pues, que le de
paz en su existencia o que deshaga la vida para sacar el alma. Pero si
Dios acude a sus ruegos y en verdad lo rescata del sufrimiento que es la
vida, no estará sólo aliviando el dolor de una persona, sino también
asegurándose de que su gloria dé refugio a todo lo que se encuentra en
el lugar equivocado y done no debería pertenecer: "y así conseguirá tu
omnipotencia, / calmando mi horroroso sufrimiento, / que la alondra no
viva junto al tigre, / que la rosa no viva junto al cerdo" (9–12), afirma.

Lo divino y la salvación

Los modernistas no ven a Dios solamente como el que puede
rescatar al ser humano de su sufrimiento. Hay otras visiones que
presentan lo divino como la salvación del alma y que otorga la vida

eterna. A diferencia de lo estudiado en la etapa anterior, se trata de una salvación espiritual y no de un juicio final para poner fin a la condición humana. Este deseo de rescate en las manos de Dios lo presenta Rubén Darío en "Spes" de *Cantos de vida y esperanza* (1905), donde pide salvación y vida eterna. En este breve poema el poeta implora a Dios mediante un rezo para que venga a salvarlo. Al mismo tiempo, le pide que le dé esperanza y vida eterna, que lo libre del horror de la vida:

> Dime que este espantoso horror de la agonía
> que me obsede, es no más de mi culpa nefanda,
> que al morir hallaré la luz de un nuevo día
> y que entonces oiré mi '¡Levántate y anda!' (5–8)

Darío, entonces, no sólo espera que Dios lo salve aunque haya vivido una vida pagana, sino también que después de la muerte sea "resucitado" en una vida eterna sin horrores, ya que la misericordia de Dios puede con todo. Así pues, el poema apunta a la visión de Dios como un refugio ante los dolores existenciales, tan recurrentes en la poesía dariana, y el deseo de encontrar una garantía que después de la muerte será socorrido por el Creador.

En "Divina Psiquis. . .", poema incluido en *Cantos de vida y esperanza* (1905), donde Psiquis y la mariposa en realidad son el alma misma, atrapadas en su cuerpo, Darío desarrolla más a fondo el deseo de salvación:

> ¡Divina Psiquis, dulce mariposa invisible
> que desde los abismos has venido a ser todo
> lo que en mi ser nervioso y en mi cuerpo sensible
> forma la chispa sacra de la estatua de lodo! (1–4)

Esta mariposa invisible que acompaña al cuerpo es lo que lo hace humano pues sin ella es como un ser inanimado. Pero siguiendo los pasos de este cuerpo de lodo, el alma también ha entrado en los placeres mundanos, como confirma la siguiente estrofa:

> Sabia de la lujuria que sabe antiguas ciencias,
> te sacudes a veces entre imposibles muros,

y más allá de todas las vulgares conciencias
exploras los recodos más terribles y oscuros. (9–12)

Así pues, el Darío creyente y el Darío pagano viven una vida en ambos mundos donde ha dominado el paganismo, como indican los siguientes versos: "Entre la catedral y las ruinas paganas / vuelas, ¡oh, Psiquis, oh, alma mía!" (21–22). Y por medio de esta dualidad de la existencia, es decir la creencia en Dios mientras vive una vida pagana, Darío supone que lo lleva a la salvación y vida eterna:

Y de la flor
que el ruiseñor
canta en su griego antiguo, de la rosa,
vuelas, ¡oh, Mariposa!
¡a posarte en un clavo de Nuestro Señor! (31–35)

Este final apunta que su alma busca y encuentra, a pesar de ser pecadora y lujuriosa, alcanzar santidad.

"La Cartuja" poema de *Canto a la Argentina y otros poemas* (1914), vendría a ser la búsqueda activa de Darío por la salvación cristiana en su dualidad de su vida carnal y espiritual. Poema inspirado por una experiencia propia del poeta donde buscaba una regeneración del alma y un alejamiento del mundo pagano en un monasterio, presenta a los monjes de La Cartuja como un ejemplo de sacrificio a seguir para purificar el espíritu, pues ellos han superado los mismos problemas que él tiene. Indica que estos "callados hijos de San Bruno" han buscado refugio en La Cartuja por varias razones: "fueron a Dios en busca de consuelo" (8). Así, para poder resistir los deseos de la carne:

Mortificaron con las disciplinas
y los cilicios la carne mortal
y opusieron, orando, las divinas
ansias celestes al furor sexual. (9–12)

Pero no buscan protección solamente de los vicios, sino también de los otros dolores de la vida que no podían aliviar en el mundo carnal, hasta llegar al templo: la soledad y el ambiente del amor sacro. Bajo estas circunstancias los monjes fueron capaces de observar el mundo y la existencia humana desde un plano más meditado:

> Vieron la nada amarga de este mundo,
> pozos de horror y dolores extremos,
> y hallaron el concepto más profundo
> en el profundo *"De morir tenemos"*. (25-28)

Pero las tentaciones de la carne existen en todas partes y la batalla para no caer en el pecado tiene que ser constante: "a pesar de cilicios y oraciones, / les presentó con su hechizo, el demonio / sus mil visiones de fornicaciones" (30–32). En el convento, no obstante, mediante la limpieza y purificación del espíritu pudieron vencer estas tentaciones de la carne:

> y fueron castos por dolor y fe,
> y fueron pobres por la santidad,
> y fueron obedientes porque fue
> su reina de pies blancos la humildad. (33–36)

Es precisamente esto lo que Darío quiere alcanzar: "¡Ah!, fuera yo de esos que Dios quería, / y que Dios quiere cuando así le place" (45–46) suspira. El Darío creyente desea abandonar su vida pagana y buscar refugio en Dios para poder ser redimido en Cristo.

Desde aquí, el resto del poema presenta las debilidades que el poeta quiere cambiar con la inspiración del sacrificio de los monjes: "Poder matar el orgullo perverso / y el palpitar de la carne maligna, todo por Dios" (49–51); "Y al fauno que hay en mí, darle la ciencia / que al arcángel hace estremecer las alas" (57-58); "Poner en fuga a las diablesas malas" (60). Pero hay otros males que tiene que no puede simplemente abandonar, por lo que le pide a Dios que le dé otras habilidades que no estén siempre orientadas al placer físico. Desea que sus ojos no miren solamente "redondeces de nieve y labios rojos" (64), es decir, el cuerpo femenino; una boca que no sea para el vino y los besos; unas manos que no sean para acariciar las "pomas del pecado" (72) y, finalmente:

> "[. . .] una sangre que me deje llenas
> las venas de quietud y en paz los sesos,

y no esta sangre que hace arder las venas,
vibrar los nervios y crujir los huesos. (73-76)

Darío busca algo espiritual que lo aleje del alcohol, la lujuria y el sexo
porque ahora ha visto, con la inspiración de los monjes de La Cartuja,
que su vida está dominada por el pecado. Una vida así, entonces, no es
real y lo que ha visto como vivir para aliviar el dolor existencial, ha sido
una falsedad. Sabiendo todo esto, el poeta quiere corregir el error:"[i]Y
quedar libre de maldad y engaño, / y sentir una mano que me empuja/
a la cueva que acoge al ermitaño" y últimamente "o al silencio y la paz
de la Cartuja!" (77–80)

Según observamos, este poema también, como los otros, presenta al
Darío creyente que espera encontrar salvación de su vida pagana y que
muestra un conflicto en lo que quiere de Dios y lo que hace para llegar
a Él. Aquí Darío llega más cerca a la búsqueda de purificación del alma
mediante el sacrificio personal para alcanzar al Señor. Claro, en la vida
personal del poeta la estadía en el monasterio no le dio resultado y lo
abandonó unos pocos días después de ingresar. Entre las angustias que
Darío trataba de disminuir estaba en miedo a la muerte, no obstante, el
saludo constante que se intercambiaba entre los internos del monasterio
era ese subrayado "de morir tenemos" que menciona el poema, que era
contestado "y muy bien que lo sabemos", sin duda acongojó más al
poeta nicaragüense.

En "La dulzura del ángelus. . .", poema incluido en *Cantos de vida y
esperanza* (1905), Darío también entra en la contemplación de la vida
como algo sin sentido, y otra vez con el rezo del Ángelus trata de buscar
su salvación y con ello aliviar su angustia existencial. El rezo también
busca una orientación hacia dónde ir en la vida, lamentándose: "Y esta
atroz amargura de no gustar de nada, / de no saber a dónde dirigir
nuestra prora" (10–11). La religión, entonces, aquí también sirve como
un refugio de la vida sin sentido y como creyente encuentra consuelo.
El rezo diario del Ángelus supone un limpieza del cuerpo y el alma, y es
por ello que el poeta anticipa amparo en los ojos de Dios, a pesar de
llevar una vida mezclada con el paganismo. Esta actitud dariana linda
entre una esperanza de ser redimido por ser creyente y una exigencia de

que Dios lo ampare, pues es su obligación para el que cree en Él, sin importar la clase de vida que haya vivido.

La afirmación de Dios

Las etapas anteriores han presentado a un Dios distanciado que está a punto de desaparecer (al acabarse la fe se acaba Dios); pero a pesar de esta distancia se busca al mismo para que rescate al ser humano de su condición deplorable, para luego poner toda esperanza de salvación y vida eterna en Él. Sin embargo, esta lejanía de Dios se acorta en otros poemas y se afirma directamente su existencia sin importar si se manifiesta o no. Así pues, Amado Nervo, por ejemplo, avanza en su búsqueda de Dios en "Yo no soy demasiado sabio. . .", poema incluido en *Serenidad* (1914), donde termina incluyendo una afirmación absoluta de la existencia de Dios partiendo de la aserción de que el hombre es demasiado ignorante para negarlo: "Yo no soy demasiado sabio para negarte" (1) , reconoce, pues está seguro de que Dios se siente y se observa. A continuación, Nervo confiesa: "Señor encuentro lógica tu existencia divina" (2). Aquí el poeta llega a la conclusión de que Dios debe ser amado en todos los aspectos de la vida: dolor y tristeza, alegría y placer pues ni uno ni el otro estado niega su existencia: "La creación entera me convida a adorarte, / y te adoro en la rosa y te adoro en la espina" (4-5), declara. El poeta mexicano también racionaliza la angustia al no poder ver a Dios en el poema "Y tú esperando. . .", publicado en *El arquero divino* (1920). Aquí concluye que no vale la pena angustiarse y que aunque se angustie no quiere decir que niegue la existencia de Él. Llega hasta el punto de resignarse a que sólo hasta el final de la vida podrá ver a Dios, según advierte al indicar que el que tiene paciencia y fe será el que recibirá la gracia de Dios, mientras que el necio sólo se conformará hasta escucharlo de la boca del Señor:

> Esperemos, suframos, no lancemos jamás
> a lo Invisible nuestra negación como un reto.
> Pobre criatura triste, ¡ya verás, ya verás!
> La Muerte se aproxima. . . ¡De sus labios oirás
> el celeste secreto! (11–15)

La espera que lo angustia en el otro poema antes mencionado, es ahora algo que se debe tolerar para poder recibir a Dios en el último momento, conclusión conformista que sugiere también que por más que se busque, no hay otra respuesta en la vida más que la fe, por ignorar tanto. Al final de cuentas, el necio y el creyente verán a Dios bajo diferentes circunstancias.

Rubén Darío también afirma la existencia de Dios en "La espiga", poema incluido en *Prosas profanas y otros poemas* (1901), donde el símbolo cristiano 'espiga' aparece como el revelador del misterio de la vida, con su flexibilidad para aguantar los cambios a los que se somete: "Mira el signo sutil que los dedos del viento / hacen al agitar el tallo que se inclina / y se alza en una rítmica virtud de movimiento" (1-3). Utilizando la imagen de esta flor en el mundo, llega a la afirmación de que:

Con el áureo pincel de la flor de la harina
trazan sobre la tela azul del firmamento
el misterio inmortal de la tierra divina
y el alma de las cosas que da su sacramento. (4–7)

Esta revelación lleva a la conclusión de que en la apacible naturaleza se encuentra Dios: "Pues en la paz del campo la faz de Dios asoma" (9), afirma. Además, la redención cristiana es alcanzable, como queda indicado en el final de poema:

Aún verde está y cubierto de flores el madero,
bajo sus ramas llenas de amor pace el cordero
y en la espiga de oro y luz duerme la misa. (12–14)

Este reverdecer de la cruz cimienta las esperanzas para la redención del Darío creyente, que al mismo tiempo presenta a Dios muy cerca del hombre: en el campo, en el trigo, en la flor.

El mismo Julián del Casal presenta en el poema "El puente" la posibilidad de alcanzar a Dios mediante el rezo. Indica el poema: "Una noche sombría y pavorosa / que a lo infinito aterrador miraba, / y, a través de las lóbregas tinieblas / de la celeste bóveda enlutada, / la faz de Dios resplandecer veía" (1–5). De esta manera, en los momentos de más angustia existencial logra ver el poder de la Divinidad, que enseguida interroga en cómo alcanzar la salvación: "¿– Por qué puente seguro y gigantesco / podré subir a las regiones altas, / para el triste mortal desconocidas, / donde el gran Creador tiene su estancia?" (7–10). Ante esta pregunta sobre el camino para llegar a Dios, desconocido por los mortales, le contesta una "blanca visión" con una voz armoniosa: "– Yo te haré un puente si subir deseas" (13), a lo que interroga otra vez: "¿cuál es tu nombre?", para escuchar la respuesta: "— La plegaria" (14). La existencia de Dios y la misericordia de Éste, pues, son evidentes.

La afirmación de la existencia de Dios de José Asunción Silva en "Lázaro", poema publicado en *Poesías* (1908), viene vía un episodio bíblico para manifestar la desilusión con la vida que ni la presencia e intervención de Dios mismo puede solucionar. Silva plantea que después de que Dios resucita a Lázaro, el resucitado: "ensayó a caminar en pasos trémulos / olió, palpó, miró, sintió, dio un grito / y lloró de contento" (4-6). Es decir, hace uso de sus cinco sentidos para darse cuenta de que en realidad ha vuelto a la vida. Sin embargo, el mismo que lloraba de contento al haber sido vuelto a la vida por Dios:

> Cuatro lunas más tarde, entre las sombras
> del crepúsculo oscuro, en el silencio
> del lugar y la hora, entre las tumbas
> de antiguo cementerio,
> Lázaro estaba llorando a solas
> y envidiando a los muertos. (7–12)

En esta breve composición, Silva está poniendo boca abajo "el regalo de la vida" como la cumbre de lo que se puede hacer para otra persona, pues en realidad Lázaro ha vuelto a la miseria y sufrimiento de la vida, de ahí que llore a solas y envidie a los muertos: la vida para Silva, por tanto, es un total tormento. Como queda claro, el acto de bondad de Dios no tiene un efecto de consuelo sino de más dolor, y por más que se acerque al hombre y trate de ayudarlo no puede, pues el dolor de la vida es irremediable. Este llorar a solas lo ha manifestado Julián del Casal, según vimos, al contemplar la vida de las personas en su sociedad y no ver ninguna esperanza para él en ésta. En el caso de Silva, ni la intervención de Dios alcanza a apaciguar el dolor existencial.

Esta vía de la directa manifestación de Dios también la toma el poeta mexicano Salvador Díaz Mirón en "Peregrinos", poema aparecido por primera vez en *El Universal* (1927), donde, al igual que Silva, recrea una historia bíblica donde Jesús resucita a dos de sus discípulos y comparten una cena. Pero, a diferencia del anterior, el final es de júbilo y gozo, y los tres terminan compartiendo alimentos en una mesa.

Para el poeta boliviano Ricardo Jaimes Freyre en "Aeternum vale", poema incluido en *Castalia bárbara* (1897), la existencia de Dios es algo que se puede ver solo porque como verdadero Dios ha ganado el reino. Mientras los demás dan por sentado el cristianismo como la religión primordial y acuden a ella para encontrar refugio o para denunciar la falta de protección, Freyre presenta una historia donde Cristo batalla con el bien y vence a otros dioses mitológicos de origen germánico y culmina en un monoteísmo. Freyre Indica que "Un Dios misterioso y extraño visita la selva. / Es un Dios silencioso que tiene los brazos abiertos" (1-2). Esta imagen del dios cristiano al final es la única que queda en pie, después de un conflicto épico en la selva con otros dioses, donde sólo se puede presenciar el ruido y el huir de los animales de la selva. Una vez que el cristianismo ha vencido al primer grupo de divinidades, llega la última batalla con el más poderoso, Thor, quien naturalmente pierde contra el "Dios silencioso que tiene los brazos abiertos". Con esta batalla santa y sin violencia, entonces, se elimina el politeísmo y se llega a un monoteísmo inequívoco. Mediante esta historia Freyre no sólo afirma la existencia de un Dios bondadoso, sino que también lo presenta como el único rey en el único reino.

Manuel Gutiérrez Nájera, por su parte, en el soneto "Dios" indica la presencia de Dios en todo lo que existe, bueno o malo, que se manifiesta tanto en lo lejano como en lo cercano. Así la primera estrofa decreta: "Los mares en tormenta o en bonanza / nos revelan, Señor, tu omnipotencia; / y los astros nos dicen tu alta ciencia, / las aves nos cantan tu alabanza" (1-4). Dios, entonces, aparece manifestado en la naturaleza con sus diferentes temperamentos: "La tempestad, Señor, es tu venganza" (5), afirma, refiriéndose a la ira de Dios. Pero la benevolencia del Señor es también manifestad: "tu mirada amorosa, la clemencia; / tu santuario, del justo la conciencia; / y tu dulce sonrisa, la esperanza" (6–8), declara. La grandeza de Dios es tal que resulta incomprensible: "No puede el hombre concebir tu alteza" (9), concluye, añadiendo que apesar de estar tan cerca, también está muy lejos, y que esto es parte de su inmensidad: "y el azul pabellón del firmamento / un reflejo sólo es de tu grandeza" (10–11), confiesa. El soneto concluye con la rotunda afirmación de Dios en todo: "En todo está tu poderoso aliento, / y es un canto a tu amor Naturaleza, / y un canto a tu saber el Pensamiento" (12–14). Lo material y lo abstracto, pues, son afirmación de Dios, que para Nájera en este poema existe en la totalidad, lejana o cercana; tangible o intangible; concreto o abstracto. Por lo tanto, en calamidad o bonanza, Dios, está detrás de todo, que contrasta con las otras posturas de un Dios todo bueno, según hemos visto en poemas anteriores, y concibe a un Dios como el responsable por el bien y el mal.

Las manifestaciones modernistas de la religión y lo divino oscilan entre la desesperación por encontrar señales que aseguren que Dios por lo menos considera el dolor humano, aunque no se haga ver, y el recurrir hacia Él mediante la fe al ser la última esperanza en una vida de penas. Estas actitudes, que son las más manifestadas y comunes de la poética modernista, contraponen la fe que emana del ser humano y la necesidad misma de creer en algo que explique la existencia, con una actitud de que Dios tiene que existir, pues de otra forma no se puede explicar una existencia efímera. Al mismo tiempo, esta necesidad de encontrar a Dios hace que el hombre busque en todas partes, y algunos terminan indicando que está en todas partes, el mismo ser humano, la naturaleza y la tranquilidad, entre otras. Este Dios, de acuerdo a esta visión modernista, entonces, está presente y es la humanidad la que poco a poco lo ha distanciado.

CAPÍTULO 7: Conclusión

Los cinco temas de la poesía modernista que aquí hemos estudiado y ejemplificado a través de textos y autores concretos de la órbita del Modernismo representan tanto la heterogeneidad, que tan bien define el Modernismo, como una homogeneidad, donde se presentan, de una forma u otra, ligados a la condición existencial del poeta modernista obligado a buscar alivio de su pesar que coincide en muchos de los integrantes. La existencia es una preocupación latente del poeta finisecular al encontrarse en una situación que lo hace meditar sobre la dura vida que lleva, que se desprende de las incomodidades e inconveniencias impuestas por los distintos valores adoptados por la llegada de la nueva era en que viven: la modernidad. Aunque en algunos de ellos los dolores existenciales emanan de una desilusión por su vida personal e individual, la mayoría presenta sus preocupaciones junto a la insatisfacción con su entorno social y los cambios acaecidos. Atado a estos brotes de insatisfacción existencial provocados por el tiempo en que viven, está también la profunda meditación del propósito de la vida que termina concluyendo que el ser humano está condenado a sufrir por existir bajo los parámetros de ser y saber; es decir, que su misma conciencia y habilidad para razonar son el tormento mayor de la vida.

En esta época de entresiglos el poeta busca, en la mayor parte sin poderlo encontrar, un alivio al sufrimiento, inclinándose hacia la esperanza de que por lo menos la muerte lo salve. No obstante, para algunos poetas modernistas esta muerte es también otra de las injusticias de la vida que después de sufrir a lo largo de ésta sin encontrar respuestas, el final incierto es lo único que la existencia garantiza. Pero al no haber otra alternativa, el poeta modernista se ve socorrido por el final de la existencia por ser ésta la mejor forma de entumecer los sentidos y eliminar el conocimiento, pero que llega a la muerte con gran terror.

Además, estas penurias del vivir sin guía, sin saber lo que ha sido de la vida y lo que será después de la muerte, lleva a algunos a hacer una búsqueda más interna sobre una existencia verdadera, desechando lo que se entiende por ésta y yendo más allá de lo conocido. Esta visión de la existencia pura, y no la opacada por los problemas próximos al hombre, presenta el deseo de separar la vida material y angustiada por una más espiritual donde no pueda interferir la condición del hombre finisecular para encontrar la esencia del vivir, de comprender la vida, de ver más allá de lo que la situación permite. El ser humano, pues, es mucho más complicado que lo que los problemas de la vida le presentan y tiene que buscar lo oculto para vivir de veras; que la naturaleza le revele el sentido de la vida (principalmente González Martínez). Pero en una vida controlada por los valores materialistas, el peso existencial es demasiado grande para esta doctrina y todo el movimiento se ve colmado más de manifestaciones de sufrimiento vital que de soluciones; de ahí que busque "otra" realidad de la existencia.

Sin embargo, la gran mayoría de los modernistas trata de hacer todo lo posible para aliviar esta angustia existencial y lleva una vida que se empeña en la búsqueda de refugio. Las diferentes manifestaciones hacia tales refugios permite ver que se trata de una época donde el artista busca alivio del dolor existencial en todos los lugares posibles, aspecto que liga los cinco temas aquí estudiados porque tienen una meta común. El erotismo en todas las categorizaciones viene a ser para el poeta refugio mediante el placer y olvido del dolor de su condición miserable. Como seres conscientes de la fugacidad de la vida y expertos en sufrimientos existenciales, se ven obligados a aprovecharse del erotismo, ya sea totalmente físico y superficial, puro y espiritual, o ambos para disfrutar del momento donde los golpes de la vida amenazan con destruir el último átomo de perseverancia. Estos poetas abogan por un nivel de encuentros amorosos hasta tal punto que quieren ir hacia la muerte en pleno ogasmo.

Esta actitud de ver la vida también da cabida a otros enfoques eróticos que en su época supusieron un atentado contra la burguesía patriarcal y heterosexual. Esto llega por vía de la vida bohemia del hombre que se sale de esta tradición y manifiesta desde sus deseos homoeróticos (Julián del Casal), hasta la descomunal promiscuidad heterosexual (Rubén Darío) ante una sociedad intolerante de cambio y a la cual el poeta sólo puede burlar mediante el arte y su modo de vida. Este amor "raro", entonces, es el producto de los tiempos donde la situación permite el surgimiento de la voz para estos asuntos, caso que aparece también en la situación de la mujer, la cual surge con más determinación y legitimiza la expresión del deseo sexual de la mujer y revindica el cuerpo de ésta, suvirtiendo el dominio patriarcal, sus instituciones y sanciones que se le han impuesto por veinte siglos (Delmira Agustini y Alfonsina Storni).

Este amor de fin de siglo, pues, es un modo de desasosiego tanto para el artista como para la burguesía. Sin embargo, algunos artistas denuncian la deterioración de los sentimientos amorosos en manos del progreso que ha hecho del amor un mero acto de necesidad carnal que no sirve ningún propósito y deja al cuerpo humano vacío e impuro. El tiempo y la atención que debería invertirse para solidificar el amor se dedica a la vida de ajetreo de la cual la modernidad, entendida como la productividad y el progreso material, marca el paso (José Martí, Nájera, Darío). Este amor de ciudad grande, hasta cierto punto corrompido, es el producto del progreso y no es repudiado tanto por la burguesía, contrario al repudio que tiene ésta hacia las "innovaciones" de la vida bohemia de los modernistas que en muchos casos se ven obligados a lanzarse a dicha vida para aliviar sus penas. La vida bohemia de los modernistas también demuestra la adaptación a esa vida moderna que para bien o para mal, les duele o les libera mucho más que al resto de la sociedad.

Pero este refugio en el amor no es suficiente para calmar tan descomunal dolor existencial y el poeta modernista también hecha mano de la religión y lo divino. Sin embargo, nada le parece viable al encontrar que Dios permanece demasiado lejos para dar alivio a las penas del hombre y que en muchos casos tiene que buscar su propio dios, es decir, no el dios del materialismo sino el espiritual. En este dios verdadero trata de encontrar desde un fin al dolor mediante la "descreación", alcanzar redención y pasar a una nueva existencia donde no imperen las penas, hasta la intervención directa de la divinidad para que pare la destrucción en la que los hombres se empeñan. No obstante, en muchas ocasiones la fe, que es lo único que mantiene vivo a Dios, aparece a punto de fallecer porque el Creador no hace nada por calmar el dolor ni da indicaciones de que escucha el llanto del hombre. Esto añade desasosiego a una vida de incertidumbre y angustia en la que vive el poeta finisecular; de ahí que la religiosidad de muchos oscile entre una posibilidad de alivio o un tormento más. Pero a pesar de esta separación y falta de señales que den esperanzas, el último paso es la resignación y una fe un poco cuestionable, que al no haber otras cosas que den alivio, suple las faltas.

Junto a todo esto, el arte, cuyas cualidades tienen que presentar algunos elementos especiales para entrar en el ámbito de verdadera creación artística --sinceridad, belleza, duro trabajo y pureza-- como hemos visto, aparece ligado fuertemente a una forma de refugio ante los cambios sufridos durante la llegada de la modernidad que con sus actitudes utilitarias margina al poeta por considerarlo un ser improductivo en la sociedad. La ocupación maldita de la poesía crea al mismo tiempo la situación de penas que sufre el poeta finisecular y, con su perseverancia, lleva a cabo un atentado contra la burguesía dominante cuyos valores, por la mayor parte, no incluyen el aprecio de la poesía. Mediante el arte el poeta se levanta en rebeldía contra la destrucción de los valores artísticos y el cambio de la sociedad que reduce al hombre a un simple peón, sin sentimientos ni ideales. El Modernismo, pues, presenta al poeta que batalla con y por el arte ante la situación decadente que, disfrazada entre el progreso de la industrialización de América Latina amenaza con destruir los elementos individuales del ser humano para convertirlo en masas ignorantes, con la excepción de algunos, como Casal, quien alude a una atracción por esta situación deshumanizada cuando se encuentra en uno de sus peores abismos de desesperación y tormento existencial.

Así las cosas, es evidente que el poeta se encuentra ante una sociedad que lo desdeña y destruye. No obstante, se alude a sociedades de refugio que están al margen de la que rechaza al arte, mientras se condena las que lo hacen. Sin embargo, la sociedad culpable del dolor del poeta aparece degenerada, podrida, corrupta, donde impera la injusticia y la opresión de los débiles por los poderosos, y es este grupo dominante que rechaza al artista. Ante este desdeño el poeta se ve obligado a rechazar la sociedad que ha llegado a no poder entender más y se refugia en su infame torre de marfil. No obstante, el poeta no quiere destruir esta sociedad de la cual él forma parte, y al verla en peligro de influencias extranjeras reacciona en contra de las invasiones y busca lo positivo de lo hispano para resaltarlo. Con esta actitud comprueba que su ira no es contra de su presente ni de su pasado ancestral, sino contra la etapa histérica que lo rechaza.

Como se ha demostrado, estos cinco temas universales del ser humano aparecen en el Modernismo ligados a la modernidad que repercute en el artista de forma negativa. Al hacer de la poesía un producto inútil en un mundo utilitario, agrava la condición existencial que junto a este progreso comienza a penetrar en la meditación filosófica del propósito de la vida. La situación no permite ver luz al final de la jornada y se vuelve un dolor el contemplar la vida en tales condiciones tan desfavorables para el artista. Este dolor se trata de mermar yendo al amor, el arte y la religión y lo divino, caso que conecta estos temas. Finalmente, siendo la sociedad de progreso el resultado directo de un ambiente que rechaza al poeta, su inclusión en la poesía se centra en los aspectos deplorables de ésta. En suma, la modernidad y la angustia existencial dictan las otras manifestaciones en la poesía que hace de la actitud modernista un tratado de las circunstancias del ser humano y una búsqueda para aliviar el dolor vital, presenta, además, claras preocupaciones por todo ser humano que sufre en manos del "progreso".

A la luz de todo lo dicho, es posible concluir afirmando que el Modernismo poético hispánico representa un avance a la modernidad como testimonian los temas aquí apuntados y la heterogeneidad que es posible hallar dentro de lo homogéneo de un movimiento y una actitud existencial ante la vida que es, en último término, lo que mejor define el Modernismo.

Notas

Notas del capítulo uno

1.   Durante el discuro ante el Congreso, el "State of the Union", el Presidente de los Estados Unidos, James Monroe en 1823 declaró que (aunque las naciones latinoamericanas estaban ahora libres del poder español y, ya que no habían llegado a un acuerdo el poder del Norte y los poderes europeos) los Estados Unidos no renunciaba a sus intereses en estos territorios y advertía a las naciones europeas que no podían intervenir sin consultar con ellos. Esta doctrina sigue hasta hoy en día como el "precedent" para justificar las agresiones llevadas a cabo hacia Latinoamérica, desde la intervención militar directa hasta las acciones políticas y económicas para producir gobiernos favorables y destituir los problemáticos. Piénsese en el destino que sufrió Jocobo Arbenz en Guatemala en 1952, en manos de la CIA cuando durante las reformas agrarias se atrevió a tomar las tierras valdías de la United Fruit.

2.   Estamos enterados de las aparentes inconsistencias de Darío encuanto a su postura ante el poder y la agresión de los Estados Unidos. En los poemas "Salutación del optimista y "A Roosevelt", "Salutación al águila" podemos ver una clara negación, sin embargo, esto se debe a otros factores presentes cuando dichos poemas son escritos. La defensa de la hispanidad y el desdeño por lo que representaban los 'hombres del norte' es consistente en la vida de Darío.

3.   Tenemos que poner claro que conocemos las teorías de crírtica literaria que postulan precisamente lo opuesto a lo que nosotros estamos haciendo con los temas universales, es decir, que postulan que no hay dichos universales. Aunque no consideramos dichas teorías fallidas, tenemos que poner claro que no nos subscribimos a ellas y que durante el Modernismo, dichos temas eran para los modernistas muy universales.

4.   Tenemos que dejar claro desde el principio que el objetivo del estudio de estos poemas es textual, es decir, no se trata aquí de investigar lo que se haya dicho de ellos, sino lo que estos poemas aportan a los cinco temas aquí seleccionados. De ahí que nos sirvamos de un centenar de ellos.

Notas del capítulo dos

5.   Ahora, esta idea de la angustia o sufrimiento que se incrementa de acuerdo con el nivel de consciencia ya se encuentra en la filosofía del alemán Arthur Schopenhauer (1788-1860) de donde Darío pudo haberse inspirado para poetizar el dolor existencial. En el capítulo 56 de su libro *The World as Will and Representation* (1818), que aparece en España en tres volúmenes entre 1896 y 1902 bajo el título *El mundo como voluntad y representación*, Schopenhauer había escrito:

> For as the phenomenon of the will becomes more complete, the suffering becomes more and more evident. In the plant there is as yet no sensibility, and hence no pain. A certain very low degree dwells in the lowest animals, in 'infusoria' and 'radiata'; even in insects the capacity to feel and suffer is limited. [. . .] Therefore, in proportion as knowledge attains to distinctness, consciousness is enhanced, pain also increases, and consequently reaches its highest degree in man. (1. 310)

Claramente, se puede ver en la filosofía de Schopenhauer el orden natural que Darío establece en "Lo fatal". Así pues, Darío, no sólo como ser humano sino como poeta que medita y abre el corazón en su verso siente más el dolor de la vida. Podemos decir, entonces, que el grado mayor de conciencia, y por consiguiente dolor, no culmina en el hombre, como indica Schopenhauer, pues como lo plantea Darío alcanza aún más altura en el hombre que es poeta, pues claramente el poeta se angustia y pone sus sentimientos tanto emocionales como filosóficos en su verso.

    No obstante, no estamos diciendo aquí que Darío simplemente poetice la conciencia humana de la existencia como un camino de sufrimiento mientras idealice la inconciencia de lo mineral, vegetal y animal, sino que el autor verdaderamente se angustia por su propia existencia, y es esta angustia lo que diferencia a los modernistas de los demás.

6.   Para un estudio más detallado de la conciencia humana como elemento aumentador de la existencia se puede consultar el artículo de Rigoberto Guevara, "La concienca mortificante de la existencia:estudio de algunos modernistas" de 2004.

7.   Es importante la estructura que el poeta usa porque contribuye mucho a la insistencia conceptual del poema. En el caso de "Lo fatal" Darío utiliza los infinitivos y con ello le elimina individualidad al llanto existencial que presenta, haciendo de él una preocupación y tema universal. Ahora, el uso del polisíndeton, la repetición de la conjunción "y", da al verso lentitud, así como los elementos de la vida que se apilan para causar el sufrimiento que se denuncia: "y ser sin rumbo cierto [. . .] y el temor de haber sido y un futuro terror. . . / Y el espanto seguro [. . .] y sufrir por la vida y por la sombra y por / lo que no conocemos y apenas sospechamos, / y la carne [. . .] y la tumba [. . .] y no saber". El encabalgamiento del verso "y por \ lo que no conocemos y apenas sospechamos" deja el pensamiento en el aire, de la misma forma que la incertidumbre de la vida. "Nocturno" también presenta una estructura donde

la forma avanza el contenido del poema. Tal como en "Lo fatal" los encabalgamientos dejan la idea en el aire, así como la perplejidad de la vida que se trata, especialmente en versos que hablan del horror que sufre: "y el horror de sentirse pasajero, el horror / de ir a tientas [. . .] hacia lo inevitable desconocido y la / pesadilla brutal" (20-21, 23-24). Así la vida marcha sin anunciar lo que traerá el nuevo día, pero que el ser consciente -y claramente decaído ante la vida y falto de optimismo vital- sabe que no puede ser nada más que sufrimiento del cual sólo la muerte puede rescatarlo, pero que es un rescate tan injusto como la misma vida. Otro aspecto de estos poemas es la falta de imágenes o símbolos exóticos o coloristas para dar "belleza" al verso. No obstante, el lenguaje poético corresponde al contenido angustiado y al desasosiego existencial que se presenta, confirmando una vez más que los preciosismos atribuidos al Modernismo, y con mucho ahínco a Darío, son solamente parte del movimiento, aunque nunca su parte más definitoria.

8. La desesparación dariana esta muy bien estudiada en el libro *Modernism, Rubén Darío and the Poetics of Despair* de Acereda y Guevara 2004.

Notas del capítulo tres

9. Rubén Darío, por ejemplo, abogaba por la remuneración apropiada por su trabajo intelectual porque fue víctima de robos por periódicos y revistas que publicaban sus obras sin su permiso. La lucha por el derecho de autoría fue noble y legítima. Lo que indicamos aquí es que no hay mérito en luchar porque la gente acepte un mercancía por la cual no tiene aprecio ni quiere pagar.

10. No queremos dejar la impresión de que la obra poética de Alfonsina Storni se concentre en la denuncia de las injusticias hacia la mujer. Aunque hay algunos poemas muy bien dirigidos y fuertes ante la opresión femenina, ellos son la excepción y no la regla. Un vistazo a las obras completas de Storni confirma que la gran mayoría de sus poemas, cuando hablan de la relación entre hombres y mujeres, se concentra en el amor mal correspondido, anhelado, negado, imposible, deseado, comprendido, etc.; es decir, manifiesta las experiencias que el amor produce cuando es positivo y cuando es negativo.

Notas del capítulo cuatro

11. Otros poemas casalianos donde podemos ver referencias al arte son: "A un poeta" que presenta la vida espiritual y el sacrificio por el arte que lleva el

poeta sin esperar ninguna corona como premio; "Ofrenda", cuya dedicatoria lee "en la tumba de un poeta"donde después de indicar los objetos que otros pondrán en el sepulcro (cruces, flores, estatuas), indica: "Yo, que te conocí, sólo te ofrezco, \ cual grata afrenda a tu memoria sacra, \ esta corona de dolientes rimas \ que ha esmaltado el rocío de mis lágrimas", dando, pues, arte inmortal y sincero cuando los demás dan objetos. En "Madrigal" Casal se refiere a sus versos como "negras mariposas" que llevan en sí su niñez, ensueños, pero sin aromas. Pide que si las mariposas negras, que son sus versos, "alguna de ellas a tus labios toca, \ haz que muera aspirando la fragancia \ de la flor purpurina de tu boca". En el poema "Mensaje" utiliza sus versos como mensajeros de amor que vayan, lleven y traigan la afección entre dos enamorados, elemento muy escaso en Julián del Casal.

Notas del capítulo cinco

12.   Interpretamos la serpiente también como protagonista en el sexo por la historia bíblica donde es este reptil el que incita a Adán y a Eva a "comerse la manzana" que a nuestro ver es claramente el acto sexual.

13.   La interpretación de este poema como definición de lo que es, causa, produce, el arte modernista, a criterio de Nervo, bien puede defenderse. Pero a nosotros nos parece que en realidad el poema presenta un amor raro, no importa hacia qué o a quién vaya dirigido.

14.   El eroticismo de Darío ya ha sido estudiado a fondo en Modernism, *Rubén Darío and the Poetics of Despair*, por Acereda y Guevara 2004.

15.   La poesía amorosa de Casal es en verdad muy escasa ya que la mayoría de sus poemas tienen un tono más angustiado que exitado. Véase el libro de Oscar Montero (1993) en cuanto al erotismo y representación en Casal.

Bibliografía

Fuentes primarias

Agustini, Delmira. *Obras completas*. Montevideo: Ediciones de la Plaza, 2006.

———. *Los cálices vacíos (Poesías)*. Montevideo: O.M. Betarni Editor, 1913.

Arciniegas, Ismael Enrique. *Antología poética*. Quito: Editoriales Artes Gráficas, 1932.

Carriego, Evaristo. *Poesías completas*. Buenos Aires: Editorial Universitaria de Buenos Aires, 1968.

Casal, Julián del. *Julián del Casal: vida y obra poética*. Prólogo y selección de Rosa M. Cabrera. New York: Las Américas, 1970.

———. *Poesías completas y pequeños poemas en prosa*. Miami: Universal, 1993.

Chocano, José Santos. *Obras completas*. México: Aguilar, 1954.

Darío, Rubén. *Obras completas*. Ed. Sanmiguel Raimúndez. Vol. 5. Madrid: Ediciones Castilla, 1953. 963-65.

Díaz, Leopoldo. *Bajorelieves*. Buenos Aires: La Vasconia, 1895.

Díaz Mirón, Salvador. "Peregrinos". *Poesía completa*. México: Fondo de Cultura Económica, 1997.

Gavidia, Francisco. *Antología general de la poesía en El Salvador*. Ed. José Roberto Cea. San Salvador: Editorial Universitaria, 1971.

González Martínez, Enrique. *Poesías completas*. México: Asociación de Libreros y Editores Mexicanos, 1944.

González, Pedro Antonio. *Poesías*. Santiago de Chile: Nascimiento, 1927. 36.

González Prada, Manuel. *Obras*. Vol 5. Ed. Luis Alberto Sánchez. Lima: COPE, 1988. 213.

Gutiérrez Nájera, Manuel. *Poesías completas*. Vol. 2. Ed. Francisco González Guerrero. Mexico: Porrúa, 1953.

Herrera y Reissig, Julio. *Poesía completa y prosa selecta*. Ed. Alicia Migdal. Caracas: Biblioteca Ayacucho, 1978.

Jaimes Freyre, Ricardo. *Poesías completas*. Ed. Eduardo Joubín Colombres. Buenos Aires: Claridad, 1944. 86-87.

Lugones, Leopoldo. *Obras poéticas completas*. Madrid: Aguilar, 1959.

Nervo, Amado. "A Kempis". *Poesías completas*. Vol. 2. Madrid: Aguilar, 1967.

Martí, José. *Versos libres*. Ed. Ivan A. Schulman. Barcelona : Editorial Labor, 1970.

———. *Versos*. New York: Las Américas, 1967.

———. *Versos sencillos*. Habana: Editorial Abril, 1995.

Silva, José Asunción. *Poesías completas*. Madrid: Aguilar, 1952.

Storni, Alfonsina. *Poesías completas*. Buenos Aires: Editorial SELA, 1996.

———. *Obras completas*. Buenos Aires: Sociedad Editora Latinoamericana, 1976

Urbina, Luis G. *Ingenuas*. México: Librería de la Vda. de Ch. Bouret, 1912.

Bibliografía y obras citadas

Acereda, Alberto. *Rubén Darío poeta trágico*. Barcelona: Teide, 1992.

——. *El Modernismo poético. Estudio crítico y antología temática*. Salamanca: Ediciones Almar, 2001.

Abate, Sandro. *El Modernismo, Rubén Darío y su influencia en el realismo mágico*. Bahía Blanca: Universidad Nacional del Sur, 1998.

Alarcón Sierra, Rafael. *Entre el Modernismo y la modernidad: la poesía de Manuel Machado*. Sevilla: Diputación de Sevilla, 1997.

Albaladejo, Tomás, Javier Blasco y Ricardo de la Fuente, eds. *El Modernismo: renovación de los lenguajes poéticos*. Valladolid: Universidad de Valladolid, 1990.

Ara, Guillermo, ed. *La poesía modernista: antología*. Buenos Aires: Centro Editor de América Latina, 1980.

Arrieta, Rafael Alberto. *Introducción al Modernismo literario*. Buenos Aires: Columba, 1956.

Azam, Gilbert. *El Modernismo desde dentro*. Barcelona: Anthropos, 1989.

Bellini, Giuseppe. *La poesía modernista*. Milán: Instituto Editoriale Cisalpino, 1961.

Blanco Aguinaga, Carlos. *Sobre el Modernismo, desde la periferia*. Granada: Editorial Comares, 1998.

Blanco Fombona, Rufino. *El Modernismo y los poetas modernistas*. Madrid: Mundo Latino, 1929.

Brotherson, Gordon, ed. *Spanish American "Modernista" Poets. A Critical Anthology*. Oxford: Pergamon Press, 1968.

Calinescu, Matei. *Five Faces of Modernity. Modernism, Avant-garde, Decadence, Kitsch, Postmodernism*. Durham: Duke U P, 1991.

Cardwell, Richard y B. McGuirk, eds. *¿Qué es el Modernismo? Nueva encuesta. Nuevas lecturas*. Boulder: U of Colorado P., 1993.

Castellanos, George N. *Modernismo y modernidad en José María Rivas Groot*. Bogotá: Caro y Cuervo, 1998.

Castillo, Homero, ed. *Antología de poetas modernistas hispanoamericanos*. Englewood Cliffs: Prentice Hall, 1972.

——. *Estudios críticos sobre el Modernismo*. Madrid: Gredos, 1968.

Cerda Muñós, Alfredo, ed. *El modernismo. Antología: una aproximación a través del análisis estilístico*. Guadalajara (México): Editorial Universidad de Guadalajara, 1993.

Chavarri, Eduardo. "¿Qué es el Modernismo y qué significa como escuela dentro del arte en general y de la literatura en particular?" *El Modernismo*. Ed. Lily Lilvak. Madrid: Taurus, 1975. 21-28.

Coester, Alfred, ed. *An Anthology of the "Modernista" Movement in Spanish America*. Boston: Ginn and Company, 1970.

Darío, Rubén. *Autobiografía*. San Salvador: Ministerio de Educación, 1962.

——. *Historia de mis libros*. Managua: Editorial Nueva Nicaragua, 1987.

——. *Obras completas*. Ed. Sanmiguel Raimúndez. Madrid: Ediciones Castilla, 1953.

——. *Obras poéticas completas*. Buenos Aires: Ediciones Anaconda, 1958.

Davison, Ned. *The Concept of Modernism in Hispanic Criticism*. Boulder: Pruett Press, 1966.

Ellis, Keith. *Critical Approaches to Rubén Darío*. Toronto: U of Toronto P, 1974.

Ferro, Hellen. *Del Modernismo al compromiso político*. Buenos Aires: Editorial Cuarto

Poder, 1975.

Florit, Eugenio y José Olivio Jiménez, eds. *La poesía hispanoamericana desde el Modernismo*. Nueva York: Appleton-Century-Crofts, 1968.

Foster, David William y Daniel Altamirada, eds. *From Romanticism to "Modernismo" in Latin America*. New York: Gardland Publishing, 1997.

Gala Blasco, Juan et al. "Aspectos generales de la literatura hispanoamericana en la época modernista". *Manual de literatura hispanoamericana*. Pamplona: Cénlit Ediciones, 1998. 76-99.

———. "El contexto socio-cultural". *Manual de literatura hispanoamericana*. Pamplona: Cénlit Ediciones, 1998. 32-53.

García Prada, Carlos, ed. *Poetas modernistas hispanoamericanos. Antología*. Madrid: Ediciones Cultura Hispánica, 1956.

García Morales, Alfonso, ed. *Rubén Darío. Estudios en el centenario de "Los raros" y "Prosas profanas"*. Sevilla: Universidad de Sevilla, 1998.

Gauggel, Karl Hermann. *El cisne modernista: sus orígenes y supervivencia*. New York: Peter Lang, 1997.

Gicovate, Bernardo. *Conceptos fundamentales de la literatura comparada. Iniciación de la poesía modernista*. San Juan: Ediciones Asomante, 1962.

Gimferrer, Pedro, ed. *Antología de la poesía modernista*. Barcelona: Barral Editores, 1969.

González, Aníbal. *La crónica modernista hispanoamericana*. Madrid: José Porrúa Turanzas, 1983.

Geist, Anthony L. Y José B. Monleón, eds. *Modernism and its Margins. Reinscribing Cultural Modernity from Spain and Latin America*. New York: Garland Publishing, 1999.

Glickman, Robert Jay, ed. *Fin del siglo: retrato de Hispanoamérica en la época modernista*. Toronto: Canadian Academy of the Arts, 1999.

Guerrero, Luis Beltrán. *Modernismo y modernistas*. Caracas: Academia Nacional de la Historia, 1978.

Guevara, Rigoberto y Alberto Acereda. Modernism, Rubén Darío and the Poetics of Despair. Maryland, U of America Press:2004.

Guevara, Rigoberto. "La conciencia mortificante de la existencia: estudio de algunos poemas de los modernistas Rubén Darío, Julián del Casal, José Asunción Silva y Amado Nervo". *Hispanic Poetry Review* IV -Vol. 2 (2004): 62-79.

———. "Inconformismo y reforma en la poesía de Francisco Gavidia". *Crítica hispánica*: XXIX (2007):151-63.

———. "Profundidad interna como refugio de las penumbras vitales: Enrique González Martínez y los demás modernistas". *Con-Textos* 32 (2004): 35-49.

Gullón, Ricardo, ed. *Direcciones del Modernismo*. Madrid: Alianza Editorial, 1990.

———. *El Modernismo visto por los modernistas*. Barcelona: Guadarrama, 1980.

Gutiérrez Girardot, Rafael. *Modernismo*. Barcelona: Montecinos, 1983.

———. *Modernismo. Supuestos teóricos y culturales*. México: Fondo de Cultura Económica, 1988.

Henríquez Ureña, Max. Breve historia del Modernismo. México: Fondo de Cultura Económica, 1954.

Jiménez, José Olivio. *Antología crítica de la poesía modernista hispanoamericana*. Madrid: Hiperión, 1994.

———. y Carlos Javier Morales. "Introducción general: el Modernismo hispanoamericano a través de su prosa". *La prosa modernista hispanoamericana.* Madrid: Alianza Editorial, 1998.

Jiménez, Luis A. "La poética de la 'Autobiografía' de Julián del Casal". *Confluencia* 6 (1991): 157-62.

Jitrik, Noé. *Las contradicciones del Modernismo: productividad poética y situación sociológica.* México: El Colegio de México, 1978.

Jozef, Bella. "Modernismo y vanguardia (Del Modernismo a la modernidad)". *Nuevos asedios al Modernismo.* Ed. Ivan A. Schulman. Madrid: Taurus, 1987, 62-75.

Kolokotroni, Vassilikim, et al. Eds. *Modernism: An Anthology of Sources and Documents.* Chicago: U of Chicago P.,1998.

La Rocca, Inés, ed. *El Modernismo hispanoamericano: antología.* Buenos Aires: Colihe/Huchette, 1979.

Litvak, Lily, ed. *El Modernismo.* Madrid: Taurus, 1975.

MacGann, Jerome. *The Visible Language of Modernism.* Princeton: Princeton University Press, 1993.

Mainer, José Carlos. "El Modernismo como actitud". *Historia y crítica de la literatura española. Modernismo y 98.* Ed. Francisco Rico. Barcelona: Crítica, 1994. 61-76.

Marinello, Juan. *Sobre el Modernismo: polémica y definición.* México: Universidad Autónoma de México, 1959.

Marini-Palmieri, Enrique. *El Modernismo literario hispanoamericano: caracteres esotéricos en las obras de Darío y Lugones.* Buenos Aires: Fernando García Cambeiro, 1989.

Martínez, David, ed. *El Modernismo en América y España.* Buenos Aires: Correguidor, 1989.

Montaldo, Graciela. *La sensibilidad amenazada: tendencias del modernismo latinoamericano.* Caracas: Planeta, 1995.

Montero, Oscar. *Erotismo y representación en Julián del Casal.* Amsterdan-Georgia: Rodopi, 1993.

Oteo Sans, Ramón. *Cansinos-Assens: entre el Modernismo y la Vanguardia.* Alicante: Aguaclara, 1996.

Oviedo, José Miguel, ed. *Antología crítica del cuento hispanoamericano 1830-1920.* Madrid: Alianza Editorial, 1989.

Pacheco, José Emilio, ed. *Antología del Modernismo, 1884-1921.* México: Universidad Autónoma de México, 1978.

Palmieri, Enrique Marini. *El Modernismo literario hispanoamericano.* Buenos Aires: Producción Gráfica, 1989.

Paulat, Emile. *Las crisis modernistas (historia, dogma y crítica).* Madrid: Taurus, 1974.

Paz, José Octavio. *El arco y la lira.* México: Fondo de Cultura Económica, 1972.

Pearsall, Priscilla. *An Art Alienated from Itself: Studies in Spanish American Modernism.* York: Romance Monographs Inc, 1984.

Pedraza Jiménez, Felipe B., coord. *Manual de literatura hispanoamericana. Modernismo.* Pamplona: Cénlit Ediciones, 1998.

Peña, Pedro J. de la. *El feísmo modernista.* Madrid: Hiperión, 1989.

Perricone, Catherine R. "Un acercamiento revisionista al Modernismo: el caso de María Wugenia Vz Ferreira". *Estudies in Honor of Gilberto Paolini.* Newark: Juan de la

Cuesta, 1996. 423-39.

Phillip, Allen W. *Temas del Modernismo hispánico y otros estudios.* Madrid: Gredos, 1974.

Perús, Francoise. *Literatura y sociedad en América Latina: el Modernismo.* Cuba: Casa de las Américas, 1976.

Polo-García, Victorino. *El Modernismo. I. La pasión por vivir el arte. II. Una antología.* Barcelona: Montecinos, 1987.

Rama, Angel. *Las máscaras democráticas del Modernismo.* Montevideo: Arca, 1975.

————. *Rubén Darío y el Modernismo (Circunstancia socioeconómica de un arte americano).* Caracas: Ediciones de la Biblioteca Central de Venezuela, 1970.

Rosas Galicia, Rolando, ed. *Ensayos de literatura: la poesía modernista.* México: Universidad Autónoma de Chapingo, 1995.

Schulman, Ivan A. y Evelyn Picon Garfield. *'Las entrañas del vacío': ensayos sobre la modernidad hispanoamericana.* México: Cuadernos Americanos, 1984.

————. "Hacia un discurso crítico del Modernismo concebido como lecturas". *¿Qué es el Modernismo? Nueva encuesta. Nuevas lecturas.* Eds. Richard A. Cardwell y Bernard McGuirk. Boulder: Society of Spanish and Spanish American Studies, 1993. 257-75.

————. "El Modernismo de Rubén Darío. La otra dimensión". *Rubén Darío. La creación, argumento poético y expresivo.* Ed. Alberto Acereda. Barcelona: Anthropos, 1997. 40-51.

Shulman, Ivan A. y Manuel Pedro González. *Martí, Darío y el Modernismo.* Madrid: Gredos, 1969.

Vela, Arqueles. *El Modernismo. Su filosofía, su estética, su técnica.* México: Porrúa, 1987.

Yurkievich, Saúl. *Celebración del Modernismo.* Barcelona: Tusquets Editor, 1976.

Zavala, Iris M. "El punto nodal del Modernismo hispanoamericano: sincronía de heterogeneidades". *En el 98 (Los nuevos escritores).* Ed. José Carlos Mainer y Jordi Gracia. Madrid: Visor, 1997. 21-34.

Zuleta, Ignacio M. "Aspectos metodológicos del estudio del Modernismo". *Revista de Archivos, Bibliotecas y Museos* 80 (1977): 321-34.

————. "La polémica modernista". *El Modernismo de mar a mar (1898-1907).* Bogotá: Instituto Caro y Cuervo, 1988.

LATIN AMERICA
Interdisciplinary Studies

Gladys M. Varona-Lacey
General Editor

Latin America: Interdisciplinary Studies serves as a forum for scholars in the field of Latin American Studies, as well as an educational resource for anyone interested in this region of the world. Themes and topics encompass social, political, historical, and economic issues, in addition to literature, music, art, and architecture.

For additional information about this series or for the submission of manuscripts, please contact:

Dr. Gladys M. Varona-Lacey
Ithaca College
Department of Modern Languages & Literatures
Ithaca, NY 14859

To order other books in this series, please contact our Customer Service Department at:

(800) 770-LANG (within the U.S.)
(212) 647-7706 (outside the U.S.)
(212) 647-7707 FAX

Or browse online by series at:

WWW.PETERLANG.COM